시간의 바람꽃 Ⅱ

시간의 바람꽃 Ⅱ

황정현 수필집

신아출판사

작가의 말

시간의 둔갑술

  삶을 치열하게 살기를 원하면 삶의 길에 몰입하는 무언가가 있어야 한다. 반드시 글을 쓰는 일이 아니어도 자유의 품에서 취미생활을 즐기는 것으로 삶의 방향을 설정해도 당당하고 멋있어 보인다. 그렇다고 해서 치열하게 사는 생활의 기품을 전혀 방기하는 모습도 환영할만 하지 않다. 글쓰기가 자신의 취향에 맞는 즐거움으로 확인된다면, 그 방향으로 매진하면 될 것이다. 글쓰기에 수반되는 내용을 열거한다면, 우선 기록의 습관화가 필요하고 독서가 일상적인 행동 양식으로 나타나야 한다. 체계적인 독서를 바탕으로 자신의 전문적 분야를 심화시키고 선구적 지식이 축적되어야 할 것이다.

  수필 문학의 다양성을 시험한다는 의미에서 시간에 대한 연구와 사색을 통한 글쓰기를 시도했다. 시간의 수수께끼는 너무 다양하고 미지의 영역이어서 언어의 유효한 활용이 용이하지 않았다. 시간의 모든 방향마다 걸려든 사연과 변화를 깊이 성찰하며 그려나가는 글 그림이 어려우면서도 재미있는 이야기들이 너무 많아 마음이 바쁘기도 했다. 그래도 문학을 향한 열의의 대열에 올라 치열한 글발의 길을 찾은 것을 천행으로 생각한다. 언제나 부족하고, 언제나 유연하지 못하며, 꿈만큼, 기대한 만큼, 성취의 단계에 오르지 못했다 해도, 참을 수 없는 욕망으로 버티며 『시간의 바람꽃Ⅱ』를 썼다. 나의 삶의 여정이 어떤 흐름으로 진행하여도 나의 항심은 변함없이 글쓰기의 몰입과 치열함을 벗어나지 않으리라는 생각이다. 숨 쉬는 곳곳마다 정당하고 올바른 감정적 서술이 제대로 세상의 무대를 적셨는지, 확인하는 마음 씀씀이를 가지려고 노력했다. 글쓰기는 늘 어렵고 고심이 서린 정신적 담금질이 필요하기에 긴장해야 하고, 자성의 테두리를 벗어나지 않도록 다독거렸다. 글쓰기의 일상은 지속적인 독서를 기반으로 삼고, 허실 없는 연찬의 결과를 낚아야 한다고 생각하기에 늘 기록에 힘을 쏟았다. 생각의 꼬투리를 잡아 시나 소설 수필을 써나갈 때 필요한 것은 자기만의 고유성을 펼칠 창작이 되도록 노력하는 데 있다.

  수필집 『시간의 바람꽃Ⅰ』에 이어 이번 상재하는 『시간의 바람꽃Ⅱ』는 인생의 길목마다 울려 퍼진 기쁨, 슬픔, 고뇌, 늙음, 고함, 등등이 시간의 바람꽃으로 피어난 모습을 그린 것이다. 어느 것 하나 시간이 개재된 시점이 없는 인생살이가 있을까. 우주宇宙 라는 개념이 공간과 시간임을 생각할 때, 그 안과 밖을 벗어날 수 없는 살아있음의 층층마다 존재의 흔적을 남길 수밖에 없는 인간의 모습이 가득 차 있다. 그 안에서 외치고 애면글면하는 삶의 풍경이 시간의 바람꽃으로 물들어 있기에, 나의 지나간 시간의 낙수落穗는 경험과 사유의 자취가 투영된 것들이다.

  아무리 최선을 다해도 항상 부족한 감정이 앞선다. 그래도 조심스럽게 글발을 가다듬어 다시 쓰고 다시 가다듬었다. 삶의 희로애락을 건너면서 겸손한 카타르시스에 이른 지극함을 발판삼아 나는 최선을 다해 창작 일심에 들어서려고 노력했다. 소소하면서 흔연한 마음으로 이 책을 내놓는다. 아울러 이 수필집은 전북 특별자치도 문화관광재단의 고맙고 감사한 지원을 받아 상재의 혜택을 받은 것을 언급하고자 한다. 인연의 빛을 받아 글로 만난 계기가 있걸랑 차갑고 뜨거운 질정을 바란다. 내내 온 누리가 환한 미래를 향유하며, 건강한 속내를 풀어 선선한 시간의 바람꽃 풍경에 여우비 내리는 만큼 따뜻한 눈길을 주길 빈다.

2024년 11월
경국 황 정 현 識.

차례

- 작가의 말

제1부 시간의 구비

시간의 처음을 아십니까? — 14
시간의 바람꽃피는 우주 — 20
인간계에서 규정한 우주의 구성요소 — 25
시간 속에 진정한 자유가 없다 — 31
청보리 밭 탐방探訪 — 37
12월과 새해 1월 사이 — 42
5월의 사모곡思慕曲 — 47

제2부 시간의 기술記述

세상에 처음이자 마지막인 것들 — 54
겨울바람 — 58
고향 옛집 — 63
꽃밭에서 — 68
또 하나의 밥을 기다리며 — 73
불면의 밤에 대한 그리움 — 78
성삼문과 죽음의 성장 — 83

제3부 시간의 은총

손녀의 돌날에 ― 88
걸으며 어떻게 글이 쓰이랴! ― 93
바다꽃도 꽃인가 ― 98
사라진 방죽의 부활 ― 104
풍수와 수맥 ― 109
어느 동창 모임의 출타 ― 114
작별 ― 119

제4부 시간의 낭만

눈 세계의 놀이판 ― 126
단풍 꽃 구경 ― 131
삶의 무게, 깃털 ― 136
동행을 위한 선택 ― 141
시각의 효용과 기적 ― 146
시간과 철쭉꽃 ― 151
희떠운 이야기 ― 156

제5부 　시간의 분별

마음의 감기를 위하여 ― 162
몸은 신성한 사원이다 ― 167
믿음을 믿다 ― 172
기다림을 위한 서설 ― 177
영혼의 천묘(遷墓) ― 182
외출에 매달린 삶 ― 188
코에 실린 거룩한 장광설 ― 192

제6부 　시간의 끝맺음

죽음, 그 경험할 수 없는 비애 ― 198
죽음의 달관과 구원은 어떻게? ― 204
죽을 복을 좋아하는 사람들 ― 209
생명의 문을 닫기에 좋은 계절은 없다 ― 215
삶의 파도, 눈물 ― 220
발의 율동은 생명을 좌우한다 ― 225
소갈머리 없는 본능 ― 231

제7부 시간의 여행

여행기 1 — 238
여행기 2 — 244
여행에서 주운 낙수落穗 여행기 3 — 253
어느 한갓진 하루의 기행 1 — 261
어느 한갓진 하루의 기행 2 — 267
어느 한갓진 하루의 기행 3 — 273
모악산에 오르며 — 278

제8부 시간의 고백

스님께 드리는 삼배 — 284
우공牛公의 본능 — 289
우연한 만남 — 294
쩐의 정의 — 300
추위에 떠는 수다 — 305
샤브샤브로 동행한 삶의 하루 1 — 309
샤브샤브로 동행한 삶의 하루 2 — 314

제1부

시간의 구비

시간의 처음을 아십니까?
시간의 바람꽃피는 우주
인간계에서 규정한 우주의 구성요소
시간 속에 진정한 자유가 없다
청보리 밭 탐방探訪
12월과 새해 1월 사이
5월의 사모곡思慕曲

시간의 처음을 아십니까?

　나는 내가 살고 있는 세상의 실체가 진실인지 의심하고 있다. 진실만이 참이고 진실을 벗어난 것은 참이 아니다. 그런데 살고 있는 세상의 모든 것이 진실한 실체가 아니고 너무 많은 부분이 허위로 얼룩져 있다는 느낌이 든다. 이를테면 과장이나 허풍, 아름답게 꾸미는 치장 따위가 바르고 곧으며 있는 그대로의 뼈대를 감춘 허위라고 여긴다. 조화와 융통성, 관대한 양보, 눈감아 주기 등으로 삶의 질서와 도덕적 규율의 면목이 조금씩 위장되거나 감추어지거나 미화된 관념 아래로 수용되는 현실도 그렇다. 날카로운 칼끝의 잣대로 일상생활의 부조리를 들출 때마다 부조리의 그물을 완전히 벗어나는 사람이 거의 없어 보인다. 종교적 율법과 수칙을 들이대고 죽음에 이르기까지 엄정하게 올곧은 삶의 행로를 밟았다고 고백하는 사람도 성인을 제외하고 마찬가지다.
　세상에 태어나는 사람은 누구나 살았던 세월만큼의 이력이 한 권의 책이다. 그런데 실제 책으로 쓰여지려면 걸러내야 할 부끄러운 실수와 미처 헤아리지 못한 윤리적 종교적 혹은 사회 통념상의 마음의 도리에 어긋났던 것을 낱낱이 글로 열거할 수는 없다. 인간의 본능 중에 식욕 다음의 본능이 수면욕을 제외하면 성욕인데, 인간 번영의 가장 기본적인 토대이기에 타기해서는 안 될 본능이다. 문제는 육신의 간음이 아니라 마음의 간음이다. 마음의 칸칸마다 마음의 간음을 들여다보면, 아무도 무죄를 입증할 수 없고 그 앞에 자유로울 수 없다. 그 이유로 본인 자신이 생각하는 근엄과 도덕적 정결만 있으면 되는 게 아니라 본인이 타인의 간음 대상이 된다는 것에 자유로울 수 없기 때문이다. 상상이나 몽매의 세계에 나타나는 육신의 슬픔과 열락은 하나님 조차 간섭할 수 있는 영역이 아니다. 그 안에 보이는 세상의 시공간은 분명 환영幻影이다. 그 세상뿐만 아니고 현실에 나타나는 시공간의 사건이나 본능의 실현도 환영이다. 순간순간이 재깍재깍 지나가는 시간과 공간의 변화를 고정시킬 수 없기에 환영일 수밖에 없다.

 기억과 기록은 인간이 담보할 가장 확실한 증거이며 당당히 내세울 근거임이 분명하다. 역사와 과학적 실험 등의 실질적 내용에 오차가 없다면 누구나 인정하고 수용한다. 그러나 아무도 기억과 기록이며 역사의 사건과 과학적 실험이 행해졌던 시간과 장소로 다시 갈 수는 없다. 오로지 머릿속 상상 세계로 그려지는 현장 구도이며 역사와 기록상의 현장도 정확할 수 없는 무형의 시공간임을 짐작할 따름이다. 마땅히 그러리라는 관성적 판단으로 현실의 대칭점 정도로 여길 수밖에 없다. 사건이 일어나면 사건의 구성 요건은 지각되지만 그 시간은 지각되지 않는다. 우리 몸에는 시간을 감지하는 감각기관이 없기 때문이다. 우리 눈과 귀는 빛과 소리를 받아들여 기억에 저장한다. 그러나 시간의 경우에는 빛과 소리를 감지하고 이해하는 눈과 귀같은 기관이 없다. 그냥 심리적이거나 생리적인 어떤 느낌이 시간을 감지하는 정도로 끝난다. 그래서 그 시간과 장소를 벗어나면 예전의 것은 환영으로 들어가고 계속 환영으로 이어진다. 허구를 배격하고 진솔성을 금과옥조처럼 강조하는 수필 쓰기에 진실과 실상을 그려내면서 번문욕례繁文縟禮의 미문이나 억지 춘향식의 글맞춤은 전혀 없을까. 많은 문학작품 내용들은 실제 현실과 어느 정도 맞지 않은 배경과 말투와 환상적 분위기가 들어있다. 현실에 있음직한 사건이거나 감성 그리고 시간과 연루된 우연에 기대어 엮어나가는 시와 소설과 기타 여러 장르가 상투적 최선과 최악을 다룬다. 이런 문학작품에 등장하는 세계는 줄거리 상황에 따라 다르겠으나 생물이던 무생물이던 동일한 감각이나 동일한 모양을 지닌 실체가 아니다. 모두 상상력의 소산이라는 점에서 환영의 세계이다. 일상생활에서 사물과 생물은 인간과 마찬가지로 끊임없이 변화의 소용돌이에 갇혀있다. 그런 의미에서 고정된 실체는 없다. 어떤 작은 바위는 가까운 곳에서 분명 바위였는데, 먼 곳에서 보면 웅크린 사람처럼 보인다. 고양이를 보는 어린이 둘의 경우 한 편은 고양이를 손으로 귀여운 듯이 쓰다듬는 데 다른 편은 무서워하며 피한다. 이처럼 고정된 실체가 반드시 진실이 아님을 예를 들어 언급하였는데 다소 난삽해 보이지만, 일상생활에 나타나는 수없는 예를 볼 때, 다르게 보이는 실체의 다양한 현현顯現을 긍정하지 않을 수 없다.

평범한 세상이 이럴진데 이를 우주로 확장하면 인간의 탄생부터 죽음에 이르기까지 한 번도 고정된 실체가 없었음이 명백하게 밝혀진다. 우선 지구의 공전과 자전은 그 움직임이 초당 자전은 460m이고 공전은 30km이다. 우리는 잠깐 사이에 수백에서 수십키로미터 이동하는 지구의 시간과 공간을 잊고 살고 있다. 밥 먹고 살기도 힘든 판에 무슨 지구의 공전과 자전이냐 하는 식으로 무시하곤 한다. 그러나 분명한 사실은 우리가 멈추고 고정된 어떤 공간이나 시간 앞에서 단 한 번의 찰나에도 움직이지 않거나 변화하지 않은 세상에서 살고 있다고 주장을 할 수 없다. 지구 안에서 인간은 지구 크기에 비하여 한 마리의 세균에 불과할 정도로 형편없이 작은 존재에 불과하다. 그 작은 인간은 일상에 나타나는 가식, 허식, 과장, 위장, 진실 등과 더불어 수다한 희로애락의 줄거리를 품고 산다. 파스칼이 설파한 생각하는 갈대의 거룩한 시공간 확장을 위안 삼아 존재의 위대한 하중을 자랑삼아도 부처님 손바닥 안의 몸부림일 뿐이다.

우리 인생의 지난 세월을 뒤돌아보면 그립고 아쉬운 삶의 뒤안길이 있다. 모두 꿈속 같은 시간의 그림자이며 환영의 세상을 지나온 느낌이 든다. 지나온 것들은 어느 것 하나 늙고 낡고 소멸해가는 실체 아닌 것이 없다. 우리가 벌판에 나가거나 산에 오르면 땅과 하늘

사이 허공을 본다. 허공을 눈으로 보고도 그곳이 어딘지 설명하거나 증명할 수 없다. 개인은 물론 과학적으로도 그렇다. 물리학계에서는 어떤 공간이나 허공의 실체를 증명하려면 반드시 좌표상에 비교할 다른 대상이 있어야 한다. 비교할 대상을 통해서 증명할 논리적 수식이나 타당한 설명을 들이밀 수 있다는 것이다. 텅빈 공간이란 개념은 존재하는데 공간 자체는 없다. 시간과 공간은 생각의 도구인 인간 지성의 자유로운 창작물이다. 시간과 공간은 실제 존재하지는 않지만 이런 개념은 자연과학에 유용하다. 독립운동가 김규식이 파리 강화회의에 참석차 파리에 머물고 있을 당시 프랑스 철학계의 거두였던 베르그송을 찾아갔다. 그는 베르그송에게 두 가지 질문을 했다. 하나는 '시간의 처음을 아십니까? 다른 하나는 '공간의 끝은 어디입니까?' 이 질문에 대한 베르그송의 대답이 어떤 내용이었는지 전해진 바가 없다. 그러나 누가 그 자리에 있었다 해도 대답하기 무척 난망한 질문이었을거라는 생각이 든다.

  우리 삶의 세상은 우주, 지구, 물질, 시공간에 대한 어떤 실체나 진실에 대한 지식이 없어도 살아가는데 아무 지장이 없다. 광대무변한 우주의 크기와 시간으로 미세한 생명의 조각에 불과한 인간의 시간과 삶의 공간을 비교 언급하는 것도 치지도외置之度外할 일이다. 그럼에도 생명 영위의 중심에 시간과 공간이 자리잡고 있는 한, 탐색하고 들여다보는 사유의 고투가 있어야 할 듯싶다. 인간의 지성이 세계를 파악하는데 단서가 되는 공간과 시간을 모르면 인간이 세계를 탐구하는 문제가 난항 가운데 놓이기 때문이다. 시공간이 환영幻影임을 설파한 물리학자와 작가가 있지만, 여기서는 작가만을 예를 들면, 말라르메를 비롯하여 마크 트웨인, 보르헤스, 헤르만 헤세, 도연명 그리고 쇼펜 하우어 등이 있다. 나는 마크 트웨인의 언명이 심중에 와 닿는다. " 인생 그 자체가 하나의 환상이며 한바탕 꿈일 뿐이다. 존재하는 것은 아무 것도 없이 모든 것은 꿈이다."

시간의 바람꽃피는 우주

　시간과 바람은 보이지 않으면서 흘러간다. 우리 일상에 생각하고 느끼는 대상이면서 관성적인 확신과 습관에 배어있는 대상이다. 바람은 명확하고 분명한 낌새와 소리로 본색을 드러내며 스스로 존재를 구현한다. 그러나 시간은 낌새나 소리 없이 존재의 위엄을 끊임없이 발현하며 칼끝의 빈틈조차 용납됨이 없다. 바람은 시간과 더불어 가고, 시간은 바람을 휘몰아 가지만 그들은 서로 아름다운 갈등을 펼치며 흐를 뿐이다. 동물이거나 식물이거나 시간과 바람의 향기로 생명력을 분출시키거나 성장과 성취로의 궁극적 꽃을 피운다. 시간과 바람은 인간 세상뿐만 아니라 우주까지 편재하여 맹렬한 자태의 흔적을 남기고 있다.
　시간과 바람 중에 바람은 시간에 끌려가는 종속적 바탕을 지닌다. 바람이 폭풍, 태풍, 토네이도로 위력을 보이기는 하나, 시간의 날개 밑에서 꿈틀거리는 존재에 불과하다. 그러므로 바람보다 시간에 기대어 언어의 춤사위를 펼쳐야 한다. 달콤한 꿈과 비극적인 사랑, 인간과 인류 역사의 처음과 끝을 비롯하여 만물의 흥망성쇠에 이르기까지 시간에 의탁한 그림이 그려지지 않은 적이 없기 때문이다. 시간의 자비로운 눈빛이 세상의 물상에 닿을 때마다 어떤 것은 몸을 일으켜 곰비임비 생명 활동의 기세를 펼친다. 익어가는 곡식과 열매의 한편에 숙성과 발효의 풍요한 생성작업에 기여하는 시간이야말로 천지간에 생명 열락을 열어주는 천사의 손길이다.

  시간 속의 모든 나들이에 어김없는 동작이 작동된 사건들이란 과거에 일어났고, 현재에 일어나고 있으며, 미래에 일어날 예정인 것들이다. 과거 현재 미래라는 구분은 제각기 다른 개념이지만, 언제나 인간의 뇌리를 떠나지 않는 의식의 경계에 숨어있다. 우리는 편의상 과거 현재 미래라는 시간 구분으로 우리 인생의 기억을 넘나들지만, 곰곰이 궁구하다보면 하나의 시공간 안에서 한꺼번에 존재하는 것으로 파악되기도 한다. 과거 현재 미래라는 전체의 시공간을 하나의 실체로 본다면, 시간 줄에 걸린 사연들은 영겁의 시간에 마냥 걸린 채 있는 것이 아니며 그냥 시간 줄에 걸린 현상만 우리가 느낄 뿐이다. 시간을 깊이 파고들면 파고들수록 흐름의 명료한 실체가 인식되지 않는다. 존재하기는 한데 얼음처럼 굳어있는 균질의 덩어리처럼 느낀다.

  나의 아버님은 돌아가시기 전날 저녁까지 충분히 움직이셨으며 온전한 의식을 지닌 채 며느리가 따라 드린 술도 드셨다. 그런데 이튿날 새벽, 심장마비에 의한 돌발적 사태를 맞아 세상을 뜨셨다. 황당무계했던 지경에 참절비절한 슬픔을 딛고 뒷동산에 아버님 유체를 모셨다. 그로부터 35년이 지난 후에 다른 곳으로 이장하기 위해 파묘를 했다. 파묘가 거의 끝나 드러난 아버님 뼈를 보고, 나는 아득한 절망을 느꼈다. 무상한 시간의 참혹한 간여의 결과를 확인하며 광막한 전율에 휩싸였다. 시간은 지하에 이르기까지 변화의 소용돌이를 멈추지 않았다. 따뜻한 감촉이 흘렀을 얼굴이며 신체에 이르기까지 풍요한 살결이 사라지고, 뼈만 남은 모습 앞에 시간은 어떤 흐름의 섭리 속에 있었는가. 나는 문득 시간의 진행과 더불어 발생한 변화가 시간의 흐름으로 빚어진 불가항력의 육탈이었는지 깊이 생각했다. 미생물과 세균의 탐욕스런 침식의 시간과 더불어 형해形骸로의 진행이라 해도 사진처럼 시간의 멈춤이 있었을 텐데.

  우리는 우리의 경험과 기억 그리고 언어 기술記述에 시간의 흐름을 당연한 현상으로 여기며 살았고 살아갈 것이다. 그러나 시간의 본체가 세간의 사람들이 고개를 끄덕이며 용인하도록 밝혀진 법칙이거나 분명한 이론으로 확인된 것은 없다. 물리학자들은 시간이 흘러간다는 말의 의미를 명확히 설명하지 못하고 있다고 한다. 이를테면 시간이 5초에 '5초 흐른다' 또는 5m 흐른다.는 언어적 표현은 바르지 않다. 물리학자들은 과거 현재 미래로 흐르는 시간의 방향을 설정한 물리법칙의 증명이 없다고 했다. 분명한 사실은 시간이란 지금 여기에 존재하며, 모든 생명체의 삶을 관장하는 존재라는 점이다. 비록 물리학자들이 시간이 존재할 뿐 전혀 흘러가지 않는다고 주장할지라도 여전히 시간은 우리 삶의 지배자이다.

아우구스티누스는 《참회록》에서 시간을 정의할 때 어려움을 겪는다면서, "시간이란 무엇인가" 질문에 "아무도 내게 묻지 않는다면 답은 알지만, 막상 누군가 내게 묻는다면 답을 할 수 없다". 더 나아가 왜 시간을 정의하기 어려운지 설명하기를 "과거와 미래는 어떻게 생기며, 더는 과거가 아니면서 아직 미래도 아닌 때는 언제인가?" 라는 의문을 던졌다. 한편 독일 출생의 미국 철학자이자 과학자인 루돌프 카르납 Rudolf Carnap은 아인슈타인과 나눴던 대화를 다음과 같이 회상했다.

"아인슈타인은 '지금'이라는 시제를 놓고 심각한 고민에 빠져 있었다. 그는 '지금' 경험하고 있는 것이 과거나 미래와 근본적으로 다르다는 심증은 있으나, 물리학 법칙으로는 그 차이를 집어낼 수 없다고 했다. 현대 과학이 그 정도의 수준밖에 되지 않는다는 것을 받아들여야 하는 현실 자체가 유감이고 고통이었다고 했다" 그때까지 정의된 물리법칙이나 방정식이 없다고 하는 한계 때문이었다.

아인슈타인은 또 친구에게 보낸 편지에서 "과거 현재 미래란 아무리 분명해 보여도 환상일 뿐이다"라고 했다. 이 황당한 표현은 현재라는 시각에 아무런 절대적 가치를 부여하지 않는 특수 상대성 이론의 결론에서 직접 나왔다고 한다. 흐름이란 원래 움직임을 품는 개념이다. 그런데 시간이 흐르는 속도를 측정하기 어렵고 '속도가 5초당 5초 혹은 5m이다'는 설득력이 없는 표현이다. 그렇다면 관용적으로 사용했던 시간의 구분이 있다 해도, 시간 자체의 존재에 대한 혼란은 피할 수 없다. 우리는 어느 삶의 길목에서 분명한 시간의 정체성과 만나야 하는가. 시간의 지평 속에서 인간 삶의 자유가 구현되지만, 시간은 소멸의 잔치 가운데 삶의 자유마져 구속하여 흔적도 없앤다. 시간의 올가미에 갇힌 물음과 답은 아직 출구가 없다. 어떤 천재가 나와 이 어려운 수수께끼를 풀어 줄지 마냥 기다리기 불편한 지금이다. 다만 자위의 품에 들어 중얼거린다.

"이 또한 지나가리. This too shall pass away."

(유대경전 신앙 교육서 미드라시(Midrash)

인간계에서 규정한 우주의 구성요소

　우주의 구성요소는 거시적 관점으로 세 가지 제시할 수 있다고 생각한다. 첫째 시간, 둘째 공간, 셋째 물질이다. 제시된 세 가지 구성요소 중 단 한 가지도 인간의 지성과 지식으로 완전히 해독되거나 설명된 것은 없다. 최첨단의 현대과학과 철학 또 그 밖의 모든 분야에 걸쳐 쌓아온 지식의 축적과 기록 연구성과 등으로 가능성과 설로 판별되는 그림만 그려졌을 뿐, 궁극적인 증명이나 확신이라고 제시된 전체 구도가 나오지 않고 있다. 우주라는 개념에는 우宇와 주宙가 합성된 개념이다. 宇는 상하사방上下四方이 있는 유한 공간有限 空間의 뜻을 품고 있고, 주宙는 고금왕래古今往來와 무한無限한 시간時間을 의미한다.
　첫 번째 공간에 관한 우주관에 의하면 빅뱅으로부터 촉발된 이론이다. 초기 우주 폭발에 관한 이론으로 정립된 빅뱅이론은 우주 즉 모든 물질과 에너지 그리고 시공간이 약 137억 년 전에 한 점에서 폭발적으로 팽창하면서 우주가 시작되었다고 제시한다. 폭발 후 시작된 팽창은 현재까지 진행되었으며 앞으로도 불가사의한 암흑에너지 작용으로 계속 팽창하리라는 논리가 대체로 공인되고 있다. 현재 우주의 크기는 대략 940억 광년이라고 말하고 있다. 초당 30만 km를 가는 빛의 속도로 1년 가는 거리를 1광년이라 하는데, 940억 광년이라 하면 상상조차 할 수 없을 만큼 광대한 우주의 크기라고 말할 수밖에 없다. 그러나 이 크기는 상상력의 크기를 넘어서기에 언어의 허장성세에 힘입은 과장으로 간주되어야 할 정도라고 여긴다. 우리 지구가 속한 은하 안에 우리 태양과 같은 항성이 일천억 이상이 있다는데, 수천 억개의 항성과 행성의 은하수로 보이는 은하단이 우주에 수천억이 있다고 함을 받아들인다면, 우주 공간상의 크기는 상상력의 함량을 넘을 수밖에 없음이다. 지구라는 축복받은 행성이 우리 은하에 백억이 넘는다는데, 지구상의 지성이나 과학적 지식으로 탐색할 능력이 없다. 다른 생물 존재 가능성이 있는 행성이 너무 멀기에 상상으로 던져둘밖에 없음이다. 그렇다면 실체를 정확히 모르는 공간 역시 불가사의한 환영으로 간주해야 한다.

두 번째 시간의 내용을 보건대, 우리가 아는 것은 우리 나이 듦의 변천 과정에 시간이 개입되었다는 사실이다. 그러나 왜 시간의 흐름으로 빚어진 인생 역사가 시간이 추동한 강제성으로 펼쳐진 생노병사 과정 속에 진행되어야 하는지 하나도 모른다. 과거 현재 미래라는 관행상의 용어에 시간의 흐름이 보이거나 확인된 지각점이 없다. 시간의 순환적 흐름을 주장했던 고대와 선형적 흐름을 대체적 관점으로 인식한 현대과학의 변천 과정으로도 시간의 명징한 정체는 드러나지 않고 있다. 아무도 시간이 한 시간에 몇 km 흘러가고 있는지 확인할 방법을 발견한 바가 없기 때문이다. 심리적 시간과 전쟁과 게임과 일상의 전체를 아우르는 사건의 시간이 모두 다르기에 세세히 잴 수도 없다. 존재하긴 하는데 그 실체를 모르기에 결국 환상이라고 볼 수밖에 없음을 과학자들은 말하고 있다. 그리스 신화에 나오는 카이로스와 크로노스의 시간관 역시 환영의 영역 속에 운위되는 시간의 흐름과 관계가 있다.

 우주 구성요소의 셋째인 물질도 불가사의한 존재이다. 지구는 생물과 무생물이 존재하는 행성이다. 태양계에서 생물의 존재를 말할 수 있는 것은 지구 뿐, 다른 행성들은 모두 무생물일밖에 없는 미스테리한 존재다. 더 나아가 지구를 제외하고 우주상의 모든 물질도 무생물이라고 말해도, 누군가가 반박할 증거나 설명을 할 수 없다. 우주에서 우리 은하에 존재하는 별 중에 지구와 유사한 조건의 생명체 존재 가능성이 있는 별이 수억 수십억 혹은 수백 수천억 개가 있다고 추측한다. 그러나 추측일 뿐 수십 혹은 수백억 광년 이상 떨어진 거리를 극복할 수 없는 한 생명체 존재 여부 판단은 속절없는 도로徒勞에 불과하다. 존재하되 아무도 규명하지 못한 암흑물질과 암흑에너지에 관한 언급도 인류 미래의 어느 훗날까지 그 정체를 밝혀야 할 숙제로 남고 있다. 모든 물질은 예외없이 시간의 한 점, 공간의 한 위치를 점하고 있다. 우리는 생물을 간단하게 말하지만, 생물이 어떤 식으로 대사작용을 거쳐 생명 유지를 하며 주변 사태에 대처하고 살아남는지 완벽하게 규명하지 못한다. 생명 탄생의 처음부터 기적적인 성장을 거듭했던 진화의 단계를 밟아 지금까지 살아 존재하는 신비는 설명되거나 밝혀지지 않았다. 지구상에 존재하는 생명체는 식물이건 동물이건 생존의 최상위 단계에서 자신의 생명 유지를 위해서 싸우거나 방어하거나 숨거나 하여 살아남은 개체들이다.

 우주의 일반 물질은 전체 우주의 5%에 불과하다고 한다. 이 5% 안에 지구 생명체를 포함하여 무생물 등이 태양계를 포함한 우리 은하에 비하여 티끌만한 크기의 구성물질로 우주를 떠다니고 있다. 지구상의 바닷물과 모든 민물을 포함하여도 무려 140조배의 수분이 우주의 구름에 들어있다고 하니 그 규모를 상상하기 조차 어렵다. 암흑물질 Dark Matter 는 우주에 존재한다고 하지만 확실히 알려진 형상은 없고 중력 효과를 통해 존재를 추측한다고 하며, 우주 물질의 27%를 점하고 있다고 한다. 우주 팽창의 원인으로 추론되는 암흑 에너지 Dark Energy 는 우주의 68%를 차지하고 있음에도 신비한 에너지로 불리고 있다. 그 원리와 기원은 연구 중에 있다고 한다. 암흑물질과 암흑에너지의 실체가 명확히 밝혀지기까지 얼마의 시간이 소요될지는 알 수 없지만, 지금 살아있는 인류가 그 실체를 밝혀낼 수 있을지 의구심이 앞선다. 빅뱅이라는 우주 탄생의 미스터리도 완전히 밝혀지지 않은 137억 년 전 한점에서 폭발적으로 팽창하면서 시작되었다는 추론적 일반화로 우주 생성의 이론적 근거로 끌어가고 있다. 달리 대안도 없어 물리학자, 천문학자 그리고 관계된 과학자 등의 최선의 이론을 정립하여 발표된 우주 형성이론이라고 여긴다. 시간의 시작과 공간의 생성이 빅뱅과 더불어 발생되었다는 논리가 널리 받아들여지고 있기는 하나, 그에 따른 성간 물질이나 성간 매질 그리고 물질 대 반물질의 형성까지 미지의 영역이다. 부분적으로나마 알려진 실체를 근거로 우주의 구성요소에 관한 설명과 내용이 제시되고 있기에 일반 대중은 그나마 우주에 관한 앎의 세계에 접근하고 있는 셈이다.

  어떤 식으로 접근하여도 우주는 깊이 알기 위해 파고들면 파고들수록 얼마나 놀랍고 경이로운 무대인지 상상하기도 벅차다. 작은 바람에도 흔들리는 갈대처럼 연약한 인간이 광대한 사유의 능력으로 그려나가며 상상을 통하여 우주를 손안에 쥔다고는 하지만, 시간과 공간과 물질의 어느 한가지라도 확실히 아는 게 없다. 그냥 덧없고 왜소하고 형편없는 존재가 생각의 권능으로 아무리 왜장쳐봐야 희미한 티끌만큼이나 작은 존재로 날아가 없어질 뿐이다. 지구라는 열린 세상의 어느 지역에서 욕망과 기대와 장래성에 매달려 연구하고 피땀 흘리며 노력하는 사람들이 있어 그나마 미스터리 투성이 미답未踏의 세계를 파헤치고 있기에 다행이다. 시간의 시작점에 대한 의문점에 빅뱅이후 부터라는 논리와 빅뱅이전에도 시간이 존재했으리라는 논리와는 어떤지 증명과 확인에 대한 내용 설명이 분명치 않다. 어느 과학자는 과거로 가는 시간에 관한 논리를 펴기도 하여 종잡을 수 없기도 하다. 우주에 관한 호기심이 아무리 크다한들 거기에 매달리기엔 시간과 연구 환경과 경제적 지원 등이 너무 부족하여 괄목할만한 성과를 내기도 어렵다고 본다. 시대의 흐름이 진행될수록 인류의 문명은 최상, 최고의 정점으로 치달리고 있음에도 그 크기와 외침은 참으로 왜소하다. 지금 인류는 살고있는 지구 환경 문제도 제대로 관리하지 못하여 오염의 극단에 이르고 있다. 더 나은 세상을 향한 염원도 아랑곳하지 않고 제각기 자기 편의주의적 발상에 몰입한 이기주의에 빠져있는 인류가 가장 큰 위험 요소이다. 기적적인 생명체의 광영을 안고 있는 지구의 멸망을 이대로 두고 볼 수 없다. 우주의 구성요소의 미스터리를 밝혀내는 천재가 한시바삐 등장하여 지구 멸망 위기를 벗어날 획기적 해결책을 강구하길 간절히 기원한다.

시간 속에 진정한 자유가 없다

　나는 시간의 칼 날 위에서 춤추는 생명체다. 시간 따라 늘 베어지는 심신은 수없는 변화를 겪고 떨어져 나가는 땀과 눈물과 배설물 등과 더불어 세포들은 온갖 슬픈 통증이거나 무감각으로 사라지곤 한다. 바지랑대로 지탱하는 빨랫줄에 걸린 옷가지들을 바라보면, 두터운 겨울 옷, 청바지에서부터 살결에 닿는 속옷들 그리고 수건들이며 햇볕에 건조해야 할 생활용품에 이르기까지 온갖 사연들이 물들었을 옷가지 들이 있다. 삶의 무대마다 시간의 바람에 흔들리며 부드럽고 처량하게 몸체를 드러낸 사람의 안과 밖을 가려준 것들이다.
　내 인생의 시간 줄은 숨소리의 바지랑대가 떠받치고 있다. 줄 위에 걸린 시간의 마디마다 온갖 사연들이 시간의 바람에 흔들리며 매달려 있다. 한쪽의 처음엔 태어난 순간의 고고 소리와 그 표정들이 걸려있다. 또 다른 한편의 끝머리에 마지막 숨을 쉬며 죽어가는 중생이 온화하거나 애잔한 몰골로 걸려있을 것이다. 이 시간 줄에 가족과 사회와 나라의 셀 수 없을 만큼의 수다한 사건과 일거리들의 변천사가 걸려있다. 지나간 시간 줄에 걸린 사건과 업적들의 건강한 이야기들은 가족과 추억 속에 개켜 두었을 것이다. 그러나 그 시간 그곳의 세상은 우리의 생각이나 기억에 맴도는 환상과 다름없는 다른 차원의 세계이다. 돌아갈 수도, 더듬을 수도, 냄새 맡을 수도 없는 시공간으로 아련한 떠오름의 연속체에 매달려 있다.

 숨소리 바지랑대가 떠받치고 있는 시간의 줄에는 작고 미세한 사건과 일거리만 있는 게 아니다. 여행 중의 공항과 비행기며 먹장구름이 걸려있다. 아름다운 산천이며 꽃 이야기들도 걸려있다. 시간 속에 넘나들거나 크고 작은 행복과 시기 질투도 숨소리 같은 미풍을 장식하고 있다. 사랑놀이 속에 흘렸던 땀내 나는 여름도 하늘거릴 것이다. 그리고 막판에는 하얀 머리칼로 철없는 청승을 설득하고 달래는 모양새가 파르르 떨며 걸려있겠다. 시간의 흐름 속에 존재하는 사건들은 과거의 것, 현재의 것, 그리고 미래의 것으로 존재의 모양새를 갖고 있겠지만, 하나의 시공간에서 동시에 존재한다고 여겨야 한다. 이들은 시공간의 어느 한 지점을 차지하고 영원히 머물러 있을 것이다.

 모든 시공간을 단일한 실체로 여긴다면 전체 사건들은 그냥 거기 그 자리에 머물러 있는 상황 아래에 있다. 거기엔 흐름이란 없겠다. 시간의 흐름이라는 개념에는 어떤 변화를 품고 있기 때문이다. 변화란 시간의 흐름과 함께 일어나는 사건이며 그 자체가 시간의 흐름을 측정하는 기준이다. 시간의 기점에는 변화의 운동성이란 존재하지 않으며 동시에 흐름의 형상을 연출하지 않는다. 다만 공간 속의 어느 한 점은 얼마든지 이동할 수 있을 것이다. 공간이 이동한다고 해서 시간의 한순간이라도 변하는 모습이란 결코 일어날 수 없다. 공간의 한 점이 이동한 것이란 그 이전과는 다른 위치에 놓이게 된다는 뜻이다. 그런데 시간의 한순간이 변한다면, 그 순간은 또 다른 시간대로 옮겨간다는 뜻이다. 그러므로 시간을 자세히 들여다보면 막막한 덩어리 모양의 균일한 모양새에 가깝다.

　일상에서 시간이란 과거 현재 미래라는 관용적 언어로 구분된다. 그러나 물리학적으로 증명되었거나 확실한 실체 규명이 없기에 인간 경험으로 지정된 언어상의 습관에 의존할 수밖에 달리 도리가 없다. 시간의 실체 규명을 위한 끊임없는 연구나 노력은 지금까지 상상과 가상적 정의로 가설이거나 추상의 언어로 내세운 바가 대부분이었다. 과거로 달려가거나 미래로 가거나 오는 시도는 항상 상상으로 성취되는 식도락 같은 논리였을 뿐이다. 오직 가능한 실체로서 인간이 직접 경험하며 접촉하는 현재만이 크게 실질적 질감과 정체를 맛보는 희열이 시간의 진실한 실체였다. 현대에 이를수록 각종 운반 체계와 기술 발전으로 인간은 많은 시간을 유용하게 사용하고 누릴 수 있게 되었다. 유용한 수단과 방법으로 어떤 사람은 한꺼번에 수십 가지 일거리를 해결하거나 처리할 수 있게 되었고, 어떤 사람은 겨우 한 가지로 같은 시간을 보내기도 한다. 시간을 대하는 인간의 처리능력에 정신적 집중이 중요하다면 어떤 실용적 아이디어에 의한 자극이 아니라 손으로 만들어낸 것을 통한 새로운 세상의 발명품과 접촉해야 한다.

　나는 시골에서 농사를 지으며 계절마다 다른 씨앗을 심곤 한다. 봄에 파종한 작물을 가꾸며 잡초를 제거해주고 가꾸다 보면 마침내 열매를 맺거나 고구마 감자 같은 작물을 얻는다. 이런 열매나 고구마 감자 같은 작물이란 대지가 품은 힘으로 시간과 함께 밀어붙인 결과 알뜰한 소출을 얻는 것이다. 그러므로 씨앗이나 순 따위가 음식으로 식탁에 오를 수 있는 것도 자연과 시간의 힘이다. 시간은 인간 삶의 이곳저곳에 끼어들어 땅을 비옥하게 하고, 해맑은 얼굴에 주름살을 만들기도 한다. 논밭에 소를 끌어다 쟁기를 끌도록 한 이후 땅의 산술적 소출 증가는 비약적으로 늘어났고, 인간의 의식변화는 그만큼 시간 따라 증가했다. 지금이라는 시간, 즉 현재 벌어지고 있는 시간에서 인간을 개안하는 방향으로 이끌어 갔다. 해가 바뀌면 새로 등장하는 주기적 시간과 우주는 인간의 새로운 시간에 적응하는 생활방식에 필요한 삶의 신세계를 열어주었다. 또한 수백 수천 년간 이룩한 발전 도상에 인간의 상상력에 엄청난 영향력을 끼쳤다.

　시간은 언제나 깊고 음침한 양면성을 지니고 인간 사회 주변에서 소용돌이치며 돌이킬 수 없는 변화를 야기한다. 성장과 발전의 한편에 파괴와 소멸의 무대를 빈틈없이 만들어내고 있다. 생물들이 태어나 성장하고 병들어 죽어가는 엄숙한 과정을 소리 소문 없이 진행하는 시간 파수꾼이야말로 자연의 이법이거나 신의 섭리와 같다. 소설 '타임 머쉰'《Time machine》을 보면 시간의 과거와 미래를 넘나드는 장면이 나온다. 일차원의 시간을 상상을 통하여 시간 자체를 마구 휘저어 과거와 미래를 왕래하는 셈이다. 결코 가능하지 않을 세계이긴 하지만, 시간에서 자유로워질 수 있는 꿈같은 일이 등장하는 소설 속 세계다. 그러나 현실적으로 인간은 시간의 흐름 앞에 등장하는 어떤 사건이나 죽음으로의 행렬에 하등의 저항 없이 받아들이며 사라져간다. 시간에 끌려가는 것은 항상 당연했다. 아우구스티누스 (Augustine)는 '오직 God 만이 시간을 초월한 존재이기에 영원하다.'라고 말했다. 영원한 신이란 시간과 관계없이 존재할 수 있다는 말이다. 신은 절대적 존재이기에 시간의 이전이나 이후가 없다. 신에게는 모든 시간이 동시에 존재하고 흐르지 않으며, 신은 시간을 직시하는 존재다. 신은 결국 시간일 수도 있다는 논리를 정당화해도 괜찮을지 모른다. 그렇다면 시간의 흐름이 없는 신의 창조물도 흐름이 없는가. 그리고 '시간 이전의 신은 누가 창조했는가?' 라는 의문이 시간 앞에서 넘나든다.

　시간은 상상과 소설 혹은 이야기를 배경삼아 갖가지 형상으로 나타낼 수 있는데, 그렇거나 말거나 지금 이 순간에도 여전히 지나가고 있다. 우주의 빅뱅 이후로 시작한 엔트로피 (entrophy : 무질서도, 불확실성,) 즉 '모든 물질과 에너지는 오직 한 방향으로만 바뀌며, 질서화한 것에서 무질서화한 것으로 변화한다는 열역학 제2법칙의 원리'처럼 일직선으로 시간이 흐른다고 추정한다. 그러나 시간을 측정하는 기준은 없다고 과학계는 말하고 있다. 물리적인 시간은 옛날이나 지금이나 차이 없이 똑같이 흘러간다. 천 년 전의 한 시간이나 오늘의 한 시간이나 그 절대 길이에서 다르지 않다. 또한 천 년 전 생물의 탄생과 소멸 잔치처럼 오늘의 탄생과 소멸 잔치와 똑같은 시간의 탄생과 소멸의 구속 안에 있다. 그래서 시간 속에 진정한 자유가 없는 것이 맞는 이유다. 다행스럽게도 프랑스 라블레 (Francois Rablais 1483 - 1553)가 쓴 작품 《가르강 튀아 Gargantua》의 장 Jean의 말에서 위안을 받고 싶다.

"시간이 인간을 위해서 만들어진 것이지, 인간이 시간을 위해 만들어진 것이 아니다."

청보리 밭 탐방探訪

　고창 청보리밭을 탐방하려고 문학 회원들과 버스를 타고 갔다. 별다른 감상이나 마음 들뜸이 없이 버스에 오르는 맛은 예전의 설렘과는 많은 차이가 있었다. 옆자리 Lee 수필가와 여러 잡담을 주고받는 대화가 재미있었다. Lee 수필가는 전직 교장으로 퇴직한 전문직 교육자였으며 삶의 이모저모에 탁월한 식견을 지녔다. 주변 풍경에 대한 소담한 정보와 농산물을 가꾸는 방법에도 일가견이 있었다. 퇴직 후의 여생이 나름대로 풍족하겠구나 하는 생각이 들었다. 나이 든 큰형을 깍듯이 모시며 멀고 가까운 곳을 함께 여행 다녔다고 했다. 건실하고 낭만적인 사고방식을 지녀서인지 말투도 나긋나긋했고 시국에 대한 소견도 절도 있는 소신을 보였다. 어떤 정치적 성향이든 나의 소관과 다를지라도 가타부타의 의견을 말하지 않았다.
　Lee 수필가와 몇 마디 대화를 주고받다 보니 어느덧 고창 청보리밭에 이르렀다. 30만 평의 광대한 구릉에 펼쳐진 보리들 초록바다 출렁거림이 장엄하게 바람 따라 펼쳐지고 있었다. 일부 한편에 유채 꽃밭이 있어 초록색만의 단조로움을 벗어나 변화의 여유로움을 풍겼다. 예전 보릿고개 시절 무럭무럭 자라는 보리를 보느라면 웬지 모르게 배가 부르는 느낌을 받곤 했었다. 까슬까슬한 보리까락으로 둘러 쌓인 보리 낱알이 별로 마음에 들지 않았지만, 그게 배고픔을 가시게 하는 유익한 식량이기에 귀하게 여겼던 옛 시절이 아득하게 떠올랐다. 내한성 보리의 특성에는 나름대로 인간에게 보탬이 될 영양분이 많다는데, 주요 영양성분으로 탄수화물, 식이섬유, 그리고 비타민B라고 한다. 예전 어릴 때 보리개떡을 군입거리로 즐겼던 시절에는 그다지 깊은 맛도 없는 떡이 건강식품으로 유일한 간식거리였다는 게 새삼스럽다.

  보리밥은 쌀밥에 비하여 찰기가 없고 기름지지 않아 별로 먹고 싶은 생각이 들지 않았다. 그러나 쌀이 귀한 때이기에 꿩 대신 닭이라고 보리밥이나마 배불리 먹을 수밖에 없었다. 그나마 감사하고 기쁘게 먹어야 하는 옹심이 오죽했으랴. 점심 도시락에 늘 거무튀튀한 보리밥을 내놓고 김치 하나로 배를 채웠다. 그냥 먹는다는 의미로 가난한 세상을 건너는 세월에 보리만큼 귀한 식량이 어디 있겠는지 생각해보면 참으로 고맙고 아슬아슬한 감정이 앞선다. 그런데 고창 청보리밭 너른 벌판 앞에 서니 푸르른 기운에 압도되어 놀랍고 신비로운 생각이 들었다. 청보리밭에 사람들이 오고가며 보릿대를 만지작거리거나 사진을 찍고 있었다. 보리밭 사잇길이 가로

세로로 적당한 간격으로 뻗어있어 쌍쌍이 거니는 모습이 푸르른 보리 빛으로 물들인 듯 보기가 아름다웠다. 청보리밭을 수놓는 그림처럼 사람들 모습이 아른대고 있으니 넓디넓은 보리밭 축제가 더욱 영롱한 빛이 나는 듯싶었다.

 청보리밭이 저리 신기하리만큼 사람 눈을 홀리고 밭 스스로 푸른 광채를 내고 있으니, 쌀을 품은 벼들도 저리 경이로운 풍광을 연출할 수 있지 않을까 하는 묘안은 없을지 모르겠다. 김제 만경벌 너른 들녘에도 놀랍게 배부른 노래와 춤의 행진을 마련할 프로그램이 있으면 좋겠다는 생각을 한다. 기대 이하로 떨어진 쌀값이며 농작물의 미미한 보상으로 푸른 이삭을 달고 있는 벼의 줄기를 트랙터로 갈아엎는 농민들을 티비 화면에서 보았다. 이런 시위를 무마할 관광 축제거나 먹고 마시는 즐길 거리의 들녘으로 가외의 소득 창출을 가져올 수 있는 방안은 없는지 생각했다. 사람들을 다녀가게 하고 들 가운데서 돈을 쓰게 만들며 삶의 유희를 즐기는 바탕에 푸르게 출렁이는 벼 이삭과 어울리는 놀이를 발굴할 수만 있다면, 뭔가 열릴 가능성이 있겠지 싶다. 고창 청보리밭을 보며 하잘것없는 아이디어로 상상의 지평을 펼치는 어리숙함이 부끄럽긴 하나 전혀 가치 없다고 여기지 않는다. 모든 위대한 것은 아주 작은 시도의 물꼬에서 시작함을 알고 있기 때문이다.

 나는 청보리밭 사잇길을 돌아다니며 보리 내음을 즐겼고 보릿대의 군무群舞를 지켜보았다. 과연 사람들을 끌어모으고 구경거리가 될만하며 먼 옛날부터 우리 민족의 중요한 먹거리로 명맥을 이어온 삶의 명줄에 가슴이 차오르는 경의를 느꼈다. 이 보리가 먹거리 외에 유희적 눈요깃감이 되어 하늘거리는 자태가 그냥 괜찮은 변신인지 아리송하기도 했다. 나는 어느 친구가 보리가 청청하게 등장하는 시기가 오면 늘 생각나는 게 있다고 하는 말을 들었다. 그 친구는 산골 보리밭으로 여친과 소요逍遙를 하다 보리밭에 앉아 오달진 키스를 했노라 고백하였다. 나는 보리밭이 배고픔을 풀어주는 하늘의 은총 외에 별별스런 사연이 있음을 조금 알게 되었는데, 기실은 이것만이 아니었다. 고창 청보리밭이 놀라움을 하나 더 보태주었다. Lee 수필가의 말에 따르면 여기서 자라는 청보리는 노랗게 익기 전에 가축 사료로 판로가 이어져 곤포 사일리지라고 하는 청초, 볏집, 보리따위를 비닐로 밀봉하고 혐기 발효를 유도하여 제조한 사료용으로 베어지는 신세가 된다는 것이다. 경제적 이익 측면에서 그 쪽이 더 나은 가치를 창출하기에 그리 될 수밖에 없다고 한다. 그런 처리 과정이 어느 나변에 있던 가슴이 서늘하고 씁쓰레한 감정이 마음에 스몄다.

 어쩌면 당연한 처리 과정이긴 하다. 그래서 청보리밭의 변신은 죄가 없을 듯싶다. 그럼에도 한창 풍요의 신선한 푸르름으로 성장과 결실의 도정을 밟아나가는 청보리의 기세를 중간에 무자비하게 꺾는 경제적 이기심의 발로라니! 거기엔 엿기름도 맥아도 보리개떡 등등이 결실이 만든 풍요한 변신 기회가 사라지는 가련한 풍경만 남는다. 보리는 보리까락으로 소나 젖소가 먹기에는 거치른 가시같은 게 있어서 잘 먹지 않는다는 말이 있다. 그러나 곤포 사일리지로 발효 과정을 거치면 까락의 불편한 가시가 없어지는지는 모르겠다. 가축 사료로서의 영양 가치가 풍부하기에 청보리가 베어진 후 후속 작물이 이어 등장한다는데 해바라기와 메밀이라고 한다. 해바라기와 메밀 역시 아름다운 꽃들의 향연을 세상에 내밀기에 부족하지 않은 작물이다. 그렇긴 해도 청보리밭은 청보리밭으로 그대로 두고 그 옆 구릉과 땅에 별도로 해바라기밭 그리고 메밀밭을 조성하여 다채롭고 다각적인 구경거리와 풍광을 진설한다면 더 나을 듯한 느낌이 들었다. 경제적 이익으로만 평가되는 세상에 식물은 너무나 생명의 주권을 내세울 힘이 없어 사라져가는 애틋함이 가슴을 적신다.

12월과 새해 1월 사이

　해마다 12월이면 마음이 초조하다. 마지막 달의 상징적이며 실질적 의미에 압도되어 실속도 없이 허망하게 지나간 한 해를 돌아보면, 마냥 처연한 느낌이 들기 때문이다. 12월은 새해의 첫 달과 맞닿아 있는 기대와 호기심이 서린 달이기도 하다. 그런데 새로운 달의 기대보다는 한 해의 끝 달로서의 정서적 마무리를 새겨보는 이성적 물음이 앞선다. 지나간 새해 1월에 결심하고 다짐했던 일들이 얼마나 성취되었는지 살펴보면, 가슴에 남는 회한과 희열이 교차하는 심정에 드는 것은 나만의 일이 아닐 것이다.
　나는 작년 보다 늙었는가 성숙했는가. 나는 작년보다 누군가에게 간절한 도움을 주었는가. 나는 누군가에게 기억에 남을만한 업적을 쌓았는가. 나는 누군가에게 사랑의 노래를 불러주었으며, 시를 읊어 주었으며, 감격적 환희의 소식을 안겨주었는가. 아니 질문이 오히려 부끄럽도록 수치심이 눈 앞을 가린다. 삶의 남루한 흔적으로 살다가는 한 해의 생활상이 어디에 드러내놓고 자랑할 만한 게 없어 가슴이 서늘하도록 슬프다. 죽음을 향해 줄곧 시간의 풍차를 돌리고 있는 이 순간에도 나는 내가 묻고 부르짖는 어느 것도 실천에 옮기지 못한 부문이 많이 있음을 느끼곤 한다.

12월의 마지막 달에 마음속에 스며드는 적막한 회한이 하얀 눈에 덮여 위선을 가려도 마음은 그저 스산할 뿐이다. 삶의 한 걸음마다 무수한 목적의식이 실려 있음에도, 무엇을 위해 걸음을 옮기곤 했는지 모두 기억할 수는 없다. 생각은 무수한 날개를 달고 허공을 맴돌지라도, 하나의 목적이 정해지지 않으면 또 내년이 지난 세월처럼 공허하게 끝날 가능성이 많을 것이다. 그래서인지 12월에 떠오르는 마지막 달이라는 시간적 구분 앞에 서서 회한의 감정에 휩싸이는 것처럼 부질없다는 슬픔도 인다. 왜냐하면 삶의 처처가 늘 마지막의 어떤 궁극으로 가는 길목이라는 느낌이 들기에 그렇다. 누군가와 오랜만의 만남에 대한 회포를 풀고 돌아서면, 그 만남의 대화와 악수가 지상에서 가졌던 끝자리임을 후에 알게 되는 경우도 가끔 생긴다. 12월과 새로 맞이하는 1월이든 지나고 나면 영원한 시간의 뒷자리에 물러난 흔적만 있을 뿐이었다. 오히려 시간의 구비가 새로운 계기를 마련하거나 신기함을 주었던 게 거의 없었던 허탈감마저 들곤 하였다.

지난 1년간의 삶의 애환과 사연 등은 다음 해의 새로운 기대와 즐거움을 위한 바탕일 수도 있고 그렇지 않을 수도 있다. 어떤 사연의 굴곡이던 1년 만의 경과가 살았던 모든 나이의 풍경과 전혀 다르지 않을 것이다. 삶의 구분에 등장하는 반성과 결심 그리고 새로운 계획을 짜는 일은 누군가에게는 효율적 삶의 방식일 수도 있다. 대체로 굳은 결심에 의한 의지의 시종일관한 실천이 중요한 미덕이 된다. 더군다나 보람된 성취의 단계를 밟아 자신뿐만 아니라 타인에게도 긍정적이며 실질적인 인정을 받는 결과라면 자신에 대한 긍지를 가질만할 것이다.

그러나 나는 어떤 명료한 성과로 나 자신이 자랑스럽다는 생각을 가져본 일이 한 번도 없었던 것 같다. 나름대로 그래선 안 된다는 자의식이 있었지만, 시도했던 대로 진행된 내 개인의 시간표대로의 실행은 용두사미로 끝나곤 했다. 실망스럽던 결과를 두고 통렬한 성찰을 하기엔 나의 의지가 내 자존감을 우뚝 세울 만큼 강한 추진력이 없었음을 인정할 수밖에 없다. 아무래도 성취의 과도한 욕심 때문이 아닌가 하는 생각이 들었다. 작은 것에서 큰 단계로 나아가는 점진적 실행 계획으로 부담을 덜고 마침내 작은 성취감으로 나 자신에 대한 자부심을 갖도록 하는 것이 중요한 듯싶다. 그렇다고 시간의 구분으로 나 자신을 구속시킬 필요도 없다. 삶의 모든 순리가 어떤 구속으로 얽매이는 것처럼 바보스러운 일은 없기에 그렇다. 일에 대한 매듭을 짓지 않는 분별력이 없는 사람처럼 살아서도 안 되리라.

무언가 불완전한 상황에서 방황하거나 미완성에 대한 자책감에 빠져 우울과 후회로 한 시기에 매몰되어 나 자신을 방기해서도 안 될 것이다. 어떻게 살던지 인생은 완성을 위해 살다 미완성으로 끝나며 죽게 되는 경우가 대부분이다. 죽을 때 만족한 웃음을 띠며 죽었다 해도, 완벽한 마무리 때문에 웃는 게 아니고 그 정도면 됐다고 하는 작은 성취로 마무리한 게 그나마 다행이라는 자기 위안으로 웃을 듯싶다. 즉 더 낮은 자세의 자기 수정에 의한 타협의 결과일 것이다. 살았던 모든 이에게 그런 현명한 타협의 삶을 사는 방식이 있었다면, 높은 단계의 욕심에 의한 불만족의 결과를 자기 죽음으로 마감 짓는 자살자야말로 가장 무도한 판단 미숙자이면서 가장 냉정한 생명 경시의 사람일지도 모른다.

거의 20여 년 전에 한 마을에 살던 친구가 죽었다. 월남전에 참전한 친구였는데 오랜 병고의 신음 끝에 암으로 세상을 떴다. 40세대 정도의 작은 마을이었기에 동네에서 유일한 동갑내기였고, 태어나서 50 평생에 이르기까지 온갖 추억거리를 공유하며 아옹다옹 살았다. 우리는 서로를 질투했고 시기했으며, 사랑했고 필요로 했으며, 종종 다투었다. 벌거벗고 수영을 즐겼으며 한방에서 뒹굴다 잠을 자기도 했다. 그런 그가 이승을 떠난 그 해 12월에, 나는 알 수 없는 외로움과 허전함으로 질투란, 사랑이란, 아니면 혹독한 정신의 침울에 이르기까지 얼마나 부질없는지 허우룩한 울분만 가슴을 쳤다. 그 친구와 어울려 놀던 대밭에 들어가 바람 따라 서걱대는 대나무 아래서 마냥 눈물을 흘렸던 12월 어느 날이 얼마나 처연했던지 가슴 속이 얼얼하였다.

12월에 뒤돌아보는 1년에는 일기장에 쓰여지지 않은 무수한 사연들이 깃들어있다. 아쉬움과 후회막급의 정신적 상흔이 더 많이 내려앉아 있겠지 싶다. 기억에 남을 만한 영광스런 성과나 박수 소리 요란한 승리의 월계관을 썼던 일은 거의 없었다. 그럼에도 작은 의미의 성장과 실적 뒤로 흘렸던 땀과 눈물이 더 기억에 간명하게나마 떠올라 나를 위로해주었다. 1년의 기억은 또한 아련히 떠오르는 그리움 너머로 이루지 못했거나 만나지 못한 친지들의 얼굴들도 스친다. 늘 누구에게나 떳떳하고 자랑스런 자취를 남길 수만은 없다 해도, 시간 시간마다 고민하고 노력했던 최선을 다한 흔적은 있어야 할 것이다.

연말이 되면 요란스런 크리스마스 캐롤 송이 들리고 가난한 사람들을 돕자는 캠페인이 벌어진다. 한 개인에게 다가선 12월이 아니라 사회와 나라가 그 매듭을 맞이하여 나름대로 대응하며 반성하고 다음 해에 대비하는 계획을 세운다. 삶의 애환이 어떤 것이던 시간의 거대한 회오리는 한 치의 빈틈도 허용하지 않고 한 시대를 마감 짓고 새로운 해를 맞이한다. 이런 의미에서 나는 나의 남루한 일 년간의 대차대조표 앞에 망연한 손익계산만을 하고 있을 순 없다. 사람들 인생 전체를 통해서도 거시적 안목으로 보자면 작은 성취마저 이루지 못한 채 죽음을 맞는 경우가 너무도 많은 듯싶다. 하물며 일 년 만의 자타가 인정받을만한 마무리인들 작은 목표의 성과 외에는 없다. 그러므로 나는 나에게 걸맞은 희망과 계획을 여미고 12월을 건너 새해 1월을 의연히 맞이하려 한다.

5월의 사모곡思慕曲

　한겨례신문 2013년 5월 4일자 2면에 김재명 사진기자가 찍은 '한 장의 다큐'라는 사진을 보았다. 사진을 보는 순간 가슴 밑바닥에서 치밀어 오르는 감동을 주체할 수 없었다. 누워있는 93세의 권기선 할머니를 아들인 71세의 이준교씨가 무릎에 안은 채 눈을 감고 하염없이 앉아있는 모습의 사진이었다. 날씨는 영하의 추운 방안이었고 가난한 어머니와 아들은 추위에 떨다 서로를 붙안고 모자간의 온기를 보태며 세상에서 가장 편안한 의탁을 보여주고 있었다. 사진이 실린 이날 5월4일에는 이미 권기선 할머님은 머나먼 저세상으로 가셨다고 한다.

　인간의 삶 가운데 가장 철없는 어린 시절, 어머님이 꾸며주고 보살펴주고 먹여준 수없는 모정의 고달픈 여정을 어른 된 이들은 모두 잊기 쉽다. 시간의 간절한 자비에 힘입어 잊혀지고, 어머님의 대가 없는 희생은 마냥 잊혀져도 괜찮다는 타성이 자리 잡은 근성으로 망각에 젖는다. 잊을 만하니 잊는 게 당연한 듯 여기고 살았던 것이 인류 역사의 깊은 맥으로 흐르고 있으니 그냥 넘길만한 관행인지도 모르겠다. 그럼에도 불구하고 아프거나, 괴로워서 매달리며 호소하곤 하던 어린 시절에 어머님 품은 얼마나 따스하고 아늑했던가. 죽음이 뭔지도 모르고 힘들게 아픔을 견디며 이겨낼 수 있었던 그 시절마다 어머님의 눈물과 한숨의 손길은 절대성의 바탕에서 필요했건만, 그 한 시절이 지나갔다고 그냥 잊혀도 되는 무형의 희생쯤으로 여겨도 되는가. 모든 어머님은 아픈 자식을 어루만지며 무릎에 아픈 자식을 누이고 밤이 새도록 병고로부터 회복을 위해 기도하며 날을 샜을 것이다.

이제 반대로 어머님은 늙고 아프다. 아들의 무릎에 누운 어머님은 병고로부터 일어남이 아니라 죽음으로 가는 이별의 거룩한 순간을 위해 살아온 날들을 반추하며 눈을 감고 영혼의 대화를 나눈다. 측은하기도 하고 거룩하기도 한 사진의 이미지는 헤아릴 길 없는 삶의 정리를 보여주고 있으며, 우리 모두의 늙은 어머니의 마지막 모습과 다르지 않은 생존과 생명의 장대한 인연의 강을 느끼도록 해주고 있다. 늙으신 어머니와 더불어 같이 늙어간 초췌한 아들 이준교씨는 이 땅의 어머니를 여읜 모든 아들보다 행복해 보였고 깊은 상념에 젖어 시간을 초월한 듯 보였다. 나는 그 사진에 더할 수 없이 뜨거운 감동의 해일을 느끼고, 돌아가신 나의 어머니를 생각하며 눈시울을 적셨다. 어머니를 붙안고 있는 이준교씨는 그나마 나보다 행복하겠다는 생각이 나를 못 견디게 했다. 한 장의 사진이 주는 수많은 헤아림과 모정과 삶의 행간의 이야기들이 시간을 가로질러 우리에게 인생의 진리를 어떻게 깨닫고 갈무리할 것인지 안내하고 있는 듯하다.

하지만 어버이날에 내가 할 수 있는 일이라고는 효도를 다하지 못한 과거의 불찰을 후회하고 죄송한 마음을 갖는 것뿐임을 절감하고는 마냥 서러움에 잠길 수밖에 없다. 한 장의 사진을 보고 슬픔을 느꼈다고 해서 예전의 불효가 가실 수는 없을 것이다. 그렇다고 그 느낌의 소용돌이를 잊어서도 안 되겠다는 생각이 스쳤다. 그래서 시를 썼다. 은유의 포만감 속에 전달되는 나의 감동의 충일을 나타내기에 시만큼 좋은 공간은 없을 듯싶다. 물론 가슴속을 흔들었던 격정을 모두 표현하기엔 역부족이었지만 홀로 우는 눈물의 한이 풀어져 법열의 바다에 나를 누일 수 있었다.

5월에 부르는 어버이 사모곡思慕曲

인정의 따스함으로 인류문명의 시원이 열렸네
생명의 소리는 작은 숨소리에서 움이 텄다
사람의 정을 엮어 삶의 숨결을 키우고
웃음으로 진화한 문명을 넘어

자식 된 자들의 위대한 자만의 밑바닥에
어버이 잔정의 눈초리가 길게 뻗치네

어머님의 처진 젖내에 아늑한 꿈이 돌면
생명을 이어받은 의식은 다만 그리운 자장가 뿐
사랑의 강이 흘러 철없는 성품들이 흩어진 후
성장을 거듭하여 무람한 어른이 된 몰염치여
효도는 각박한 삶으로 가려지고 때를 모른다
우리의 생명이 이어지는 모든 순간에
때를 기다리곤 하는 불효가 막막한 세월을 건넜다

효도는 아득하고 아기냄새 그림만 그윽한데
어버이 아파 눕는 자세에 고개가 돌아가는 낯섦
쓰러지는 나이의 등이 너무 깊게 굽어
초라하고 흉측하고 냄새나는 나이의 등줄기
나는 그 나이의 등을 받치고 속울음을 운다

늙어가는 나이에 문안을 여쭌다한들
망자의 대답 없는 메아리, 메아리
삶은 그렇게 굽이도네, 돌기만하네
돌고 도는 일들이 당연하여
우리는 어버이를 잃는 게 자연의 순리라 하는가

따스한 이야기가 기억 속에 아련하구나
자연의 순리라 한들 30년 터울이 한 순간이고
한 순간에 가슴이 열리고 닫히는 그리움의 사슬
늙은 어버이의 가슴은 외롭게 잊힌 땅이 되었구나

사슬을 풀면 봄날의 훈훈한 바람이 스며드는데
꽃을 피우고 그리움의 포문을 열어 기쁨을 적셔라
어버이의 차례를 거쳐 우리 차례 그리고 숨소리
세월의 굴레는 우리 삶의 영원한 실체로구나

육친을 품에 안고 고뇌의 상념에 젖는 사모곡에
풍성한 노래를 들려다오, 말문의 폭포를 끌어다오
그리운 사연들이 풀린들 시간은 한 오금이더라
가족 문화의 혼이 면면히 이어지는 추억
어버이의 정은 축복, 그 세계의 숨소리 열려
죽음의 번민은 돌고 도는 역사의 고리가 되리

아! 푸른 5월의 따뜻한 봄날에 우리 어린 시절과
어버이의 푸른 젊음이 싱싱한 초목에 실려
날개 달고 퍼지는 옛이야기가 사무치게 그립다.

제2부

시간의 기술記述

세상에 처음이자 마지막인 것들
겨울바람
고향 옛집
꽃밭에서
또 하나의 밥을 기다리며
불면의 밤에 대한 그리움
성삼문과 죽음의 성장

세상에 처음이자 마지막인 것들

　죽음이 경험할 대상일 수 있는가. 죽음을 경험한 순간 처음이자 마지막이 되기에 경험의 대상이 아니다. 인간이 전 생애를 살아가는 일은 순간순간이 모두 시간을 배경으로 본다면 처음이자 마지막이다. 그날그날의 식사와 사용하는 언어가 그렇고, 신발 끈을 고쳐 매는 동작과 여행의 모습이 모두 처음이자 마지막이 된다. 그런 처음이자 마지막인 시간들이 모여 나이가 되고 연륜이 쌓이며 경험들이 축적된다. 문명과 문화의 유의미한 발전과 시대를 이끌어가는 인간의 지성들이 처음이자 마지막인 것들의 불화와 맞춤을 거쳐 품격 있는 구조와 체계를 갖추었다. 오늘날 우리 눈에 띄는 경이로운 과학적 결과물들은 늘 처음이면서 마지막 물질의 등장일 뿐이다.
　인간의 생물학적 성장과 진보는 눈에 보이는 현상계까지 올라서는데 그 중요한 단계마다 처음의 강렬한 인상을 먹고 들어간 흔적들이 쌓인 것이다. 축적된 흔적들마다 인간의 간절한 욕망의 실현

물들이 줄로 서있거나 나열되어 있다. 시간 속에 흘러들어간 검고 희고 닳거나 윤택이 나는 소리들이 위세를 떨치며 존재를 드러내는 교향악을 연주하고 있다. 사치스럽고 휘황한 물리적 축조물들이 어찌 자만의 영광을 드리우지 않는 바가 있겠는가. 저물어가는 태양 아래 환상적 아름다움과 떨리는 관능적 몸부림과 어울려 삶의 온갖 희열을 맛보는 생명의 극치가 세상의 처음과 끝을 장식한다.

처음은 늘 설렘이며 두근거리는 희열이고 가장 순수한 희망이다. 누구나 처음을 좋아하며, 처음 만난 여자와 남자에 빛나는 눈빛을 준다. 첫 만남, 첫 사랑, 첫 눈, 첫 발견 등의 처음의 간절한 기대를 품은 말들로 살 길의 기쁨을 발견하는 눈부심을 잊을 수 없다. 그럼에도 경험된 '첫'의 관형적 의미는 이윽고 쇠퇴로 들어서며 두 번 다시 같은 속성의 두근거림은 없으며 비슷할지라도 아닌 것은 아닌 것이다. 군더더기 없이 흐르는 시간의 잔상으로 물들어가는 마지막의 이미지로 끝나는 섦음이 진정한 민낯으로 남는 게 일반적이다.

사람 인생의 전체 구조는 어떤 사태나 놀이에 뛰어들던 낯선 풍경의 처음과 만난다. 익숙함에 차츰 물들기까지 시간과의 거래가 잘 이루어지면, 성장과 변화의 단계에서 든든한 자기 확신으로 화려하게 주변을 아우르며 자만의 불꽃을 사른다. 단계마다 입학과 졸업의 행사를 치르며 시험과 적응을 거쳐 자신만의 성곽을 구축한다. 처음의 서툴고 조야한 실수투성이를 다듬어가는 과정은 누구나 비슷하게 전개된다. 고민과 좌절의 음습한 고통을 이겨내고 자신의 능력에 걸맞은 직장을 선택하거나 자영업에 뛰어들기도 할 것이다.

순간순간마다 다가서는 처음의 낯섦과 무지의 세계를 더듬거리며 내딛는 발걸음과 용기 있는 접근이 그 자신의 삶을 만들고 새로운 인생의 텃밭을 가꾸게 되는 과정이다.

 대학을 졸업하고 처음 나는 브리태니커 백과사전과 영문서적을 파는 출판사에 취업했다. 외판사원으로 책을 팔 때마다 수당을 받는 직종에 들어선 것이다. 하루 종일 카탈로그와 참고서적의 팸플릿이 든 가방을 들고 회사나 학교 등지를 방문하여 소개하고 사전과 책을 사도록 권유하는 일을 했다. 처음 시작하는 외판의 고달픔이라니, 참으로 어렵고 피곤한 세월이었으며, 가는 곳마다 문전박대를 당하며 쫓겨나곤 했다. 6개월간 한 권의 책도 팔지 못한 무능을 체험했으며, 차갑고 이기적 사회현장의 진면목을 여실하게 보았다. 한심스럽고 실망스러우며 슬픈 절망 끝에 나는 부끄러운 귀향으로 첫 직장의 아련한 추억을 잊어야 했다. 처음 출발한 일거리의 어설픈 행각과 실패는 짜임새 있는 계획 부재와 굳은 의지의 결여로 빚어진 것이다. 그리하여 좌절의 그늘에 초라하게 주저앉게 된 거간의 사정을 유추함이 얼마나 창피했던지 부모님께 얼굴을 들 수 없을 지경이었다.

 지금 나는 그 당시에 이리저리 돌아다닌 길거리와 학교 혹은 사람들을 단 하나도 기억할 수가 없다. 그냥 처음의 어색함과 치졸함을 견디며 무언가 소기의 성과를 이루려는 강인한 집념보다 무정한 절벽 같은 냉대에 부딪쳐 쉽게 포기하고 돌아선 서글픔만 기억 날 뿐이다. 단 한 권의 책이라도 판매의 대열에서 수당을 받으며 희희

낙락거리는 다른 외판원과 기쁨을 같이 한 적도 없었다. 그 신산스런 6개월을 뒤로 한 채 가난한 풍경을 이고 있는 고향 집을 찾아가는 나의 신세가 처량할 것은 불문가지였다. 책 외판은 내 인생의 처음이자 마지막이었고 희극적 삶의 쓰린 추억으로 과거의 땅에 묻혔다. 다시 겪지 않았던 외판의 슬픈 기억 때문이었던지 교사로서 학교에 근무하게 되었을 때, 나에게 책을 권유하며 구입해달라고 요청하는 외판원의 말을 거절하지 못하고, 세계문학전집이니 사상전집이니 하는 책들을 월부로 들여놓았다.

 쑥스럽고 치기어린 일들만이 처음이자 마지막은 아닐 것이다. 무수한 순간마다 보고 듣고 냄새 맡는 일들이나 대화들이 늘 처음이며 마지막인 상황 투성이다. 모든 사건과 사연들은 처음과 마지막의 형상을 지니고 있는데 그 의미에 함축되어있는 과정과 결과로 운명이 달라지거나 변화하는 게 얼마나 많은지 모른다. 인류 문명과 문화의 모든 단락은 처음이자 마지막인 것들로 진행된 결과물이기에 그 시간 시간이 얼마나 중요한 의미를 지니는지 상상하기도 어렵다. 그러므로 살아있는 삶 전체가 기적이며 경이로운 경험의 축도이다. 죽은 자에게는 처음과 마지막의 기세 좋은 서슬이 아예 없음을 안다면, 살아있는 자의 처음이자 마지막 풍경은 희극적이든 비극적이든 정녕 모두 축복이다.

겨울바람

 한겨울 벌판에서 매서운 바람을 맞이해본 적이 있는가. 춥고 배는 고픈데 아늑하고 온기 서린 집까지 가기엔 멀고 먼 길로 남아있고, 더구나 어둠살이 짙어가는 해 질 녘이라면, 겨울바람은 두려움으로 다가선다. 귀 끝을 스치는 귀곡성으로 혼이 다 나갈 듯싶다. 음침하고 냉기 서린 죽음의 냄새가 맴돌 듯한 공포감이 들어 더욱 떨고 떨 것이다. 삶의 어떤 지경에서 그처럼 냉혹하고 참담한 겨울바람을 맞는 사람들이 많다. 갈 길은 먼데 거친 세상의 겨울바람 앞에서 슬픔과 절망의 풍경을 헤어나지 못한 살벌한 삶의 벌판은 얼마나 모진 형극인지 모르겠다.
 겨울바람이란 계절풍이면서 자연 순환의 풍물에 등장하는 현상이다. 그 자체는 차가운 기류이며 동 식물체가 당연히 맞이하는 동적인 대상이다. 나무는 겨울바람이 흔드는 진동과 자극으로 몸체를 단단히 추스르며 뿌리를 더 깊이 내려 흔들림을 견딘다. 동물들은 생명 유지의 모든 수단을 동원하여 추위를 견디고 겨울바람을 이겨내려 사력을 다한다. 인간이라 한들 예외 없이 그 생명 유지의 본능에 따라 방한과 생태 보존의 준비가 갖추어져야 할 것이다. 겨울바람을 이겨내야 따뜻한 봄의 환생을 맞이하리니 설한풍이거나 세찬 북풍을 막론하고 버티고 견디는 인내의 한계를 넘어서야 할 것이다.

  세상 삶의 모든 단계는 이런 위험하고 괴로운 엄동의 질곡을 벗어나는 과정이 있다. 겨울바람이 생명의 구조를 더욱 튼튼하고 강하게 하기 위한 전진적 시련일 것이다. 그럼에도 불구하고 엄동의 찬바람을 맞는 일은 환영할만한 일상사일 수는 없다. 가난하고 부실한 몸으로 대책 없이 겨울바람과 맞서서 전의를 불태우는 일은 어리석고 무모할밖에 없다. 그렇기에 예전의 빈궁한 시절의 서민들이 겪었던 겨울바람이란 얼마나 끔찍하리만큼 잔인한 채찍이었을지 상상하기 어렵다. 한겨울을 지나고 나면 죽어 나가는 노인과 가난한 어린아이들이 생기곤 했던 게 다반사였다. 엄동설한의 바람이 휩쓸고 간 살풍경한 흔적은 식물과 동물에게 흉한 주름살로 얼룩지곤 했다.

  대체로 바람이란 모질기도 하고 두려운 대상이면서 온화하고 감미로운 훈김으로 생명체 주위를 감싸기도 한다. 천변만화의 바람이 이 지상과 하늘의 허공을 넘나들며 세상 동식물을 자극하거나 생기를 주어 생명의 환희를 느끼도록 한다. 바람이 없다면 생명체의 거룩한 생태순환이 제대로 이루어질 수 없을뿐더러 번성의 화려한 율동이 지상에서 펼쳐지지 않을 것이다. 또한 바람이 없다면 식물의 수분 작용이 제대로 이루어지지 않으며 동물의 자웅 생식본능도 그 빛을 잃게 된다. 바람이 지나가는 길목마다 변화와 분출, 상처와 희열이 번갈아 자국과 기억을 새긴다. 일 년 사시사철 주류하는 바람의 방향이 변화무쌍하여 바람을 맞는 대상은 마냥 속수무책으로 맞을 수밖에 없다.

바람은 바위를 깎고 산의 형상을 바꾸며 사막의 모래 물결을 일으켜 모습을 바꾼다. 험상한 바다 물결로 배를 뒤집기도 하고 육지의 집을 날리기도 한다. 그런가 하면 다른 한편에 음습한 감정과 서늘하거나 부드러운 느낌을 주는 바람이 살아있음의 감동과 정서적 율동을 불러 일으키기도 한다. 슬며시 단잠으로 이끄는 안온한 바람으로만 삶의 향기를 풍겨준다면, 사는 멋과 맛은 충만한 쾌감일 것이다. 더운 여름날 어머니 무릎에 머리를 기대고 누우면 어머니의 부채 바람이 전신을 감싸며 아련한 행복감에 빠진다. 바람의 기세에 따라 넘나드는 감칠맛과 스산한 기운은 인간의 간사한 감정놀음의 변덕을 끊임없이 유발한다. 그런 의미에서 여자의 사랑과 바람을 믿지 말라는 말도 나온다.

그렇다고 해서 겨울 여자의 겨울바람을 상기할 때마다 곧 한기와 냉기를 연상하는 것은 지나친 비약일지도 모른다. 그 이유로 겨울 여자라 해도 내면은 깊고 따뜻한 품성을 지닐 가능성을 배제할 수 없기 때문이다. 겨울바람을 맞는 여성은 그만큼 냉정한 사려로 감싼 온기와 속 깊은 이해와 관대함을 지녀야 가족을 보살피거나 품어 안을 모성을 지닐 수 있다. 겨울바람의 벌판에서 세상에 버림받은 사람이라면 겨울 여자의 온유한 품 안에서 삶의 빛을 찾을 수도 있다. 어쩌면 겨울바람과 겨울 여자가 상반된 속성일 수도 있다. 그러나 겨울 여자는 차가운 바람을 등에 질지라도 따뜻한 모성으로 세상의 무관심과 몰인정을 녹이는 훈김을 품으리라 믿는다.

시골집 따뜻한 온돌방에서 겨울바람에 떠는 문풍지 소리를 들으며 바깥세상의 날짐승이나 들짐승이 어찌 추위를 견디며 삶을 영위하는지 궁금해하곤 했다. 가난과 굶주림으로 움츠린 채 초라한 움막에 살고 있는 가족인들 마냥 떨며 죽음만을 기다리지 않을 것이다. 겨울바람이 훑고 지나가는 그 자리로 머지않아 봄의 아릿한 기운이 다가오고 있음을 피부로 느낄 즈음엔 자연의 오묘한 변화의 낌새가 먼저 유혹의 눈길을 보낸다.

겨울바람의 횡액에 희생되는 사람은 거의 밥을 굶거나 땔감조차 마련하지 못한 극빈의 서민들이다. 자연계 전체의 현상을 휩쓰는 위험인자들은 단지 기후에만 있지는 않다. 먹을 것이 떨어진 동식물과 각종 전염병에 걸려 약조차 쓰지 못하고 사경을 헤매는 가련한 중생들의 재난도 그 겨울바람의 저주 범주에 든다. 이런 의미에서 코로나19와 그 변주 바이러스들은 인류 전체를 향하여 악성의 바람으로 지구를 휩쓸어 돌고 있다. 바람이 아니라면 그 물리적 가벼움으로 퍼져나가는 전염은 없을 것이다. 바람길을 뚫고 투명한 비산의 힘으로 육신의 따뜻한 체온을 파고들어 바이러스를 퍼뜨리고 있는 것이다. 때와 장소를 가리지 않는 바람의 향방은 누구도 모른다.

  바이러스 겨울바람은 공포와 통증과 죽음의 전주곡을 울리며 천지 사방으로 퍼져 삶의 안팎을 물들이고 신음과 고통스런 세상을 만들고 있다. 이 또한 지나가겠지만, 어느 세월까지는 비밀스런 통로를 타고 누군가의 이목구비 속으로 아픔과 혼돈의 칼을 꽂을 것인지 경계를 늦추지 말아야 한다. 생물체를 얼려 죽게 만드는 겨울바람과 삶의 세계를 바이러스로 물들여 사람의 목숨을 앗아가는 코로나 겨울바람은 죽음의 그림자에 유사점이 있다. 이제 코로나 겨울바람을 벗어나 사철 바람의 운기 속을 거침없이 넘나들며 자유롭게 살아갈 수 있는 날이 오기를 간절히 기도한다.

고향 옛집

　고향 하면 떠오르는 생각들이 사람마다 다르다. 동네 어귀 당산 나무를 생각하거나 옛 동무를 떠올리기도 한다. 냇가에서 고기 잡았던 일들이며 숨바꼭질 같은 동적인 상념도 솟는다. 흘러간 세월에 묻힌 추억의 강에 수많은 사연이 유영할 것이다. 자연과 인간이 동 세대를 살며 변화와 성쇠를 겪었던 시간의 여정이 잊을 수 없는 정한과 뒤섞여 있다. 그 시절 가운데 가족과 가난의 터울을 지나며 즐거움과 슬픔을 겪었던 시절이 가장 그립다.

　우리 옛집 울안은 여러 크고 작은 집들이 지어졌다 부서져 사라지기도 하고 또 지어지기도 했다. 내 어린 날 동쪽 편 구석에 배나무가 대 여섯 그루가 자라고 있었다. 해마다 배를 맛있게 먹곤 했는데, 어느 날 배나무 주위에 철망을 치고 닭을 키우기 시작했다. 한쪽 편에 닭들이 들어앉아 쉬도록 횃대를 만들어주었고, 비를 피할 가림막을 해주었는데 엉성했다. 닭들은 배나무 주변에 닭똥을 쌓기 시작했고 배나무 껍질을 쪼아 먹었다. 배나무는 하나하나 시들어가기 시작하더니 나중에 모두 고사목이 되었다. 동남쪽에 돼지우리와 염소우리를 지었다. 염소 두어 마리 그리고 돼지가 서너 마리 그 속에서 들락거리며 자랐다. 매일 날이 새면 나는 염소를 이끌고 나가 제방의 둔덕 적당한 곳에 염소를 맨 노끈을 이은 말뚝을 눌러 박았다.

어느 날인가 아버님께서 돼지에게 잡초 사료를 한 아름 양팔로 안고 넣어 주는데 갑자기 돼지우리가 무너졌다. 아버님은 무너진 돼지우리 지붕 밑에 깔렸고 온 집안 식구들의 비명과 아버님의 신음 등으로 이웃집 당숙들이며 일꾼들이 달려와 지붕을 들어 올리거나 걷어내고 아버님을 구출해내었다. 아버님은 등과 허리를 다치고 팔의 뼈가 골절되었는데, 동네 사람들이 그런 상처를 빨리 낫게 하는 데는 진한 똥물이 좋다 해서 똥물을 두 사발이나 얼굴을 찡그리고 마시었다. 아버님이 다치고 돼지우리가 징그럽다며 돼지 우리를 다시 지을 엄두가 나지 않자, 돼지를 팔아넘기고 그 자리를 헐어버린 후 공간으로 한동안 놓아두었다.

거의 일 년간 아버님께서 몸을 추스르고 나아지자 무슨 생각이 드셨는지 이번에는 닭장과 돼지우리를 치우고 소 외양간을 지으셨다. 소와는 별로 인연이 없었지만, 나는 중학교 졸업 때까지 학교에서 귀가하면 소를 끌고 제방 위 이곳저곳을 느리게 이동하며 풀을 뜯어 먹도록 하는 일을 주로 맡아 했다. 소 때문에 소여물을 쑤어 주어야 할 커다란 솥을 걸 사랑방과 부엌을 짓고 불을 때야 했다.

불을 때는 일은 할머님을 비롯해 누구나 시간 여유가 있으면 기꺼이 맡아 했다. 때로는 머슴 중 하나가 불을 때기도 했다. 소여물을 삶기 위해 불을 때면 사랑방은 지글지글 끓다시피 따숩기 그지없었다.

나는 흙벽으로 가로막은 윗방에서 나의 고교 시절을 지냈다. 고달픈 하루의 일과로 눈이 감기면서도 책을 꺼내 들고 공부하곤 했는데, 공부하다 말고 문학 전집을 읽는 일이 상당한 비중을 차지했다. 문학 전집을 읽으면서도 부모님께 공부 외의 책을 읽는 죄책감에 사로잡혀 마음 졸이며 책을 읽었던 추억이 아련하게 떠오른다. 문학 전집을 읽을 때마다 밤을 새워 읽었기에 나의 방의 불이 켜진 낌새로 나는 공부를 열심히 하는 모범생이 된 것은 말할 나위도 없었다.

하지만 고교 3학년이 되자 대학 입시 공부에 매진할 수 있도록 익산의 하숙집을 구해 집을 떠나게 되었다. 나는 고교 3년 이후 하숙과 인연을 맺으면서 대학교 졸업에 이르기까지 하숙 생활을 계속 이어갔다. 그사이 아버님께서는 양계업에 눈을 뜨시어 어머님과 닭 수천 마리를 키우며 나의 학비와 동생들 학비를 조달하셨다. 나의 옛집 둘레는 양계장용 초가집들이 남쪽 밭과 얼기설기 이어져 지어졌고 아버님과 어머님의 발길이 분주하게 이어졌다. 그 분주하게 오고 갔던 부모님의 발자국마다 나의 고교생활과 대학 생활의 학비와 생활비가 풀려나오는 신산한 삶의 흔적이 쌓여있다.

술을 좋아하셨던 아버님은 늘 술타령에 '홍도야 울지 마라', '울려고 내가 왔던가' '신라의 달밤' 같은 노랫가락을 즐겨 흥얼거리셨다. 나의 대학 졸업 때는 아버님의 술 중독 상태는 꽤 깊어졌다. 어머님 홀로 양계장을 운영하다시피 하며 버텨 보려 했지만, 동생의 대학 졸업 후는 양계업을 치우고 논과 밭농사만 근근이 이어갔다. 늘 그렇듯이 집은 그곳에 의탁하는 사람들의 의지처이기에 그 안에서 일어나는 길흉화복을 수용하거나 해소하는 역할을 해낸다. 나의 고향 옛집은 거의 팔십 년의 세월을 시종여일하게 세월의 더께를 견디며 서있다. 그리움의 층층도 얼마나 쌓였을까.

어떤 사람들은 시대의 발전과 도시화 등으로 살던 고향을 떠나 이주를 한다. 그런 탓인지 고향은 따로 없는 게 오늘날 사람들의 일상이라고 말한다. 그런 의미에서라면 정들임으로 엮어진 제2의 고향을 고향으로 여기고 살아도 좋으리라. 사실상 예전에 살았던 고향이 그리워 다시 찾아와도 예전의 흔적이 하나도 남김없이 사라져 살았던 집도 없어진 경우가 흔할 것이다. 변화와 새것을 추구하는 시대에 부응하여 고향 옛집을 부수고 새 건축물을 짓는 일은 끊임없이 생긴다. 그러나 나는 나의 오래 응고된 그리움이 녹아있는 고향 옛집을 골동품처럼 아끼며 살고 싶다. 도시 생활에서 찌들은 심신을 쉴 고향 옛집만큼 삶의 위안을 주는 곳은 없기에.

유소년 시절에서 늙은 나이에 이르도록 나의 고향 옛집은 세월의 흔적이 잔뜩 쌓여있다. 작은 집과 마당 그리고 집 앞 텃밭을 오가며 이름을 부르거나 찾는 소리 등이 무수히 맴돌았다. 삶의 중요한 축이 여기저기 맴돌며 부산한 일거리를 찾아 움직였던 가족의 몸짓이나 행동 하나하나가 그립고 잊을 수 없는 잔정의 핏속에 깃들었다. 나를 부르는 목소리마다 길고 짧은 색채의 감정이 실려있어 뇌리에 깊숙이 박혀있기에 가족 꿈을 꿀 때마다 흠칫 놀라고 가슴이 설레기도 한다. 항시 고향 집에 들락거려도 금시 어디선가 나를 부르는 소리나 말을 건네는 낌새가 있는 듯싶어 고개를 두리번대거나 가슴이 자못 떨기도 하는 나의 집이었다.

꽃밭에서

　행복한 삶의 세상은 꽃밭이라고 이를만하다. 그저 아름답고 달콤한 향기가 진동하는 꽃밭에 서서 은은히 스며 나오는 감정이란 떨리는 열락의 세상일 수밖에 없다. 도대체 꽃밭이 풍기는 진진하고 흥겨운 감정의 도발이 어떻기에 사람들은 그처럼 몽환적인 기분에 빠질까. 꽃의 오묘함과 아름다움이 끌어들이는 강렬한 매혹에 무작정 저항할 힘을 잃기 때문인가. 꽃밭 앞에서 산들거리는 꽃들의 군무를 바라보며 세태의 고난과 슬픔을 잠시 잊기 때문인가.

　겨우내 추위로 움츠린 사위에 갇히거나 삭막하기만 한 자연의 풍경을 마주한 세월을 살다 보면, 삶의 무감각에 모두 지칠 수도 있을 터이다. 그런데 이른 봄 추위가 가시기 전 매화가 피면, 어느 바닥에 숨어있던 육신의 생기가 슬몃슬몃 살아나기 시작한다. 봄의 전령사 복수초와 더불어 봄의 따뜻한 서기를 드리우는 매화로 몸과 마음이 살맛 나는 기지개를 켠다. 시나브로 매화가 꽃들의 수를 불려 활짝 필 즈음에 매화밭에 들어서면, 환상적이며 그윽한 향기가 정신을 혼몽에 이르게 할 만큼 사람들을 홀린다. 매화 향기가 오지게 풍기는 순간만은 환장하리만큼 온몸의 전율로 그 자리에서 한동안 벗어나고 싶은 생각이 없어진다. 고뇌스러운 풍진 세상을 잊는 봄의 매화 동산의 왕자로 향기의 용상에 앉아 넋을 잃어도 좋을 기분을 만끽한다.

  그렇다면 사람들이 꽃과 꽃향기에 기꺼이 도취하는 그 풍경이란 어느 나변에 있는 것인가. 꽃의 정의로운 해석은 식물의 생식기라는 점이다. 사람의 생식기는 감추고 숨기는 은밀성에 있으나, 식물의 그것은 빈틈없이 오밀조밀한 부분 부분에 이르기까지 낱낱이 드러내 보여주는 개방성에 그 깊은 방점을 찍는다. 그 식물 생식기의 자태를 최대한 뽐내기 위하여 가장 화려하고 진한 색채를 드러낼 뿐 아니라, 매혹적인 꽃잎의 확장과 진한 향기의 매혹에 이르기까지 유혹의 모든 수단을 앙큼하게 펼쳐 보인다. 그리하여 마침내 맹렬하게 농염한 추파를 던져 벌 나비가 취해 찾아오도록 최상의 모습을 진설한다. 식물의 꽃만이 아니고 동물도 짝을 찾는 여정이란 가꾸고 꾸미며 그윽한 냄새의 유혹으로 짝을 찾아 대를 잇는 치열한 과업의 헌신임을 누구나 잘 알고 있는 사실이다.

  큰 꽃은 큰 꽃의 의미로 다가가는 메시지가 클 것이다. 큰 꽃이란 독야청청 홀로 있어도 눈길을 사로잡는 자태가 빛난다. 그러나 작은 꽃은 그 청초한 자태가 벌 나비 눈에 잘 띄지 않을까 봐 무리를 이루어 움실댄다. 개망초 구절초 들국화 등이 군집을 이루어 너울

거리며, 하늘거리며, 춤추는 추파를 던지는 한편에 은근히 향기를 날리는 장면을 보라. 그래선지 군집한 꽃밭에는 반드시 벌 나비가 웅웅거리며 날아다닌다. 바람의 추임새를 따라 벌 나비 도움으로 꽃들은 수분의 생식을 이루어 생육과 번성으로 나아가는 과정을 수행한다.

초본 식물이든 나무든 철 따라 달리 피는 꽃 종류가 다양하게 펼쳐져 있는 생태계이다. 그러나 사람들의 기호와 필요성으로 계절 감각을 잊은 꽃들도 있다. 꽃잎의 변형과 색채의 바뀜이 있는 현상도 생겼다. 인위적 시도에 따라 국화는 사시사철에 시장에 나오고 있다. 그뿐만 아니라 전 세계 화훼산업의 양상을 보면 꽃들의 광활한 행진이 어디까지 펼쳐질지 측정할 수 없을 지경이다. 어느 영화의 한 장면이 생각난다. 아버지가 딸의 머리에 예쁜 꽃을 꽂아주며 말한다.

"꽃처럼 예쁜 우리 딸, 꽃에 꽃을 달았으니 꽃다발이 되어 더 예쁘구나"

이처럼 여성을 꽃에 비유하여 아름다움을 표현하는 장면이다. 장미꽃으로, 국화꽃으로, 양귀비꽃, 등등으로 여성성의 아름다움을 꽃으로 승화시켜 불렀다. 진정한 사랑의 눈으로 보았을 때 마음에 닿는 꽃 이름으로 연인이나 근친을 찬미하려는 예술적 표현이 오랜 옛날부터 있었다. 꽃으로 불렸던 여성 입장에서 보면, 체면이나 자존심 혹은 품위 손상을 느껴 마음의 상처를 받을 수도 있을 것이다. 장미 모란 동백의 화려하고 요염한 꽃으로 불러주길 기대했는데, 호박꽃이니 부추꽃 패랭이꽃으로 불렸을 때 모멸감을 갖는 여성도 있을 듯싶다. 여성의 생김새에서 우러나온 꽃 이름의 호명은 역사가 꽤 길다. 시와 소설에서 그렇고 노래의 가사에서도 이름 대신 꽃으로 등장하기도 한다. 어떤 여성이라도 어느 한 틈에 꽃이 될 만한 매혹이 흐르고 있다고 확신한다.

  활짝 핀 꽃의 상징은 최고 최상의 명예나 어떤 분야의 군림을 나타내는 수사적 우월과 찬미의 뜻으로 사용되기도 한다. 음악계의 꽃, 시인의 꽃, 그리움의 꽃 등등으로 꽃의 아름다움으로 대상의 가치를 상승시키는 의도를 효용성있게 표상하고 있다. 꽃은 또한 시선을 강렬하게 이끌 뿐 아니라 품위를 드높일 재질이 있기에, 출생에서 죽음 자리의 장례식에 이르도록 특별한 의미를 지닌 꽃이나 꽃다발로 마음이 가는 정성의 바탕을 장식한다. 그밖에 결혼식에서 꽃다발, 명예로운 각종 수여식이나 우수상 등에 꽃과 꽃다발이 빠지지 않는 것은 주지의 사실이다. 꽃이 지닌 생명력이 길지 않다는 점에서 아쉬움이 있을지라도, 그 아쉬움이 있기에 더욱 꽃으로 마음의 성심을 다하려 하는 심정이 굳다는 면에서 꽃을 향한 변함없는 단심이 있다.

  가수 정훈희의 「꽃밭에서」라는 노래가 있다. 청아하고 애련하면서도 간절함이 담긴 노랫말을 정훈희의 맑고 고운 음색으로 부를 때면 뭉클하니 설렌다. 바람 부는 어느 꽃밭에 서서 이 노래를 듣거나 부른다면 꽃들의 하늘거림에 따라 그 어디선가 가슴 두근댈 만큼 아름다운 여인이거나 멋진 남자가 나타날 것만 같은 느낌이 든다.

> "꽃밭에 앉아서/꽃잎을 보네//고운 빛은/어디에서 왔을까//
> 아름다운 꽃이여/
> 꽃이여//이렇게 좋은 날에/ 이렇게 좋은 날에//그 님이 오신다면/
> 얼마나 좋을까//
>
> — '꽃밭에서' 가사 부분

 아름다운 꽃이 핀 날, 사랑하는 연인끼리 만나려는 장소가 꽃밭이라면, 운치에 더해 애모의 감정이 솟을 듯싶다. 그런데 만날 수 없는 안타까운 사정이 생겨선지 오지 않기에, 오신다면 얼마나 좋을까 하며 아쉽고 절절한 심정을 토로하고 있는 게 이 노래의 내용이다. 아름다운 꽃밭 있고 향기도 나풀대는데 물밀려드는 임을 향한 연심을 노래로 애간장을 풀어내는 곳이 여기 꽃밭 아니고 어디겠는가. 언제나 가수 정훈희의 노래를 들을 때마다 가슴의 정감을 끌어올리는 충동을 느껴 나도 따라 부르며 '꽃밭에서'의 풍미 주위를 맴돈다. 자연계에서 꽃만큼 모든 계층의 사람들에게서 사랑받고 관심을 끄는 대상은 없어 보인다. 그런 의미에서 고금동서를 막론하고 꽃은 예술과 일상생활을 화려하게 수놓고 있다. 꽃을 노래하고 찬미하는 시와 음성이 삶의 화원에서 펼쳐지는 한 이 세상은 낙원이다. 나를 절망에 빠지게 할 만큼 설레게 하는 여인 꽃은 누구며 어느 꽃밭에 있는지.

또 하나의 밥을 기다리며

　가난의 터전에서 겨우 지탱하는 삶으로 황소바람을 맞을 때마다 어찌 추위를 감당하며 배고픈 시절을 건넜을지 끔찍한 생각이 든다. 그래도 어느 사이에 봄바람에 녹아든 냉기가 사라지면서 아득히 떨리는 추위의 망각을 즐기는 봄날로 하여 배고픔을 가라앉힐 희망이 솟는다. 보릿고개 시절에 배를 채울 유용한 것들이 어느 곳에 있을지 매일매일 입과 밥통을 가라앉힐 궁리를 했던 듯싶다. 푸릇푸릇 새싹이 돋아나는 사위를 둘러보며 먹을 만한 것이 있나 눈을 굴리며 찾아다녔다. 아직 채 가시지 않은 봄날의 한기를 견디며 언덕과 보리밭을 돌아다니기도 했다. 냉이며 쑥 그리고 각종 봄나물이 지천에 널려 있음에도 당장 배를 채울 양식거리가 아니기에 그냥 지나치기만 했다.
　하루 종일 변변한 것조차 먹지 못하고 날이 어둑해진 후에야 냉이와 쑥국에 버무린 보리밥을 먹고서야 배고픔을 건넜다. 고단한 하루 끝에 달빛과 별빛이 저 높은 하늘에서 반짝이는 것을 깨닫는 여유는 그래도 밥통을 채웠던 거룩한 밥거리 덕이었다. 피곤한 몸 위에 쏟아지는 식곤증에 기대어 초저녁잠으로 하루를 마감하는 코골이가 그지없이 좋았을 터였다. 세상에 존재하는 삶의 활기가 오로지 먹을 것의 채움으로 시작하는 한탕에 의존함은 모든 산 자들의 애달프고 치명적 약점이다. 살아있는 한 입과 밥통의 사정에 육신과 영혼이 매달리는 밥의 힘이란 얼마나 거대한지 상상이나 할 수 있겠는가. 일찍이 중국 명나라 말기 문학가 이립옹李笠翁은 사람에게 입과 밥통을 주어 먹을 것을 밑 빠진 독에 물 붓듯 끊임없이 무한대로 들게 한 조물주를 향하여 불평을 했다고 한다. 입과 밥통이 없는 식물처럼 살아남는 방법이 있거늘, 영원히 채워지지 않을 먹을 것의 계곡과 바다를 어찌하겠느냐는 하소연이기도 할 것이다.

인류 역사 가운데 굶주림 없는 시대나 나라가 있었다는 예를 거의 찾아볼 수 없다. 이런 사실을 보아도 인간의 삶에서 한 끼의 밥을 거르는 것은 흔한 일이고, 불가피한 상황에 놓이거나 역병과 전쟁 그리고 천재지변에 밥을 굶는 사태가 일상화되어 있을 것이다. 굶주림을 면하기 위한 방황과 탐색 그리고 목숨을 건 싸움으로 날이 저물고 날을 샜을 게다. 들판과 먼 산을 둘러보며 거기 어디 먹이가 될 만한 것이 있을지 배고픔이 채워질 때까지 헤매고 다녔을 법하다. 평소에는 거들떠보지도 않던 나무와 풀, 물 속 자반 등을 살펴보기도 하였을 것이다. 그런 신산스런 세월을 지나 먹을 것의 충족이 차츰차츰 사람들의 입과 밥통에 윤기를 더해갔을 것이다.

시나브로 산업화의 전략적 약진의 결과 농업 생산력이 점차 굶주림의 변곡점을 지날 만큼 배고픔이 가시게 되었다. 개발도상의 초기에 이르러 노동의 가치에 버금갈 밥벌이가 여유를 지님에 따라 음식의 질과 양에 풍요의 채색이 짙어갔다.

노동과 휴식 사이에 삶의 기본 율동이 될 배부름을 위한 축제가 필요할 것이며, 이런 시대의 등장은 당연한 수순이었을 것이다. 음식 맛의 흥취를 가미한 간식거리가 대표적 먹을 것이겠는데, 일상생활의 일거리와 오락거리 중간을 기름칠하여 입과 밥통을 위로하는 특징을 지녔다. 아무리 풍요한 먹을 것 천지에 살지라도, 일정한 시간이 지나면 배고픔의 원시적 본능은 보릿고개 시절처럼 변함이 없을 듯싶다. 우리는 그 배고픔의 와중을 달랠 음식을 새참이라고 말한다. 아침 일찍부터 시작하는 농촌 일거리의 생리는 중참이거나 새참을 기대와 참을성으로 서성거리며 기다린다. 모심기나 밭일에 일을 나간 엄마의 일터로 수저 하나 들고 새참에 나오는 음식을 얻어먹겠다고 또래 다른 집안 아이들과 때맞추어 모여들었다. 새참의 밥이거나 찐 감자나 고구마 등을 먹으려고 논두렁이나 밭 가장자리에 앉아 기다렸다.

새참은 사이참의 준말이다. 일을 하다가 잠시 쉬는 동안 아침과 점심 사이, 점심과 저녁 사이에 드는 간단한 음식이다. 간단한 음식이라서 성의가 없거나 맛이 없거나 볼품이 없는 것은 아니다. 값비싼 품질의 기름진 쇠고기나 그에 버금갈 음식이 새참으로 등장하지 않을 뿐이다. 보리밥에 곁들여 나오는 국은 붉은 고춧가루와

무 또는 호박을 넣고 끓인 갈칫국이었음을 기억한다. 이런 새참은 꽤나 괜찮은 새참이며 여유있는 집안의 성심이 엿보이는 먹을 것이다. 보통은 찐 감자나 고구마가 일반적인 새참이다. 가난의 터수로 아침을 굶었기에 얻어먹는 새참은 배고픔을 가라앉히기에 충분한 음식인 것이다. 어머니나 아버지를 따라 삶의 문을 여는 일터의 무대에 등장했던 어린 날의 부끄럼과 염치없음의 부담을 딛고 새참을 나눠 먹었던 추억이 가슴을 뭉클하게 스쳐간다. 배고픈 날 누구라도 새참의 향연을 싫어 할 수 없으리라 여긴다. 식욕의 간절한 기미를 올라타고 이른 아침과 점심 사이의 출출하고 쓸쓸한 배고픔을 달래주는 새참이 얼마나 고마웠으랴.

  어린 시절 어느 날, 아침밥을 챙겨주지 못하고 삯일 터에 간 어머니를 찾아 나섰다. 아침 배고픔을 넘기기 위해 물이라도 벌컥 들고, 아리고 서럽게 기다려서 쓰린 뱃속을 채워줄 것이 새참이라서 어머니의 일터를 찾아간 것이다. 그러나 새참 먹는 시간이 이미 지나 아무것도 먹을 수 없어 점심밥이 올 때까지 주린 배를 안고 밭두렁에 앉아 기다렸던 아련한 기억이 오래 잊히지 않는다. 어른들의 세계에는 새참의 향연에 막걸리가 빠지지 않는다. 술을 좋아하는 사람에겐 새참의 배부름보다 막걸리로 채우는 배부름을 더 좋아한다. 적당한 음주로 얼큰히 취한 기분으로 더욱 활력을 다해 일의 성과를 올리기에, 주인 쪽에서도 술의 힘으로 일의 추동력을 믿고 한두 잔 걸치도록 조장하기도 한다. 새참을 드는 시간은 길지 않다. 왜냐하면 일의 성과를 계산하는 주인의 눈초리나 분위기로 짧은 시간의 알량한 식감으로 덜 만족한 상태에서 끝내도록 무언의 합의를 준수해야 하기 때문이다. 불끈 힘을 쏟아내 땀이 배는 울력이 은근슬쩍 내미는 배고픔이기에 그 작은 허기를 감당하면 되는 수준인 것이다.

 새참이 올 때가 되면 기다림의 인내심이 한계에 이르기에 종종 허겁지겁 들게 마련이다. 여유 있는 농가의 푸짐한 먹거리로 충분히 감당할 정도면 어떻게 먹던 눈치를 보지 않아도 된다. 하지만 가난한 농가의 새참에는 그 양도 적을뿐더러 눈치와 눈총이 작지 않다. 그런 탓이었는지 모르되 아버지는 두어 번의 새참 놀이를 끝으로 다시 찾아오지 말도록 금하셨다. 거지의 구걸보다 부끄러운 음식을 먹기보다 차라리 굶으라고 꾸중하신 것이다. 새참의 진정한 의미는 울력의 효용 가치를 제고하는 데 있기에, 아무리 가난의 땅에서 살망정 거지 근성의 얻어먹기가 정당하지 않을지도 모른다. 본래 참이란 말은 사실이나 진리에 한 올의 어긋남이 없는 옳고 바른 것인데, 어느 사이 참이라도 아무런 노력이나 땀이 없이 거저 가져가거나 먹는다는 게 옳을 수는 없을 것이다. 굶주린 밥통의 염치는 참을 분간하기에 역부족인 듯하다. 그래도 굶주린 배는 새참을 기다리는 가슴앓이를 기꺼이 견딜 것이다.

불면의 밤에 대한 그리움

　불면의 밤을 새웠던 경험이 있는가. 있다면 인간의 본능을 넘어설 만큼 자신 앞에 드리워진 운명적 불안과 공포 혹은 전율적 흥분이 있었는지 모른다. 불안이라 하면 극복할 수 없는 정신적 고뇌와 두려움이 있다거나 치유 불가능한 육체적 질병이나 암 따위의 고통을 겪고 있는지 모른다. 혹시 흥분이라 하면 당선 축제나 개인적 출세 길이 약속될 합격 소식이 있거나 할 것이다. 그러나 어느 쪽의 직접적 영향이건 불면의 밤은 심신의 쇠퇴나 면역기능의 상실을 초래할 수도 있다.
　나는 고통스런 불면증을 앓은 바가 없다. 그러나 불면의 밤은 있었다. 2004년 불의의 임파종 암에 걸린 적이 있다. 돌연히 나에게 닥친 암으로 말미암아 죽음에 대한 공포와 세상살이의 허무감이 일시에 닥쳐오니 잠이 올 리 없었다. 무엇보다 죽음에 대한 폐쇄적 암담함으로 마음의 출구를 찾지 못해 잠을 이룰 수 없었다. 왜 하필이면 나에게 치명적일지도 모를 암이라는 병이 왔는가. 나의 죄과를 반성도 해보았고, 먹고 즐겼던 식품에 관한 연관성도 생각해보았다. 그러나 불면의 밤을 물리치기엔 아무런 위로와 도움이 되지 못했다. 어쩌면 삶에의 불평등한 운명을 원망하며 분노와 억울함이 깃든 우울증에 사로잡혀서 불면의 밤을 새웠을 것이다.

불면의 밤은 고난 속에서만 있는 게 아니고 외국 여행 전날 밤의 설렘에서도 겪었다. 나의 결혼식이나 자녀의 결혼식을 앞두고 잠을 이룰 수 없기도 했다. 즐겁고 기뻐서 잠을 이루지 못하는 현상은 심신의 과도한 반응이나 분출일지언정 병이 아니기에 그나마 별다른 피해 없이 지나갔다. 기쁨도 과도하면 병이 된다고 하여 예부터 경계하는 말이 있기도 한 것을 보면, 슬픔과 기쁨 모두 양극단의 치우침이 사람에게 큰 상흔을 남길 수 있음이니 항상 중용의 자세가 중요함을 알겠다. 그래서 불면증의 실제 상황이란 그런 양극단의 현상에서 비롯됨을 깨닫는 것이 필요해 보였다.

어느 여성 노인은 밤에 잠이 오지 않아 밤을 새워 친구와 전화로 이야기하며 한 밤을 꼬박 뜬눈으로 지샌다는 이야기를 들었다. 또 어떤 노익장의 퇴역 장교는 새벽 두시나 세시 쯤 모악산에 오르기도 한다는 것이었다. 또 다른 예의 대부분의 사람들은 날 밤을 지새우며 TV.앞에서 방송 프로를 이리저리 돌려보며 불면의 밤을 샌다는 사람들이 있다. 죽음으로 들어가는 문은 수만 가지라 하는데, 불면증을 견디며 시간을 보내는 방법도 수만 가지인 모양이다. 그렇다면 모두 그 수만 가지의 형태와 방식으로 마침내 세상을 등지게 된다고 말할 수도 있겠다.

 기왕 그렇다면 우리는 불면의 시간을 마냥 실익이 없이 보낼 수만은 없다. 중요한 것은 불면증을 상대하는 원칙이 있어야 한다는 점이다. 누구나 그렇듯이 인생 말년에는 심신의 고통에 노출되어 우울증에 걸리고, 밤잠을 이룰 수 없는 상황에 이른다. 우울증에 이어 불면증에 시달리는 사람은 그만큼 치매와 정신병에 걸릴 확률이 높다고 하는 의학적 임상 보고를 주목해야 한다. 나이와 질병 탓으로 불면증이 있다고 그냥 방치하기엔 무서운 대가를 치러야 하는 결과를 맞기보다, 현명한 불면증의 극복의지를 가져야 할 것이다. 라이너 마리아 릴케가 "오, 주여, 우리에게 알맞은 죽음을 주소서"라고 말했듯이 인간 각자에게 적절한 죽음을 맞이할 수 있게 하려면, 또는 품위 있는 죽음에 임할 수 있으려면, 치매나 정신병의 진창에 들지 말아야 함이 무엇보다 중요하다 할 것이다.

 모든 불면의 배경에는 좌절된 집념과 슬픔, 분노 혹은 질병의 통증 등이 똬리를 틀고 앉아있다. 적어도 그런 고통스런 상황을 벗어나지 않는 한, 불면과 우울은 계속될 것이다. 또한 간과해서는 안 될 것은 불면의 치유방식에 대한 정신적 육체적 대처 방안이다. 더 깊고 죽음 같은 잠을 위해 점차 늘려가는 수면제의 과용은 이윽고 타나토스(죽음의 신)의 유혹에 넘어가는 단계를 밟는다. 불면을 극복할 일거리와 취미 생활의 몰두 혹은 종교적 의탁이나 깨달음의 추구로 자신을 끌고 가야 한다. 히프노스(잠의 신)의 품에서 단잠을 잘 수만 있다면 더욱 바람직하지만, 잠 귀신에 홀린 삶이란 진정한 대낮의 건강한 각성이 전제되어야 할 것이다.

  인간의 삶에서 잠이 차지하는 시간은 80년을 산다고 가정할 때 약 25년이라고 한다. 세상에 태어난 기적적 축복에 잠이 차지하는 축복의 시간이 25년이라면 상당히 중요한 부분을 차지하는 시간이다. 그런 잠이 불면의 내적 외적 영향으로 짧은 생애의 주기로 끝나는 인생을 산다면 그처럼 억울하고 불행한 삶은 없을 것이다. 삶의 유형은 헤아릴 수 없는 크고 작은 사건들과 연결되어 있다. 그 가운데 신체적 통증, 정신적 상처, 환경적 변화 등이 가장 큰 불면의 영향이 있다. 개인적 습관과 기호에 따른 탐닉과 부족으로 빚어진 고통이 원인이라면 원인 행위에 대한 응분의 개선의 책임은 항상 개인 의지에 달려있다.

  삶의 행로 가운데 참절한 슬픔 중의 하나는 반려자를 잃는 불행이다. 불가항력의 아내나 남편을 먼저 보내는 비극적 인생을 살면서 누구나 우울과 후회와 그리움으로 밤을 지새우는 사람들이 있다. 노인이 되면 신체적 영향으로 그나마 잠이 짧아진 것에 더하여 상실에 의한 깊은 우울감으로 불면의 증상이 심해질 수가 있다. 홀로 남는 여생의 밤마다 겪는 이런 증상으로 눈물과 아쉬움과 뉘우침 등 불면으로 심신이 피폐해지고 마침내 우울증의 악화에서 치매의 단계에 이른다. 불면과의 비장하고도 아름다운 이별은 죽음 외에는 없어 보인다. 현실적인 최선의 방책은 자의식의 조절이다. 의식이란 인간이 갖고있는 마음이거나 뇌의 외적 활동이 발현되는 파장이다. 반성적 의식의 배경에 도덕, 윤리, 종교를 관통하는 통찰과 사유의 명료한 판단과 선택의 갈림길이 있을 것이다. 이는 개인의 지고한 헤아림과 지혜의 영역이기에 슬기로운 지향이거나 아니면 파국적인 죽음으로 가는 바를 아무도 간섭할 수 없다. 우리는 자신의 수명만큼 세상에 왔다 가는 나그네임을 의식하고 있기에.

성삼문과 죽음의 성장

 스산한 가을 끝머리, 낙엽들이 바람에 끌려 끝없이 굴러간다. 낙엽의 상징성은 자연의 순환과 생멸의 과정에 닿아있다. 한 치도 자연의 이법에 어긋나는 불가역적인 현상은 없다.
 낙엽에 대한 쓸쓸하고 비감스런 생각은 인간의 설익은 애상에 불과하다. 어떤 정서적 감각이 예민한 사람은 낙엽을 인간의 죽음에 빗대 허무의 늪에 빠져 처연한 감상에 젖기도 한다. 그러면서도 앙증맞은 새싹과 새순들이 지상에 푸르게 솟아오르면 온갖 생명의 찬가가 울려 퍼지고 사람들은 생기가 돌아 살맛나는 세상을 구가하며 천년을 살 것처럼 노래를 부른다.
 생자필멸의 원칙이 세상의 모든 생명체에 적용된다. 벗어날 수도 비켜갈 수도 없는 비정한 필멸必滅의 대명제 앞에서 인간은 종교의 그늘을 찾아 구원을 간구하고 영생의 꿈을 실현하려고 발버둥을 친다. 그럼에도 인간의 역사가 시작된 이래 무수한 종교가 활개치고 영생을 위한 끝없는 노력을 했지만, 죽지 않거나 사라지지 않은 생물체는 없었다. 시간은 북을 둥둥 울리며 차례차례 죽음에 대한 복종을 기다린다. 절망스럽고 가슴을 옥죄는 심정이 누구에게나 자신의 마지막을 생각할 때마다 전신에 덮치곤 한다. 나는 특히 성삼문의 절명시를 생각할 때마다 그런 처절한 절망을 맛본다.

擊鼓催人命 (격고최인명) 둥둥둥 북을 치며 사람 목숨 재촉하고
西風日欲斜 (서풍일욕사) 서쪽 바람 불며 해가 서산으로 기우네
黃泉無客店 (황천무객점) 황천에는 주막도 없다는데
今夜宿誰家 (금야숙수가) 오늘 밤엔 누구 집에서 쉬어갈거나.

성삼문(1418 – 1456)은 뜻을 같이 하는 동료들과 단종 복위를 시도하다 발각되어 형장의 이슬로 사라지게 되는데, 이 때 읊은 절명시가 바로 이 시이다. 형장에서 북소리가 둥둥둥 울리는 소리를 내면 망나니의 칼날이 성삼문의 목을 향해 내리치게 된다. 이 순간 성삼문이 갖게 될 절박한 심정을 어떻게 촌탁忖度해야 할지 가늠이 안 된다. 둥둥둥 울리는 북소리는 세상과 작별하는 생명의 끝이고, 주막집 술맛을 영원히 잊어야 하는 한없는 허무이며, 단종 복위의 꿈과 명분이 무너지는 절망이다. 시간이 아니라 초침으로 육체와 영혼의 문이 닫히는 순간이 다가 오는 것이다. 과연 모든 것을 포기한 초탈의 경지로 자신을 내맡기고 죽음을 기다렸을까.

일설에 의하면 성삼문의 출생 시간을 늦추기 위해 그가 어머니

태중에 있을 때 자궁위에 돌을 얹어 산도를 누르고 때를 기다려야 했다고 한다. 출산의 이모저모를 돕기 위해 성삼문의 할머니가 옆에서 지켜 앉아 있었는데 문밖의 할아버지가 소리를 쳤다. '시간을 늦춰라! 하늘의 운기가 아직 그의 시간을 열지 않았다!' 산도를 뚫고 나오려하는 아기를 돌로 눌러 억제하고 할머니는 세 번이나 할아버지에게 물었다. 이제 돌을 치울까요? 그런데 아직 더 기다리라고 소리치는 순간 돌을 밀치며 아기가 나왔다. 할아버지는 탄식하며 그 자리를 떴고, 세 번 묻고 나왔다 해서 삼문三問이라는 이름을 얻게 되었다 한다. 돌을 밀치고 나온 성삼문은 운이 드셌던지 세조의 회유를 물리치고 37세의 젊은 나이에 초연히 죽음에 임했다.

둥둥둥 시간의 북소리는 살아있는 모든 인간에게 들리는 죽음의 예고 소리다. 시간의 망나니가 울리는 북소리를 눈과 귀로 천둥소리 듣듯이 느끼는 사람은 죽음이 경각에 다다른 사람일 것이다. 아득하고 멀어서 북소리의 흔적조차 감지할 수 없는 사람도 있고 북소리를 일부러 외면하는 사람도 있다. 북소리의 크고 작은 울림은 살아있는 모든 유기체에 반향의 메아리를 준다. 우리는 살아가는 생명의 시간동안 아무리 많은 사연과 업적, 명망, 재산, 미추美醜가 있다 해도, 그 삶의 행적과 관계없이 미완의 조각으로 죽어간다. 우리 모두에게 시간의 북소리가 얼마나 멀거나 가까이에서 둥둥둥 울리고 있는가. 혹시 성삼문의 처지처럼 스산한 가을바람 속에 해는 서산에 지고, 쓸쓸한 주점에서 초연하게 술로 목을 축이는 여유는 있겠는지.

프랑스 시인 샤를르 보들레르는 그의 시에서 "명심하라. 시간은 열렬한 도박사라는 것을. 속임수를 쓰지 않고 항상 이기는 게임의 승자. 그것이 법이다." 라고 읊었다. 어차피 우리는 시간에 끌려가는 영원한 패배자다. 태어나는 것은 한 조각의 구름이 일어나는 것이고, 죽는 것은 한 조각의 구름이 사라지는 것이어서 본래 실체가 없는 구름이 사라지면 생명의 단초가 애초부터 공空으로 돌아간다는 생사일여生死一如를 외쳐 본들 어찌 위로가 될 수 있겠는가.

　성삼문의 죽음을 재촉하는 북소리가 비장하고 절절하지만 우리는 시간의 북소리에 맞추어 춤출 필요는 없다고 생각한다. 왜냐하면 일상의 삶은 언제나 밝고 낙관적인 무대가 있고 그 무대의 중심에는 종교와 문화, 헌신, 몰두 등등의 오묘한 망아지경忘我之境이 있기 때문이다. 그러므로 이제 우리는 멀리하고 싶은 시간의 북을 건강의 선반 위에 올려놓고, 목로주점이라도 가서 적당히 목을 축이고 신나는 노래방의 주인공이 되는 것은 어떨지?

제3부

시간의 은총

손녀의 돌날에
걸으며 어떻게 글이 쓰이랴!
바다꽃도 꽃인가
사라진 방죽의 부활
풍수와 수맥
어느 동창 모임의 출타
작별

손녀의 돌날에

 여름 햇살 살포시 더위를 익혀가는 7월에 손녀가 태어났다. 나는 고고의 소리를 듣지 못했으나, 꿈결에서 맑은 울음소리를 들었다. 음악처럼 훌쩍 담장을 넘어 많은 사람들의 귀를 간질이며 퍼져나가는 아늑한 꿈자리였다. 울음소리는 감미로웠고 새근새근 숨소리 장단에 맞추어 생명의 약동을 세상에 알리는 신호였다. 소리의 파동을 귓속에 간직하고 사흘이 지난 후 산후조리원 유리창 너머로 손녀를 보았다. 여리고 여린 얼굴로 입술을 가늘게 달싹이며 포근포근 잠자고 있었다. 세상에 처음 드러내는 모습을 설레는 가슴으로 바라보니 마음이 떨리고 감격스러웠다.
 울음으로 불편을 말하고, 울음으로 배고픔을 전달하며, 울음으로 자신에게 눈을 돌리라는 채근이 얼마나 귀여운 생명의 시위인가. 울음 한 번에 기저귀를 갈고, 울음 한 번에 젖을 물리며, 울음 한 번에 가녀린 몸을 살피는 손길로 성장의 서사는 무르익어 갔다. 가끔 새근새근 잠자는 중에 가슴 서늘하게 웃음을 띠었다. 자람새의 아름다운 모양 갖추기인 듯싶었다. 세상에 한 소리하는 대신에 울음으로 기품있는 본능적 뜻을 전달하는 모습이 앙징스럽고 거룩해보이기도 했다.

하민이라는 이름으로 고고성의 언덕을 넘어 눈을 들어 소리 나는 곳으로 빛나는 눈동자를 굴리는 수준으로 자랐다. 눈으로 확인하고 냄새로 익히는 아기의 생존 본능이 조그마한 움직임조차 살아남는 일의 기본과 연결되며, 표정과 몸짓의 타협으로 통하고, 적응하는 단계에 이른다. 누가 자신을 보살피고, 누가 자신에게 무관심하며, 누가 자신에게 깊은 애정을 갖고 예뻐해 주는지 차츰차츰 뇌리에 심고 있다. 살아남는 본능의 필살기는 끊임없이 반복적 자극을 통해 자신의 느낌 속에 간직하고 있다.

웃음으로 맞으며 반가운 사람에게 창창 옹알이하는 하민이가 여명의 장미 꽃보다 가슴 가득히 희열을 안긴다. 세상천지의 고민을 잊을 만큼 티 없는 웃음꽃을 피우는 하민에게 빠지는 시간은 정녕 나이 십 년이 뒤로 가는 기분이다. 젊었을 때의 내가 어린 딸에게 품었던 신비와는 다른 아늑한 평안의 감정이 일었다. 그런 연유인지 하민이의 옹알이가 늙어 쇠잔한 가슴에 꽃물을 퍼붓는 생기로 가득 차게 한다. 찡그리고 울어도 꽃이고 방긋 웃어도 라일락이며 가만히 있어도 기품 서린 매화로 보이니 나는 온통 하민에게 빠진 바보가 되었다. 나를 향하도록 하민이의 관심을 끌기 위해 눈짓 손짓 웃음으로 온갖 연극도 마다하지 않고 설설기며 할아버지의 기백을 내팽개쳤다.

 아기와 같이 있는 시간의 처음부터 끝까지 달구어진 재미로 얼빠진 몰입을 기꺼이 감수하며 아기의 일거수일투족을 끌어안았다. 하민이와의 시간은 두어 시간에 불과했으나 그냥 햇살 푸근한 봄 한나절 꽃밭을 서성인 듯 그런 기분이었다. 누워서 지낸 여름과 가을이 지나가자 하민이는 몸을 뒤집어 엎드리기 시작했다. 누워서만 보았던 사물의 모습이 엎드려 본 사물과 뭔가 달라 보였던지 둘레둘레 고개를 돌릴 적마다 눈빛이 반짝반짝하였다. 새롭게 보이는 사물마다 호기심의 움을 트고 감촉의 문을 두들기고 싶어했다. 천지 만물의 하나로 존재하는 사람으로서 자신을 일깨우고자 작은 부분부터 부지런히 지각하려는 모습이 얼마나 대견한지 모르겠다. 열린 눈에 물건은 물론 주변 사람들 그리고 바람에 한들거리는 나무와 풀잎까지 세상의 놀라운 일상들이 안겨 왔을 터이다. 어느 것은 그저 스쳐 지나가는 것이고, 어느 것은 점차로 익숙해져가는 자기 것이 될 것이다.

 하민이 손에 쥐는 감촉에 이어 입으로 가져가곤 하여 맛의 살판으로 피어나는 혀 생명꽃을 탐색하는 모습도 보였다. 조금씩 움직이기 시작하는 시기가 더욱 조심해야 할 보살핌이 필요하다. 손에 쥐는 것마다 입으로 가져가는 생물적 본성은 어린 아기 태생의 습성이기에 돌봄의 집중이 더욱 요망되었다. 세상의 달고 쓰고 시며 짜거나 해로운 맛의 세계를 혀로 경험하며 살아가게 되는 엄밀하고 냉혹한 경계에 들어선 것이다. 아기를 돌보는 진정한 헌신이란 모든 위험하고 해로운 상황을 끊임없이 주시하여야 한다는 것과 연결되어 있다. 유아기와 소년기를 건너간 사람들의 성장이란 부모님의 세심한 보살핌과 주변 친지들의 무구한 관찰의 은혜로 이루어진 것이다. 마냥 누워 잠자는 시간으로 어리고 어린 티를 지나 하민이의 크고 작은 물건 만지기와 입으로 가져가기의 무모한 맛보기 그리고 삼키는 몽매를 유심히 살펴야하는 돌보기가 더욱 늘었다. 더 놀랍게 예뻐지고 귀여워진 만큼 더 곤두선 눈을 집중하여 돌보아야 하는 시기에 이른 것이다.

  돌날이 가까워지면서 하민이의 활동 범위가 넓어졌다. 방 안의 물건들은 모두 움켜쥐거나 만지작거리는 대상이 되었다. 자그마한 여닫이만 있으면 열고 닫는 것쯤은 자연스럽게 이루어지는 일상이 되었다. 여러 가지 장난감에 싫증을 느낄 때마다 방안을 두루 다니며 여닫이가 있으면 모두 열고 그 속을 살핀다. 이것저것 손에 쥐는 대로 만져보고 방바닥에 늘어 놓았다. 감각적인 호기심을 표출하며 성장의 날개를 파닥이는 모습이었다. 작은 바람이 불 때마다 연한 머리칼이 흩날리는 모습이 얼마나 귀여운지 모르겠다. 바람이 시간의 머리칼을 흔들었거나 시간이 바람의 머리칼을 흔들었거나 성장하는 무늬는 서로 융화하며 세상을 물들인다는 생각이 들었다. 누가 누군지를 분간하는 돌날 쯤의 아기란 존재의 우아함을 충분히 지닐 소우주의 주인공이 될 수 있을 것이다. 그러하기에 나는 하민이를 안을 때는 아득한 그리움과 향긋한 핏줄로 당기는 작은 우주를 느낀다. 어느 먼 하늘에서 내게로 온 소중한 인연의 별로 내 삶이 다하도록 가슴 속에서 반짝반짝 빛나며 성장하길 기원한다.

　돌날의 풍경은 가슴으로 풍요로운 황금벌판을 느끼게 하는 모습이었다. 벼 이삭이 바람결에 푸지게 하늘거리는 배부름과 부푸는 꿈이 열리는 기분이었다. 사람들이 주목하는 눈의 기운을 아랑곳하지 않고 웃음과 칭얼거림을 돌아가며 연출하였다. 살래살래 고개를 돌려 엄마 아빠를 찾는 모습도 그냥 앙징스러웠다. 웃음의 축복과 어르며 이름 부르는 소리 그리고 박수치는 동작들이 낯선 듯 눈을 크게 뜨고 호기심 꽃피는 표정을 지었다. 내내 할머니 품에 안겨 생글거리다 앙앙대더니 졸렸는지 누군가 부르는 이름을 내버려두고 새근새근 잠들었다. 돌잔치에 푸근한 잠이 드는 것도 성장을 위한 축복이었다. 나는 손녀의 잠든 모습을 보고 따뜻하고 감미로운 봄잠을 느꼈다. 오늘은 미진함이 없이 충분히 충만한 하루였다.

걸으며 어떻게 글이 쓰이랴!

　종종 나의 생각이 걸어가고 있음을 느낀다. 나의 웃음과 울음도 다리가 되어 걸으며 내 흔들림의 시적 자취를 남긴다. 세상의 힘들고 복잡한 나날이 걸음의 율동으로 순화되어 걷는 동작에 용해되는 기쁨도 있다. 걸음의 기품이 아늑하게 살아나는 길마다 나의 삶이 사는 맛의 축복으로 열리는 기분이 든다. 한 걸음은 생명을 영위하는 근본이고, 두 걸음은 심신의 건강성을 떠받치는 보루가 된다. 걸음마다 숨소리가 드나드는 생명력이 몸의 율동적 리듬으로 땀이 배어나오게 하고, 피의 순환에 깊은 속도감을 준다.
　작은 동작이 일사불란하게 작용하여 전체를 이루어주는 걸음 그 자체는 사람을 사람답게 만드는 관능성이 있다. 걸음에 설렘과 기대가 있고 율동에 대한 가슴의 쾌감을 충족시키려는 열망이 있기 때문이다. 또한 사랑하는 이에게 끌리듯 걸음의 열정에 굴복하고픈 마음이 일게 하기 때문이다. 그런 관능적 생각을 끌고 가는 걸음걸이에 다가오는 풍경이 늘 새롭게 보일수록 상상력이 커진다. 울음이 필요할 땐 길에다 울음소리를 풀고, 웃음이 나올 땐 허공에 가가呵呵소리를 내질러도 좋을 것이다.

사실 걸을 땐 걷는 것에 집중해야지 어떤 잡다한 생각을 달고 걸으면, 걸음의 의미가 없어진다고 여길 수도 있다. 나의 경우는 생애 내내 완전히 생각을 지우고 걸어본 경험이 없다. 위대한 깨달음에 도달한 사람이 그런 경지의 소요逍遙를 했는지 모르겠으나, 걸음에 묻어나는 가볍거나 심각한 생각의 틀을 벗어나는 것이 나에게는 가능하지 않았다. 오히려 걸음이 주는 사유를 즐겼다고 하는 편이 정확하다. 그런 습관의 사유에서 떨어지는 조각들이 글로 되고 결심으로 굳었으며 계획의 짜임새로 발전했다.

삶의 모든 가닥에 나의 방식으로 머릿속 생각의 문을 열어 그 세계에 젖어 가는 즐거움에 빠졌다. 생각의 와중에서 걸음을 옮기다 보면, 어느새 목표 지점까지 이동이 끝나곤 했다. 걷다 보면 생각의 갈래를 줄줄이 엮으며 궁구하는 바탕에 낙관적이며 긍정적 창작력이 더욱 왕성해 짐을 저절로 느끼는 경우가 많다. 詩 한 편의 근사한 구조가 착상되기도 하고, 수필 한 편의 줄거리를 낚기도 한다. 걸음의 힘이 창작의 힘으로 엮어지는 그 조화가 사람마다 다른 세계일 수 있겠으나, 나의 경우는 하늘의 허공에 사유의 글을 써 올리고 내용을 바꾸거나 보태고 지우는 걸음의 글쓰기를 즐기곤 한다.

걸음걸이의 일정한 동작은 몸의 균형과 활기를 여는 작용이다. 그 동작의 노트에 생각의 문장을 꾸려 넣는 일이 순조롭고 막힘없이 진행될수록 보람이 느껴진다. 물론 무질서하고 전후 맥락이 혼란스러운 내용일 것이다. 책상 위의 무겁고 고통스런 창작 분위기와는 너무도 다른 유연성이 넘치므로 자가당착의 내용이라 해도, 신경을 옭아 매일 필요가 없다. 어느 단계에 간절한 한 줄기 섬광 같은 그리움이나 울분 섞인 슬픔의 단상에 올라서기라도 하면, 더욱 줄기차게 글쓰기의 실감에 닿아 상상의 펜이 춤을 추기 때문이다.

 어린 날 나는 혹독한 홍역을 앓았다. 약 20일간 방안에서 밖을 나오지 않고 방안 전체가 빙빙 도는 어지럼증으로 시달리며 죽음과의 사투를 벌렸다. 입으로 넘어오는 회충을 뱉어내면서부터 열이 식기 시작했는데, 문득 밖으로 나가고 싶었다. 어지럼증으로 비틀거리며 집 밖으로 나섰는데 어머니께서 나의 뒤를 따라오셨다. 초여름의 초록 세계가 얼마나 휘황하고 신기했던지 한동안 눈이 부셨다. 걸음걸이마다 살아있음의 기쁨이 있음에도 세상이 왜 어지럽고 고통스런지 의심이 들었다.

 그 후로 나는 걸음의 생동감에 스민 행복에는 뭔가 의심스런 고통이 한 꺼풀 똬리를 틀고 있다는 생각을 자주 했다. 삶의 열린 세계에서 감당해야 할 무수한 고뇌를 모두 해결할 수 없었기에 그 중 하나에 집중하다보니 주제가 없는 상상에 빠지는 일이 잦았다. 상상은 두서없고 전후맥락이 막연한 내용이었다. 글쓰기의 문학적 맥락에 닿는 흐름으로 취향이 바뀐 게 그나마 다행이었다. 그래서 걸음의 사유가 글쓰기의 문장으로 눈앞에 떠다니게 되었고, 바로 그

것을 함부로 버렸다가, 새로운 말의 씨앗을 가다듬어 심어놓기도 했다. 그중에 가장 마음에 끌리거나 심금을 울리는 생각의 노래를 몇 번 부르다 보면, 드디어 시나 수필의 윤곽이 슬쩍 글의 방에 들어 앉는다.

걷는 동안 생각의 둥지에 들어온 사연을 풀어 묶였다가, 정리하고 체계를 갖추려는 글이란 대개 홀로 걷는 자의 전유물이다. 홀로 걷는 또 다른 이유는 같이 걷는 사람의 신체적 조건이 다르기에, 불필요한 간섭 없이 적정한 걸음의 자유로운 만족을 최대로 느끼도록 하기 위한 방법 때문이기도 하다. 일정한 걸음의 여력을 타고 글쓰기의 재료가 살아 숨 쉴 때, 마침내 한 편의 작품이 그 민낯을 드러낸다. 칸트의 철학적 사유의 글처럼.

걸음의 보법에 따라 산보, 만보, 소요, 배회하거나 해찰하며 무심의 경지로 두 발을 옮기기도 하리라. 아리스토텔레스가 이끌었던 소요학파의 행보가 학문적 기량의 향상을 위한 한 방법으로 알려진 바가 있다. 이로써 걸음의 유용한 가치가 오랜 옛적부터 인정받고 있었음에 틀림없겠다. 어떤 형태의 행보라 해도 그 처음은 살아남기의 간절한 염원이 담긴 걷기와 달리기가 뒤섞여 몸이 나아갈 것이다. 걷지 않으면 생명을 유지할 수 없다는 잠재의식이 있기에, 걸음이 살아남을 수 있는 삶의 첩경임을 인정할 수밖에 없다.

걸음이 살아있음의 보편적 가치라고 해서, 나이에 관계없이 가는 방향과 목적에 따른 걸음 때마다 항상 글쓰기만의 몰입이란 없을 것이다. 나는 늦은 나이에 이르러서야 글쓰기의 묘미에 빠져, 행보의 순간마다 수첩 메모와 상상을 통한 기승전결을 만들고 부수는 나만의 방식에 물들었다. 어떤 경우에는 걷는 순간부터 경쾌한 생각할 거리를 주춤주춤 챙기는 문학적 타성의 글쓰기를 즐길 때도 있다. 시간의 길이에서 본다면, 걸음의 연속 선상에 삶의 길과 죽음 길이 놓여있다. 운명적 선택에 따라 길에서 서성거리거나 영원히 멈추는 마지막 발의 동작이 있기도 할 것이다. 마지막 발의 동작에 이르기까지 수필 한 편의 문장이 맴돌고 있을지 모르겠다.

인생의 꿈과 희망에 다가서거나 문학 창작의 행복한 결실이 발걸음에 실려 현실에 나타나는 것처럼 값진 것은 없다. 직립 인간 이후에서 지금까지 인간은 걸음으로 주변 풍경과 어울렸고, 생각의 지평을 넓혔으며, 생존의 절실한 목적을 달성하며 살아남을 수 있게 만든 그 가치에 의존해왔다. 나는 그런 인간 역사의 한 편에 서서 걸음을 옮기며 글맛을 궁구하는 생각에 잠기곤 한다. 글이 걷는 지향점에 나의 생각이 문장으로 분분히 내려앉는 기분이 너무 좋다. 그래도 걸으며 어떻게 글이 쓰이랴!

바다꽃도 꽃인가

　인간의 일상 속에 꽃을 보는 일은 삶의 큰 희열이다. 작던 크던 또는 화려하거나 초라하거나 자세히 살펴보면 꽃마다 풍기는 독특한 모습에 절로 매료된다. 어우러져 핀 벚꽃 주변으로 사람들이 모여들어 꽃들의 장려한 군무를 즐기며 찬탄을 보내는 모습은 삶의 난만한 정경이다. 바람 따라 한들거리며 유유히 춤추는 꽃들의 요염에 맑은 정염의 어여쁜 마음이 일지 않을 수 없을 듯싶다. 벚꽃 외에 개나리, 개망초, 구절초, 등도 나름대로 한 생의 절정을 나타내는 개화를 통하여 존재의 위의를 드러내고 수분受粉의 목적 달성을 위하여 최상의 모습을 보인다.
　꽃이 꽃다우려면 무엇보다도 벌과 나비의 눈을 끌만큼 멋지고 화려해야 한다. 꽃의 색깔과 꽃잎의 크기 등은 수천수만 년의 진화를 거쳐 후손 잇기의 정점으로 치달은 결과물이다. 오늘날 화훼산업의 꽃식물은 인공으로 사람 눈에 강렬한 관심을 끌도록 색과 크기와 향기의 조절을 거친 것이다. 그것 또한 꽃식물이 살아남는 또 다른 분화인지 모르겠으나, 그 나름의 운명적 변신을 어떤 의미로 나무랄 수도 없다. 자연 속에서 어떤 조건과 장소를 가리지 않고 피어나는 잡초와 나무들도 때가 되면 부단히 꽃을 피우고 제 나름의 역할을 끝끝내 수행하는 걸 보면, 질긴 생명력의 거룩한 풍모가 아름답고 놀랍기도 하다.

그런데 꽃이 피어나긴 해도 꽃의 흔적조차 희미한 식물들이 있다. 벼 밀 보리 수수 기장 등, 곡물군의 꽃들이 그렇다. 이 꽃들은 크기와 색채와 향기 등이 있는 듯 없는 듯 희미할지라도, 수분受粉 능력이 뛰어나 풍요한 열매를 맺는 작용이 탁월하다. 인간의 배부름은 그들의 우수한 수분 능력에 고맙게 의존하고 있음을 인정하지 않을 수 없다. 이 곡물 식물들의 수분에 결정적인 역할을 감당하고 있는 것이 바람이다. 적절하고 아늑하게 부는 바람이 벌 나비 대신 뚜쟁이 역할을 적시에 수행함으로써 곡물 식물들이 튼실한 열매를 맺도록 하고 있다. 이 바람의 놀라운 행적은 인류의 생존을 위해 장구한 세월을 통해 지속적인 생명 탄생과 번영의 불꽃을 피워주었다. 아마도 이 식물들의 꽃과 바람이 없었더라면, 먹이사슬을 이어 간 사람과 여타 동물들의 멸종이 지구상에서 진즉 진행되었으리라는 생각이 든다.

바람은 또한 바다의 생명력을 키우는 가장 큰 바탕이다. 바람은 살살 간질이는 미풍에서 태풍에 이르기까지 엄청난 간극의 차이로 형성되어, 그 진폭을 감히 헤아릴 길 없다. 이 바람이 불러일으키는 파도가 바다 꽃이다. 오랜 세월에 걸쳐 꾸준히 피었다 진 바다 꽃으로 바다는 살아있는 위대한 화신이 되었다. 갖가지 색채로 위용을 과시하는 육지 꽃들은 화무십일홍花無十日紅이란 말처럼 짧은 시간에 스러지지만, 바다 꽃은 흐리거나 맑고 투명한 색으로 수억 년 수십 억 년을 피었다 지고 있다. 시간 따라 피고 지는 바다 꽃은 인간의 관능을 자극하는 향기는 없지만, 소리를 동반하고 영원하리만큼 춤을 추는 항시성이 있다. 바람도 물결도 흐름도 없는 바다는 죽은 바다이다. 바람이 만드는 바다 꽃이 존재하는 한, 바다는 바다에 기대어 먹을 것을 얻는 모든 동식물을 위한 식량 창고 노릇을 감당할 수 있을 것이다. 사람에게 바다 꽃이란 아름답고 앙증맞은 대상이라기보다 위험하고 두려운 모습으로 다가온다. 그것도 꽃이 크면 클수록 무서움이 더하며 선뜻 다가갈 수 없을 만큼 온통 죽음의 공포감을 자아내는 꽃이다. 그럼에도 죽음을 무릅쓰고 다가가야만 풍부한 먹을 것을 구할 수 있는 역설이 들어있다.

 바다 꽃을 피게 하는 동력은 육풍과 해풍만이 아니다. 달맞이하는 바다의 놀라운 반응은 바람으로 빚어지는 꽃과는 차원이 다르다. 달이 유혹하는 밤바다에 맞장구치며 장엄한 크기의 흥분된 바다 꽃이 느긋하게 밀어 올리는 꽃 마루가 저 아래 골과 어울려 만조를 이룬다. 그리고 흔들리는 자리마다 끓어오르는 파동의 욕망을 풀어내며 변화무쌍한 꽃잎을 나풀거린다. 바다가 생존의 몸을 풀기 위해 극치의 쾌감 속에 젖어 떨며 요란한 소리를 내지르는 순간마다 바다 꽃으로 넓은 수평선 끝까지 한 몸으로 거대한 포말을 남기며 너울진다. 밝은 달을 알로 품은 듯 달빛에 신호를 보내는 바닷물 영상은 상상을 불허할 만큼 많은 수로 확대되어 꽃마다 희열의 꽃물을 뿌리는 게 역력히 드러난다. 쏴아쏴아 하는 월광곡이 우주의 울림이 되어 지나가고 혼돈의 큰 감동이 흘러간 뒤에 동살을 맞이하고서야 광포하게 울부짖었던 매무새를 가라앉힌다.

아침뜸의 밝은 햇살에 펑퍼짐하니 잔잔해진 바다는 간밤의 흥분을 잊은 채 민낯의 작은 수런거림을 끝없는 수평위에 드리운다. 어둠을 밀어낸 햇빛은 온화한 생기를 뿜어대며 바다 위에 투명한 빛의 투과를 해저로 뻗친다. 바다의 생물들은 어둔 밤의 흔들리는 잠보다 낮의 생명 줄기를 더 다듬어 살아남는 에너지를 챙긴다. 해가 끌어들이는 달큼한 춤에는 따뜻한 감촉의 율려가 있기에 아련한 생명의 환희가 서린다. 수많은 바다 생물들이 저마다의 밝은 짝짓기가 진행되는 한낮에 낮은 파동의 바다 꽃이 우수수 피고 지는 합주가 연출된다. 해의 깊은 유혹에 태풍과 폭풍이 있어 바다 꽃이 겹겹으로 높은 파동을 이어가며 거대한 물보라를 만들기도 할 것이다. 바람이 만드는 엄청난 에너지의 전달에 따라 바닷물 생태 환경이 변화를 일으키고 새로운 어족 자원이 생성되기도 한다.

스스로 돌고 있는 지구 환경도 바다 꽃을 흔드는 중요 요소이기도 하다. 지구를 살아있는 생명체로 간주한다면, 바다 꽃도 살아있는 지구의 궁리를 따를 수밖에 없다. 바닷물의 흐름에 동서남북의 향방이 없을 듯싶지만, 실제로는 일정한 방향으로 느릿하게 흐르고 있음을 본다. 허리케인이니, 토네이도니, 지진으로 인한 쓰나미니

하는 바닷물의 험상한 파장은 지구의 어느 지역에서 벌어지는 바다 꽃 축제의 소란스런 현상일 뿐이다. 바다 꽃은 거품과 부서지는 꽃으로 해염입자와 다른 입자들을 공기 속으로 방출하며 새로운 해양 환경을 꾸준히 형성하는데 기여한다. 지구가 스스로 돌고 있는 물리적 환경이 어쩌면 신의 깊은 뜻이 개입된 결과인지 알 수는 없으나, 인간을 비롯한 생물들의 안전한 생존을 위한 것이라면 어느 쪽인들 개의할 이유가 없다.

육지이던 바다이던 뜨겁고 간절한 생명의 용틀임은 바람의 향방에 따라 흔들림의 줄기찬 파노라마가 유연하게 연출되는 환경과 만나야 한다. 시간이 바람을 이끌고 생명 영위의 마당을 펼칠 때마다 익어가는 육지 씨앗과 해산물 번식의 양양한 생태를 만들어 갈 것이다. 살아있는 모든 것들은 신체의 안과 밖으로 물의 흐름과 만나야 한다. 물과 바람과 시간이 엮어가는 생명체의 역동적 삶의 실현이 어떤 의미로는 너무 평범한 이치의 선순환처럼 보인다. 그럼에도 어찌하여 바닷물이 지구의 약 70%이며, 유사하게도 사람의 수분水分도 몸의 약 70%를 차지하고 있는지 불가사의한 영역이다. 30%의 살과 뼈가 70%의 물을 연모하며 수수만 년을 살아난 것을 보면, 정녕 바다 꽃의 아련한 풍광이 출렁이는 파장과 사람의 맥박이 닿아있음이다. 그 근원에 바다의 자궁과 요람의 흔들림이 광막한 시간의 생태계 안에 잠재한 채, 바람이 생기를 자극하며 꽃을 향한 장대한 유혹을 멈추지 않고 있다.

육지이던 바다이던 뜨겁고 간절한 생명의 용틀임은 바람 따라 흔들림의 줄기찬 파노라마가 유연하게 연출되는 환경과 만나야 한다. 시간이 바람을 이끌고 생명 영위의 마당을 펼칠 때마다 익어가는 육지 열매와 해산물 번식의 양양한 생태에 생기를 불어넣고 있음을 본다. 흔들림으로 살아남는 모든 생명체들은 신체의 안과 밖으로 꽃물의 흐름과 어울림이 필요하다. 물과 바람과 시간이 엮어가는 생명체의 역동적 삶의 실현이 지금까지 우리를 살아남게 한 바탕이었음을 깨닫지 않을 수 없다. 결국 크고 작은 해조음의 음향 따라 생명 현상을 드러내는 맥동이 바다 꽃으로 끊임없이 피어나는 한, 지구촌 생태계의 번성이 영원히 이어질 것이다.

사라진 방죽의 부활

어린 시절, 삶의 훈련터였던 고향 마을 앞 들녘은 드넓은 평야였다. 김제 만경벌에 버금가는 넓이는 아니었으나, 바깥세상을 모르고 자랐던 어린 날에는 세상에서 가장 너른 들로 여기며 살았다. 초록 바다가 넘실대는 서편 끝에 두승산이 아련하게 부챗살 모양으로 펼쳐져 있고, 서북 벌판 넘어 변산의 산자락이 지평선 끝 저 멀리 아득하게 솟아있다. 그 광활한 들녘 곳곳마다 크고 작은 방죽들이 산재해 있고 방죽끼리 연결되는 수로 혹은 도랑이 간간히 눈에 띄었다. 구불구불한 도랑에는 항상 물이 넘쳤다. 전국적으로 극심한 한발이 맹위를 떨치고, 모든 밭작물이 목이 타는 기개세에도 불구하고, 물이 마른 역사가 없었다. 칠보 수력 발전소에서 흘러나오는 모든 물이 동진강과 수리조합 수로를 통해 적시에 공급되기 때문이었다. 논농사로는 최상의 넓고 넓은 비옥한 농토였고, 늘 배부른 격양가를 부르며 살만한 고향 들녘이었다.

일제 강점기에 조성된 수리조합 수로는 물 흐름의 세기와 관계없이 온갖 민물고기의 산실이었다. 이름 모를 많은 수초들이 물결 따라 흔들거리며 참게, 말조개, 재첩 혹은 다슬기 서식처이자 피난처 구실을 했다. 제방의 이곳저곳에 물꼬를 관리하는 통로를 따라 각종 물고기들이 방죽과 논두렁에 흘러 들어갔고, 마침내 그곳들은 물고기들의 새로운 생활 터전이 되었다. 도랑에서 노닐던 고기들이 방죽에 들어가 둥지를 치면, 성어가 되도록 자라며 계속 새끼를 낳았다. 갈대나 마름, 생이가래, 개구리밥과 물방개가 가득한 방죽에 물뱀이 유유히 돌아다니고, 장어와 잉어, 가물치들이 불쑥 수면 위로 솟구치며 헤엄치는 모습을 볼 수 있었다. 크고 작은 붕어, 치어, 민물새우, 미꾸라지 등이 유영하는 곳에는 항상 황새와 뜸부기가 드나들었다. 방죽이나 도랑의 흙은 부드럽고 미끄럽고 간지러운 개흙이었다. 무릎 위로 푹 빠지는 개흙에 들어서면, 부지불식간에 거머리가 장딴지에 붙어 피를 빨고, 깔따구들도 목 주위에 달라붙는다.

그 방죽과 도랑에서 고기 잡는 재미는 잊을 수 없는 추억이었다. 도랑에 물이 빠지기 시작하는 가을 초입에, 동네 아이들과 본격적인 고기잡이 경쟁이 벌어졌다. 대개 도랑은 주인이 없었지만, 방죽은 개인 소유인 경우가 많았다. 원시적으로 만든 고기잡이 가래그물을 갈대나 수초들을 밀치고 떠올리면, 그물에 크고 작은 고기들이 파닥거렸다. 양은 작고 변변치 못하나 한 시간 정도 열심히 잡으면, 집안 식구들이 이틀간은 민물고기 매운탕을 즐길 만큼 되었다.

잉어와 가물치, 메기 등의 큰 물고기를 잡으려면, 방죽의 물을 퍼내야 했다. 가을걷이가 끝난 방죽의 이곳저곳에 물을 퍼내는 기계를 대놓고, 한 시간에서 서너 시간 계속 물을 방죽 밖으로 쏟아내었다. 마침내 바닥을 들어낸 진한 개흙에 큼지막한 고기들이 펄떡펄떡 요동치는 모습을 볼 수 있다. 우르르 몰려 들어가 온 몸을 흙칠하며, 고기를 잡는 잔치가 벌어진다. 진흙아래 숨어있는 장어는 작살을 이용하여 잡는데, 수십 마리의 굵은 것들이 꿈틀대며 걸려 나온다. 참게도 여기저기 눈에 띄는 대로 줍고, 어린 것들은 다음 해를 위해 살려두었다. 삼십여 동네 가구마다 매운탕용 고기를 모두 고루 분배하고도 남았다. 들녘의 방죽이 정을 나누고 배려와 보살핌의 가치를 안겨준 보물이었다. 그리고 그곳은 아기자기한 재미의 나래를 펼쳐준 자연의 숨은 터전이었다. 내 어린시절의 추억을 풍요하게 장식한 그리운 영상들 속에 방죽과 도랑이 오랫동안 들어 앉았다.

  그런데 그 시절, 삶의 흥취를 수놓았던 방죽들과 도랑들이 사라지기 시작했다. 수백 개에 달하는 민물고기 서식처들이 없어진 것이다. 소위 경지정리라는 이름으로 방죽들이 메워지고 도랑은 시멘트로 발라져 동 식물들이 거의 멸절되다시피 사라졌다. 어른 키를 넘어서는 깊고 넓은 방죽에서 우산 하나 쓰고 앉아 푸른 나락들이 넘실대는 한 가운데서 하루 종일 낚시질하는 사람의 모습도 볼 수 없게 되었다. 고기들, 곤충들, 새들, 그리고 마름, 갈대, 개구리밥, 송이가래 등도 종적을 알 수 없었다. 어린 날 발길이 수없이 닿았던 도랑과 방죽 옆으로 트랙터와 포클레인의 굉음이 요란했던 몇 달 후에는, 옛 농토의 방죽과 도랑이 깡그리 흔적도 없어지고, 바둑판 모양의 새로운 논들이 대신 시야에 들어왔다. 한 끼의 매운탕에 올랐던 민물고기를 잡는 재미도, 부드럽기 짝이 없는 개흙을 즐길 원시적 놀음도, 뜸부기를 놀라게 하거나 황새를 날아가게 한 방죽의 고요를 깨는 것도, 모두 시간의 저편으로 물러갔다. 바둑판식 논으로 구획된 수백만 평의 너른 들녘은 예전의 잔재미를 안겨주었던 방죽과 도랑에 무심한 채, 다시 푸르른 색채를 이어갔다. 방죽이나 도랑에서 서식하던 모든 동물과 식물의 생명체들에 대한 아쉬움과 애처로움은 그냥 마음한 구석에 간직했다. 허망하고 그리운 그것들이 가끔 눈에 밟히며 마냥 세월은 흘러갔다.

  그 흘러간 세월에 비정한 몰이해와 관심 밖이 되어버린 생물체들이 어딘가에 있으리라 생각하곤 했다. 어린 날의 향수 속에 서성거렸던 생명체들에 대한 애틋한 마음이 당길 때마다, 어디선가 보고 싶은 충동이 일기도 했다. 그런데 그 충동의 실제를 경남 창녕의 우포늪에서 보았다. 내 그리움의 원형을 있는 그대로 보여주는 천혜의 광대한 방죽이자 늪이었다. 우포늪 전체에 깃들은 사지포, 목포, 우포, 쪽지벌 등이 나의 어린 시절 잃어버린 동식물의 생태를 고스란히 간직하고 있는 것이다. 아니 그 이상의 무수한 수종과 수초 그리고 텃새와 철새들이 유유히 존재의 현현顯現에 가담하고 있었다. 또한 종류와 수를 알 수 없는 민물 어류들이 양양하게 유영하는 모습은 그들만의 천국이 거기에 있다고 말하는 게 옳을 지경이었다. 비록 나의 발가락 사이를 간질이며 스치고 지나가는 미꾸라지나 다른 고기의 감촉을 즐길 수는 없다 해도, 다만 거기 존재의 위엄을 깨닫는 것만으로도 얼마나 위안이 되는지 모른다. 기원전 약 4000년 경 부터 형성되기 시작했다는 설을 옳게 받아들인다면, 우리나라에서 존재하는 모든 민물고기와 수초 혹은 새와 곤충류에 이르기까지 원형의 공고한 DNA가 순수하게 보존된 늪이라고도 할 수 있다.

사람들은 산의 계곡이나 높은 산 바위 위에서 산의 영기靈氣를 느낀다고 한다. 그러나 나는 우포늪 전망대에서 넓디넓은 늪을 보며 영기를 느꼈다. 수천 년의 장구한 세월에 걸쳐 온갖 생명체를 받아들이고 길렀던 우포늪이 생명력이 넘치는 늪으로서 그 기능을 다했다면, 거기에는 반드시 상응할만한 생장 능력을 키울만한 영양환경과 생기가 있었을 것으로 확신한다. 우포늪에 의탁해 생존하고 있는 생물체들의 번성에 인간이 기여할 바가 많다. 그런 의미에서 람사르 협약에 가입하여 보존의 항구적인 명분을 얻었음이 얼마나 다행인지 모른다. 인간의 이기심만 없다면, 우주 본원에서 한 몸과 다름없는 생명체들의 보존에 다같이 나서야 함을 절실하게 느낀다. 가는 날이 장날이라고 우포늪 서편에 쌍무지개가 뜨는 것이 보였다. 생명의 서기를 더욱 느낀다. 고향 들판의 수백 개 방죽과 도랑들이 우포늪에 들어와 재생 하는 꿈을 꾼다. 우포늪 가운데 철새들의 군무가 그 꿈을 수놓는 환상에 젖어 가슴이 뭉클하다.

풍수와 수맥

　우리 주변의 산천경개를 풍수지리로 읽고 수맥을 탐지하는 고도의 정신세계가 있다. 풍수지리학은 멀고 가까운 산과 들의 높은 곳으로 솟구쳤다 아래로 흐르는 기맥이 어디로 흘러가며 땅의 화평을 조성하는지 살피는 학문이다. 땅에는 외연과 내연을 감당하는 기운이나 흐름이 있다. 풍수사는 그 유형과 무형의 고저에 따라 땅 기운이 맺혀있거나 산발된 혈을 판단하고 읽는다. 우리 생활 주변의 삶의 현장을 탐구하는 양택 풍수와 묏자리의 장풍과 입수를 살피는 음택 풍수를 모두 아우른다. 사촌형은 오랜 세월 풍수지리와 수맥 탐사 공부에 매달려 정진하더니 전국으로 풍수 기맥을 탐구하는 답사를 다녔다. 이제 그 방면에 이론과 실전을 겸비하여 자격증을 갖추고 땅을 봐달라는 요구가 있으면 어디든 달려간다. 나는 사촌형을 따라 차가운 날씨에도 불구하고 땅의 기맥과 혈처를 찾는 답사 행각에 따라 나섰다.

우선 문중의 묏자리부터 답사를 시작했다. 한 자리에 모시지 않았던 탓에 여기저기 흩어져 있던 묏자리를 일일이 찾아다녔다. 그런데 실망스럽게도 이십 여기의 묏자리가 사촌형의 풍수적 관점으로 판단할 때 명당 터인 데가 하나도 없었다. 비록 일부가 명당 터로 보였어도 수맥을 탐사해보면 대형 물줄기가 묘 아래로 지나고 있어 좋지 않은 흉터로 밝혀졌다. 그 옛날 가난했던 시절 마을 둔덕 양지바른 곳에 주로 모셨던 자리들이었다. 평야 지역의 낮은 언덕에 너른 들녘을 앞에 두고 묏자리들이 만들어졌다. 풍수적 입장에서 너른 들은 바람을 가둘 안식처는 아니라고 한다. 그렇다 해도 산의 정기를 받지 못하면 밭의 정기나 논두렁 정기라도 있어야 하는데 그것도 아닌 듯했다.

땅의 용맥과 장풍을 에두른 명당 터를 찾는 일이 쉬울 수 없고 보면, 일반적인 눈으로 시야가 확 트여 멀리 바라보이는 언덕 양지가 명당자리가 될 수밖에 없을 것이다. 앞에 호수가 있어 땅의 진기를 가두고 그 앞의 땅에 생기를 형성하는 용맥의 혈처로 보아 묘를 쓰면 좋겠다는 생각은 차선책이 될 수 있다고 했다. 풍수사의 관점은 바람이 머물고 쉬는 곳, 아늑한 자연의 소리의 메아리가 다시 돌아오는 곳, 땅속의 수맥이 지나가지 않는 쉼터가 명당의 조건이 된다고 했다. 그럼에도 멀리 높은 야산 정상에서 용맥이 구비치며 흘러 내려오는 기점에서 안으로 감싸고 도는 땅의 기운을 읽는 답사는 쉽게 이해할 수는 없는 경지였다.

사촌형이 말하는 풍수를 대략 이야기하자면 묘가 있는 혈(穴)을 중심으로 좌측에 있는 산을 청룡이라 하고, 우측에 있는 산을 백호라 한다. 어떤 모양이든 상관이 없다. 청룡과 백호는 혈을 보호하는 가림막으로 바람이나 물이 함부로 침범해 혈에 모인 생기를 흩어 버리거나 훼손하는 것을 막아주는 역할을 한다. 특히 생기를 보호하는 장풍藏風기능이 중요하고 여러 겹으로 잘 감쌀수록 바람과 물의 잘못된 흐름을 막아 혈장穴場을 확실하게 보호한다. 청룡과 백호의 화복론에 의하면 청룡은 남자, 자손, 관귀官貴를 관여하고 백호는 처, 딸, 며느리와 재산에 관련되어 있다. 청룡은 장남궁으로 본처의 장남, 백호는 첩 혹은 서손에 관련된다. 또한 명당과 안산은 외손에도 영향이 있고 청룡의 산세가 강하면 무인武人이 많이 배출되고 청룡의 세가 약하면 병약한 남자들이 많아진다고 한다.

 나의 설익은 지식과 견해로 보면 그럴듯한 해석이 분분할 뿐 납득이 가지 않는 지관의 땅 이야기는 우리의 일상과 다른 차원의 땅의 지문을 말하는 것처럼 들렸다. 그래도 수맥 탐사봉이 가르키는 물줄기위에서 체험적으로 느끼는 나른함은 분명한 증거로 설득력이 있었다. 또한 수맥이 지나는 묘마다 파란 이끼가 여기저기 눈에 띄었고 잔디가 죽어있는 것을 보면 묘지 터가 좋지 않다는 것은 인정할만 하였다. 나는 원래 수맥에 대한 의구심을 갖고 있어 별로 깊이 믿지 않았다. 그런데 사촌형이 나의 아버님 묘 주변을 수맥 탐사봉으로 점검해보더니 커다란 물줄기가 지나가고 있다고 말했다. 나는 아버님의 시신을 모실 때 땅의 상황을 샅샅이 들여다 보았기에 물이 있을리 없다고 확신했다.

그렇지만 5년 전 아버님 묘를 이장하려고 파묘했을 때 시신을 놓았던 자리가 물이 괴여 출렁거리는 것을 생생하게 보았다. 나는 너무 황당하고 죄송스럽고 기막힌 경험을 했기에, 그 후로는 사촌형의 수맥 탐사에 관한 견해에 신뢰감을 갖게 되었다. 그래서 아버님의 묘의 이장지에 대한 수맥 탐사를 철저히 했음은 물론이다. 이제 사촌형은 탐사봉을 쓰지 않고 눈으로, 마음으로, 땅의 기를 읽고 물줄기 방향과 범위의 수맥을 측정하는 높은 경지에 올라 있었다. 내가 의심의 눈초리를 보이면 곧 탐사봉을 꺼내 증명해 보였는데 한 치도 틀리지 않았다.

예전의 명함을 내밀 수준이 안 되는 지관들은 공부보다 뒷등으로 얻어들은 귀동냥 풍수로 혈처를 찾았고 그럴듯한 해설을 덧칠해서 묏자리를 정했다 한다. 우리 문중 조상들의 묏자리도 그런 지관들의 돈벌이 수단에 설득당하여 정했을 거라고 사촌형은 말했다. 문중 선산의 묘들의 답사가 끝나고 개인 집안의 선산을 돌아다녀 보았다. 팔촌 동생의 집안 묘를 제외하고 모두 흉터이거나 수맥들의 시달림을 받고있는 묘들이었다. 팔촌 동생 집안의 묘도 비보裨補가 필요하고 수맥을 피해 약간 옆으로 이장해야 좋다고 했다. 모두 가난하고 특별한 부를 이룬 일가들이 없어 묘들을 이장하는 일은 쉽지 않은 과제로 남았다.

지금까지 답사한 결과로 보면 이장해야 할 선조 묘들은 한 둘이 아니었다. 이장할 엄두가 나지 않았다. 중요한 관건은 돈이고 문중 종인들의 의견을 모으고 누가 이장의 책임을 지고 어려움을 헤쳐 나가느냐 하는 것이었다. 사촌형은 주변 산들과 밭을 둘러보며 작은 명당 터를 발견하고 후보지로 정해놓곤 했다. 여러 후보지를 답사하는 동안 흉터를 비보하는 방법을 이야기하고 수맥을 탐사했다. 땅의 주소와 지번을 수첩에 적고 소유자와 면적을 알아보자고 했다. 시작이 반이라고 가능한 일부터 차츰 해결해 보자고 진지하게 의논했다. 그러나 살아있는 사람의 이사도 힘든데 돌아가신 선조 묘들을 이장하는 일은 더욱 어려울 것이 분명했다. 더군다나 매장 문화가 사라지고 화장이나 수목장 등으로 이행하는 추세에 비추어 이장에 동의하거나 협조할 종인들이 많지 않을 것은 불문가지였다. 차라리 납골당에 모시는 게 어떠냐는 의견도 나왔으며 명당 같은 거 믿지 않는다는 말도 등장했다. 생활 형편이 어렵고 바쁜 이 시절에 무슨 긁어 부스럼 같은 일거리를 만드냐는 식의 핀잔도 튀어 나왔다.

묏자리에 대한 관심이 크게 줄었고 퇴색한 명당 문화에 대한 시대의 조류가 명당이전을 위한 의견 조성의 등장을 막고 있는 것이다. 또한 벌초와 성묘의 고달픈 여건을 되도록 멀리하려는 편의주의적 발상이 자리잡고 있어 묏자리 이장은 높은 장벽에 부딪친 것과 다름없었다. 사촌형의 비상한 염려와 성심은 이런저런 사항에 비추어 흐지부지될 공산이 컸다. 평탄한 삶의 호수에 조상 묘 이장이라는 표적을 던졌지만, 파문이 어떻게 번질지, 아니면 그냥 가라앉고 말 것인지 시간을 두고 지켜볼 수밖에 없을 듯하다.

어느 동창 모임의 출타

　삶의 순수가 엿보이는 하루가 열렸다. 어쩌다 홀로 감행하는 여행을 놀이 삼는 호기심이 사라진 노회한 나이에 들었다고 해도, 아침부터의 집 나서기 설렘은 괜히 성글벙글했다. 여행 목적지가 두루 알려진 관광지이거나 과거의 행보에 수차례의 발걸음이 오간 곳일지언정, 내딛는 동작에 출중한 신선감이 어느 하늬바람에 실려 사라질 리 없었다. 싱그러운 바람의 하루가 열린 우리 약속된 날, 서로의 신의가 꽃피는 모임 장소로 가는 발걸음은 여유만만하였다.
　평일임에도 국립전주박물관 앞 주차장에는 이미 차들로 거의 차 있었다. 각 승용차별로 도착한 친구들이 모여 서로 인사를 나누고 인원파악을 한 후, 전세버스에 올라 고창 모양성으로 출발했다. 칠십 중반의 늘그막에 들어선 동창들이 기분들도 데면데면한 표정들이었다. 그래도 일상적 생활의 어떤 굴곡을 잠시 벗어나 동행의 대열에 선 것이 그 나름대로 행복한 하루의 역사를 쓰는 나들이에 합

류한 기꺼움은 있어 보였다. 그렇거나 말거나 우리는 예정된 계획의 구도 안에서 집안 틀을 벗어난 자유의 외형을 향한 이야기와 특유한 소식을 주고받았다. 누구누구의 병이거나 사업이거나 새로운 게임을 배운다거나 자녀들 이야기 등등을 주저리주저리 풀어놓고, 푸지게 웃기도 하고 쓸쓸한 표정도 허공에 날리기도 했다.

  정녕 최고의 행복과 승리감 혹은 성취욕은 이미 지나간 자취 속에 어른대다 스러졌다. 지금은 지나간 시간에 몸부림치듯 오갔던 직장과 일터에서 취득한 수입이거나 결과물들인 집터와 경제적 여유물들을 쓰며 산다고 하는 게 맞을 것이다. 어떤 사람은 삶의 행간에서 사랑하는 아내를 잃기도 했고, 어떤 친구는 병고의 시련을 겪어 발걸음과 여행의 자유를 빼앗기기도 했다. 부부 동체의 행동거지에 우러나는 애정행각이거나 사랑 타령 등의 남부러운 짝의 이야기들이 이제 허우룩한 관계 정립의 형식을 갖추어 진행되는 정리情理로 틀이 잡혀있게 되었다. 서로의 속 깊은 눈초리가 냉정한 분위기로 정립되었으며 농밀한 관능적 이야기 따위들이 식은 밥이거나 싱거운 국거리만큼이나 별다른 감흥조차 스미지 않은 풀죽은 나이가 되어서인지 가라앉은 서슬로만 속 깊이 숨은 표정으로 보였다.

  젊은 한 때 버스를 대절하여 여행 갈라치면 출발부터 맹렬히 나서서 온갖 잡설과 패설로 웃음을 조장했고, 은근한 음담으로 누구누구의 부부야말로 천상 배필의 역사를 밤에 환상적으로 써댈거라며 놀림을 즐겼다. 말본새의 새침한 은유를 즐기는 여성들은 키득키득 웃으며 농밀한 분위기에 편승하여 더 진한 말로 농염의 색채를 물들였다. 그 서방에 그 마누라의 장단 맞추기는 폭소를 연달아 유발했고 여행의 또 다른 쾌감과 여실한 기대에 어긋남이 없었다. 젊은 날의 가벼운 농담마다 헤픈 웃음과 자지러지는 놀람의 억지 표정을 즐겼던 낭만적 허세들은 지금 어디로 갔는지 모르겠다. 누군가가 무너지고 튕겨나가는 체면으로 좌중의 희극적 분위기를 이어나가는 놀이 영웅이거나 개그 선도자로 나서면 한동안 그리 수심도 잊히고 시시한 울분이 가셔지는 바가 많았던 시절이었다.

험한 굴곡과 중년을 거쳐 은퇴의 나이에 이르러 가정의 평온과 건강이 담보된 친우들은 나름대로 호기로운 웃음과 걸쭉한 농담을 주고받을만한 여유가 있을 것이다. 평생 이루려고 발버둥치며 직장과 사업에 몰두한 결과물들이 모두 만족스러울 수는 없을 터, 현재에 이르기까지 치러야 했던 대가가 정당한지 죽음에 이르도록 평가를 내리기엔 우리는 '아직'이라는 미련이 남아있는 친구도 있으리라. 더 기다려보면 무언가 달라질 거라는 기대심리가 뇌리에 남아있기 마련인 경우도 더러 있다고 여긴다. 주로 경제적 보상과 혜택 그리고 자녀들의 성취와 그 편에 열린 사람들의 희망만큼 화려한 꽃이 필거라는 미련한 생각도 한다. '아직'이라는 심성 속에 똬리를 튼 희망과 탐심이 죽음에 이르도록 말끔히 씻어지지 않을 애달픈 미망에 빠져있다.

4월의 봄바람이 산천을 구비 돌아 스치는 풍경은 정녕 모든 생물체에 새로운 생기를 불어넣는 모습이다. 봄의 생기가 감싸는 자극에도 심신이 용솟음치듯 활력이 돌아나지 않는다면, 삶의 여생마저 기대수명을 바랄 수는 없을 것이다. 마음은 솟구치는데 몸이 따라주지 않는 실상을 두고 아쉬움과 슬픔을 느껴본들 별다른 의미도 없다. 우리 평균 나이로 보면 대충 고령층으로 보이기에 출세욕과 명예욕은 거기서 거기까지 이룩한 득의의 감정만 가슴안에 스며 있을 것이다. 그리고 이제 자식 자랑이나 더욱 늘려갈 재산의 전망 따위에 흐뭇한 감상에 젖을 친구도 있을 것이다.

그럼에도 우리는 잘 나갔던 어느 친구의 부음을 들었고, 사랑하는 아내의 오랜 병상 생활로 삶의 의미가 반감된 친구도 생겼다. 세월 따라 삶의 부침이 분명하게 나타나는 나이가 된 듯싶었다. 이십 년에서 십 년 이쪽 저쪽에선 부모가 돌아가시는 사태로 상가를 들락거렸는데, 그런 시기가 점차 지나가면서 본인들의 질병과 사고 등으로 문병과 위로의 대상이 바뀌었다. 시시각각으로 늙고 쇠하고 죽음으로 가는 삶의 행로를 어김없이 따라가는 세상 이치를 증명하듯, 세상 무대 밖으로 퇴장하려 하고 있다. 기쁨으로 풀어가는 살아있음의 행복은 얼마 남지 않았고 질병과 뜻밖의 사고로 유명을 달리하거나, 모임에 얼굴을 내밀지 못하는 일상이 다반사로 일어났다. 기쁨 쪽의 일상보다는 슬픔과 고통 쪽의 일상이 더 깊은 음영을 드리우고 있는 것이다. 모임의 길목과 크고 작은 행사가 있을 때마다 가슴에 선뜻 다가서는 감정은 골 깊은 주름살과 연약한 신체의 헤설픈 모습이 먼저 와 닿는다. 설마 우리만 그러랴 싶은 생각이 들다가도 감정이입의 공감에 빠지며 애틋한 한 생의 긴 한숨이 솟는다.

그렇다고 해도 단념과 포기가 삶의 여분을 분탕질해서야 될 말인가 싶다. 건강이 허락하는 한 우리는 세상에 태어난 축복을 실없이 버려선 안 될 것이다. 우리는 모양성 성곽을 걸으며 의기양양하게 여생을 당당히 향유할 것을 선포하였고, 죽음으로 다가가는 발걸음은 남은 삶의 일부분일 뿐이라고 외쳤다. 어차피 굴러가는 세월에 탄생과 죽음이란 세상에 존재하는 생명체 모두 공동 운명을 지녔으므로 주눅 잡힐 하등의 중대 사유로 여길 필요가 없으리라. 우리는 저녁 식사 자리에서 술잔과 물잔을 들고 건배사로 '아이유!' 소리치며 모임의 향연을 끝마쳤다. 〈 아이유 : <u>아</u>름다운 <u>이</u> 세상 <u>유</u>감없이 살다가자!〉

작별

　작별의 시적 함의 속에 뭉클한 슬픔과 아쉬움이 웅크리고 있다. 나뭇잎 하나에도 하늘거리는 춤사위를 즐기다 떨어지면, 그 나름의 아쉬운 여운을 풍기는 감정이 인다. 하물며 사람의 작별은 그 보다 깊은 정한이 마음에 고인다. 삶의 모든 근본에 길고 짧은 작별의 한숨 소리가 끊임없이 울려 퍼진다. 아니 한 순간순간마다 우주의 생주이멸生住異滅 현상이 작별의 다른 이름으로 일어나고 있다.

　볼품없는 줄기로 파란 잎을 달고 있는 식물들이 꽃으로 화려한 얼굴을 내밀고 색채와 향기로 세상에 신고식을 한다. 꽃잎을 내밀기까지 얼마만큼 세밀하게 생명의 기품을 드러낼 크기와 모양을 꾸몄을지 상상하기란 쉽지 않다. 붉고, 희고, 가늘고, 조화롭게 청초한 볼품이 눈물겨울 만큼 없던 자리에서 생겨나면 신기한 영성을 느낀다. 번식을 위한 의도로 간절한 치장을 거쳐 수분의 원초적 성과를 이루기까지 절실한 과정을 빈틈없이 건너가고자 하는 모습이 보인다.

  그 사이에 그 청초한 아름다움을 은연중에 자랑하고 내세우려는 꽃잎들의 간절한 함성은 없을까. 그냥 바람 따라 흔들리는 자세로 향기를 뿜어내며 자신의 존재를 보이고 싶은 욕구도 없을까. 아무리 그렇더라도 넘실대고 흔들리는 자태가 길게 이어질 수는 없을 터. 낙화의 한 잎 한 잎 지는 꽃자리와 작별의 수순을 따라가는 처연함이 일몰의 쓸쓸함에 젖어 있기도 하겠다. 한창때의 놀라운 생기와 위엄과 찬연함이 길고 짧음과 관계없이 웅숭깊은 용무가 끝나면 서슴없이 낙화를 통하여 작별을 고한다. 거기 아쉬움과 미련의 털끝도 없음이 너무 서릿발 같아 애틋한 마음이 풀썩 내려앉는다. 작별은 그렇게 감행함이 우주의 섭리와 엄연히 닿는 진리인 듯싶다.

  그러고 보면 오랜 병상에서 병고의 고단한 모습을 지탱하며 누워 있는 노인도 끊임없이 작별의 손짓을 하고 있음을 보여주고 있다. 그 역시 살았던 인생의 어떤 편력이라도 화려한 꽃을 피운 적이 있었을 것이다. 그의 웅변과 고함, 희열과 감동의 떨림 속에 뭇사람들의 찬사와 박수 소리가 얼마나 인생의 절정을 수놓았을지 모른다. 물론 비난과 분노의 포효도 삶의 생채기로 기억되는 한 편에 남아 있기도 할 것이다. 그 모든 걸 뒤로하고 늙어 병든 몸의 추레한 몰골만 놓고 보면, 이제 예전처럼 존중 받을 수 없는 지경의 잔영으로 남아 영원한 이별로 향한다. 특히 오랜 투병 생활의 끝자리에 이를 즈음엔 유언이나 아쉬운 말투의 이별가는 늘어만 갈 것이다.

오랜 투병의 모습이 지겹다 해도, 황금 시절의 생생한 품위와 향취를 거치며 혼신의 힘을 다해 가족의 안녕과 복지를 지킨 전력은 없어지지 않을 것이다. 어떤 병자라도 그가 사랑하며 지키고자 했던 가족을 힘들게 하려고 초췌한 잔영으로 남아 있지 않다는 것은 분명하다. 헤어짐은 영원을 향한 발걸음이기에 애정과 그리움이 서려있을 가족에게 회한만을 남기고 간다고 여겨선 안 될 것이다. 그 이유는 뒤에 남은 모두도 언젠가 작별의 수순을 거쳐 거의 비슷한 모습으로 가야 할 후보자들이기 때문이다.

미국 제 40대 대통령이었던 레이건은 라디오 스포츠 아나운서를 거쳐 영화배우로 50여 편의 영화에 출연했다. 1981년에 지미 카터 대통령에게 압도적인 승리를 거두고 대통령으로 당선되었다. 레이건 대통령은 그의 이력에 걸맞게 친숙하고 쇼맨쉽이 자연스럽게 연출되는 모습을 국민들에게 자주 보여 사랑을 받았다. 특별한 업적은 없으나 철저한 반공주의적 입장을 고수하여 군비 확장과 군사적 방어태세를 강화하는 정책을 펼쳤다. 그런 의미에서 우리 국민들과도 친숙한 우방국의 대통령이었던 셈이다. 그런데 그가 대통령에서 퇴임하고 얼마 되지 않아 알츠하이머 병에 걸렸다. 그는 알츠하이머 병이 깊어지기 전에 국민들과 전 세계 사람들에게 작별인사를 했다. 그의 작별인사의 짧은 연설은 장중하고 애달픈 목소리로 흘러나왔는데 많은 사람들의 심금을 울려 눈물을 자아냈다. 작별은 언제나 서글픈 음조와 감정을 동반하고 아릿한 기억으로 남는다.

우리 예전 시골에 반가운 사람이 찾아왔다 떠날 때, 인사를 거듭하기를 쉽게 멈추지 않았다. 인사에 인사를 하면서도 동구 밖까지 나가서 떠나는 이의 꼭뒤가 보이지 않을 때까지 손 흔드는 풋풋한 정을 다한 예의를 갖추었다. 작별인사의 간절함과 아쉬움을 몸으로 성심을 다하여 나타내는 그 모습이 곡진한 작별행사였다. 하물며 병든 부모와 영원한 이별이 될 마지막 자리의 작별인사가 시골의 그 것보다 못해서야 살았던 정리가 짐승과 다름없고도 남을 것이다.

 자녀가 임종을 지킨다거나 어느 사람의 죽음 직전의 자리에서 치르는 장중한 작별은 삶이 갖추고자 하는 마지막 품위이다. 거룩하고 울림이 큰 말씀은 없을지라도, 모든 정리의 끝에 이르면 순간에 지고 마는 낙화처럼 눈을 감으며 영원한 이별로 간다. 살아있는 한 누구나 치러야 할 작별의 선한 의식은 크고 작은 의미와 관계없이 인간의 본질이다. 여행 중 차창을 스쳐가는 풍경조차 더 이상 같은 풍정으로 간주될 수 없는 대상이며 끝없는 작별의 물상들이다. 세상에 몸담고 사는 일은 정들임의 중요한 교류가 한 몫을 차지하고 있다. 어울려 사는 감정들의 사태는 크건 작건 익숙함과 낯익은 애증이 쌓이는 게 일반적이다. 그렇기에 마주치고 어긋나며 흘러가다 헤어지는 행위 속에 얼마나 많은 작별의 손을 흔들며 눈시울을 적시는지 모른다.

 만남의 모든 속성에 작별의 고유한 인자가 들어있다. 마치 태어남은 죽음의 필연성과 연결되어있음과 마찬가지의 이치다. 어린아이와 작별하는 엄마의 애절한 눈빛, 멀리 외국 유학을 떠나는 자녀들과 작별인사를 나누는 가족들, 형형색색의 절절하고 우울한 작별 속에 삶의 율동이 출렁거린다. 언제나 작별의 순간은 어떤 시간의 성숙이 구비처럼 깃들어 있다. 우리가 세상을 살면서 일정한 배움이 끝나면 졸업하며 그 시절과 작별하는 수순을 밟는다. 그런 일상성이 아무런 부작용이 없이 삶의 과정으로 겪은 사람일수록 작별의 스산한 감정으로부터 자유로울 수 있을 것이다. 작별 없는 사랑도 없으며, 작별 없는 위대한 사업의 성공도 드물다. 그런 의미에서 새로운 시작은 항상 기존 질서와의 작별을 필요로 한다. 결국 우리는 다양한 형태의 작별을 위해 세상에 태어났구나 싶은 순명한 이치에 가닿는다.

제4부

시간의 낭만

눈 세계의 놀이판
단풍 꽃 구경
삶의 무게, 깃털
동행을 위한 선택
시각의 효용과 기적
시간과 철쭉꽃
희떠운 이야기

눈 세계의 놀이판

　검은 하늘에서 흰 눈이 내린다. 그 아리송한 검은 하늘과 흰 눈의 경계를 낭만적으로 생각하며, 다만 가볍게 하늘거리는 모습으로 내리는 눈을 본다. 가벼운 바람결을 타고 하강하는 하늘의 눈송이 춤판을 받아들이는 마음도 저절로 경쾌해지기에 그 아릿한 풍광을 즐기는 게 얼마나 좋은지 모른다. 송이송이 내리는 눈의 춤사위에 활짝 열리는 환희심으로 덜덜 떨리던 추위는 어디로 갔는지 눈 세계로 달려가는 동심이 허공으로 날아간다. 눈이 만들어내는 온갖 아름다움에 사람들의 정겹고 경쾌한 밝음으로 추위를 잊는 모습에 한동안 신기한 생각에 잠긴다.
　산하대지에 눈이 내리다 쌓이는 곳곳마다 눈이 만들어내는 포근함과 정갈하고 고요한 감정이 일어 눈길을 걷는다. 가족과 이웃과 친지들이 도란거리며 눈덩이로 장난치거나 눈사람을 만들기도 한다. 덥석 눈 위에 눕기도 하고, 뒹구는 모습도 보인다. 그 순간만큼은 현실의 온갖 시름과 번뇌에서 벗어나 삶의 청아한 세계를 즐긴다. 그게 하늘이 주는 위로이며 자연이 주는 거룩한 은혜인지 모른다. 세상의 모든 눈이 만들어주는 멋진 신세계에 사람들의 마음이 정갈해지고 정의롭게 된다면, 눈의 보배로운 역할은 비범한 경계를 넘어선 것이 되지 않을까. 흐리고 검고 음산한 구름에서 하얀 눈이 생성되어 펄펄 내리는 섭리가 어떤 의미인지 사유해 볼 이유가 있을 듯하다.

하지만 눈은 항상 긍정적인 모습만 있는 게 아니다. 그 처음 광경의 신선하고 맑은 순수임에도 쌓인 눈이 녹으며 들어나는 질척거림과 미끄러움과 보기흉한 자취로 변하는 것에 실망감이 앞설 때가 많다. 자연 만물에 처음 탄생하는 아기와 짐승 새끼며 꽃봉오리들 그리고 새싹에 이르기까지 신기롭고 경이롭지 않은 게 없다. 그럼에도 그 끝 모습은 추하고 초라하고 더럽기 짝이 없다. 온전히 변하지 않은 사물들만이 처음과 끝이 같은 모습일 것이다. 하물며 눈이 그런 사태와 무관한 처음의 아름다움을 유지할 수는 없을 것이다. 남극과 북극의 엄청난 추위의 세계에서나 혹은 만년설을 이고 있는 높은 산에서나 가능할 눈의 항시성은 우리의 관심의 영역이 아니다.

예나 지금이나 눈 쌓인 나라의 권력자나 금력자들은 사냥을 즐겼다. 말을 타고 화살을 쏘며 토끼몰이 사슴몰이를 하는 병사들을 동원하여 눈 쌓인 산과 벌판을 달렸다. 추운 겨울에 움츠리고 있던 병사들을 조련하는 의미도 지닌 사냥은 눈세계에서 더 즐기고 흥이

났었을 것이다. 우리 어린 시절에도 작은 야산에서 토끼몰이를 했던 추억이 있다. 오늘날에는 화살이나 창 대신 총으로 바꾸었을 뿐 사냥의 행각은 바뀌지 않았다. 눈 내린 산야는 적막하고 고요한 풍경 속에 깊이 잠들었다가 갑자기 수선스런 사람들의 환호성과 외침으로 한동안 떠들썩한 사태에 젖었을 것이다. 눈이 쌓였을 때, 사람들이 즐기고 흥분하며 내달리는 야수성은 눈의 포근함과 부드러움으로 더욱 빛이 나는 충동이다. 우리는 그 사냥의 포획 경쟁에서 겨울 동계 올림픽의 연원을 살필 수 있다.

원래 겨울 사냥이나 스포츠는 서양에서 귀족들의 전용 오락이었다. 그런 사냥과 스포츠가 서민 대중에 이르기까지 일반화되어 퍼져나간 필연성으로 오늘날의 동계 올림픽으로 확대 정착된 것을 추론하는 바가 어렵지 않다. 얼음 위에서 썰매를 타고 경쟁하거나 언덕배기나 산등성이에서 미끄러져 내려오는 스릴을 맛보는 인간 심리가 스포츠 경기의 경쟁으로 발전한 저간의 과정은 누구나 짐작할 수 있겠다. 좀 더 빠르게, 좀 더 멋있게 어려운 곡선과 힘든 구비를 지나 인간의 질주본능을 만족시키는 겨울 스포츠가 가장 최적의 운동 경기다. 특히 스키와 스켈레톤은 그 빠르기가 하계 올림픽에도 이룰 수 없는 최고라고 볼 수 있다.

만년설을 이고 있는 히말라야 고산 준봉은 평지와 다른 눈의 위엄과 공포를 지니고 있다. 흰 눈의 아취와 장엄한 설산에 취해 그 산을 오르는 사람들은 등산가와 스키어로 나누어 질 수 있겠다. 물론 아주 오랜 옛적에 생필품 등을 등에 지거나 말에 싣고 눈 쌓인 험산을 넘는 장사꾼도 있을 것이다. 또한 도망꾼이나 망명객들도 추적대를 피해 굶주림과 동사凍死를 극복하고 넘나들었던 바가 있었을 것이다. 눈의 미끄러움의 위험 외에 눈사태로 말미암아 설산의 눈에 파묻혀 죽은 사람들을 생각해보면, 눈이 가벼운 놀이터를 만드는 경쾌한 즐거움 외에 죽음의 적막한 장막을 숨겨놓고 있음을 본다.

그럼에도 우리나라 평창에서 열렸던 동계 올림픽 경기는 눈과 얼음 위의 환상적인 놀이판이었다. 얼음이나 눈 위에서 사람들은 늘 미끄러진다. 즐겨서 미끄러지기도 하고 밀쳐서 미끄러지기도 한다. 미끄럼 타는 흥취와 놀이 본능의 최상에서 가장 멋있게 춤추는 자를 가려내는 올림픽이 열렸다. 미끄럼을 타는 즐거움이, 미끄럼을 제 맘대로 조절하는 기술이 누가 가장 우수한가를 가리는 경기를 치렀다. 스키던 스케이트던 조절기술의 미숙으로 넘어지면, 경기에서 이길 수 없는 게 대부분이다. 경기의 묘미가 넘어지지 않고 순간순간의 위험한 고비를 넘기는 선수들의 동작에 집중되어있음을 본다. 나긋나긋 춤을 추며 돌아가는 피겨 스케이팅도 미끄러움의 실수가 없어야 승리이며 진정한 아름다움의 완성이다.

평창 올림픽의 미묘한 국제 정치적 구도도 주목할 만하다. 살얼음판처럼 굴러가는 미국 트럼프의 막말 위협과 북한 핵의 버티기 행각이 동계 올림픽으로 중화된 느낌이다. 잠시 유보된 긴장의 틈이 올림픽 놀이판으로 보인다. 이런 국제 정세의 위험한 곡예를 슬기롭게 넘길 수 있는 놀이판의 유예를 어떻게 이용하느냐가 우리

민족의 형세로 보였다. 올림픽 경기에서 미끄러지지 않고 이겨내야 하듯, 민족 간 살얼음판 정치적 공세에서도 미끄러지지 않고 곧추서서 미래의 놀이판에서 즐겁게 춤추는 날이 오길 바라고 싶다.

눈의 축제로 겨울 한 시절이 긴장과 흥분으로 추위를 즐기며 지나간 듯싶다. 더군다나 북한의 예술단과 정치인들의 내왕으로 화해의 행렬이 이어져 한민족 분단의 살얼음판이 조금씩 녹고 있는 현상을 보고, 눈의 춤사위에 맞춰 춤을 추고 싶은 심정이 들었다. 눈세계는 늘 신비롭고 포근하며 누구나 순수한 동화의 세상을 꿈꾸기에 우리나라도 올림픽의 눈세계에서 안온한 미래가 열리는 계기를 맞으면 좋겠다.

단풍 꽃 구경

  11월 가을바람이 싸늘했다. 시름겹게 우수수 부는 바람결에 나무들이 팔랑거리는 잎들을 모두 떨어트린 채 앙상한 모습으로 흔들거리고 있었다. 짙은 초록 잎 잔치가 끝난 뒤끝은 허망하리만큼 벌거벗은 나목들의 쓸쓸함이 짙게 가슴에 스친다. 그래도 나목들 사이의 어떤 나무들은 검붉은 나뭇잎들이 단풍 한창때의 잔영을 보여주고 있다. 분명 눈부신 어느 시절이 있었다는 증거가 있을 것으로 여겼다.
  내장산 초입에 들어섰다. 일행 다섯이 단풍 절정 시기를 지나 끝물의 여운을 즐기러 때늦은 발걸음을 한 것이다. 우리 일행 외에도 많은 버스와 승용차를 타고 온 관광객들이 서성거리거나 무리지어 오고 가는 모습이 띄었다. 우리 일행과 마찬가지로 인산인해의 물결에 치여 고생하느니 차라리 관광의 한마당 시즌을 건넌 다음 한가한 분위기를 즐기려는 의도가 있어보였다. 그러나 관광객을 끌어들이려는 장사꾼들의 호객소리와 흘러간 노랫가락들이 시끌벅적하게 들려왔다. 사람들이 모여드는 곳이면 으레 풍악소리와 더불어 길거리 장사꾼들의 나부댐이 단풍구경의 한편에 끼어들어 구색을 맞추고 있다.

매표소 안으로 들어서니 한적한 기분이 들었다. 드문드문 걷는 사람들 틈에 나무들과 산등성이를 감상하며 걸었다. 그런데 뜻밖에도 아직 찬연한 단풍의 위용을 과시하며 꿋꿋하게 이파리를 가지마다 달고 있는 나무를 구경할 수 있었다. 봄의 꽃보다 아름답다는 단풍나무의 휘황한 하늘거림을 보면서 늦은 가을 나들이가 허방 짚은 것이 아님을 느꼈다. 아찔할 정도의 풍성한 단풍 사태는 아니었음에도 동양화의 절도 있는 여백의 한 부분을 장식하는 꽃처럼 일점 한 획의 진홍 색채를 발산하는 잎 꽃들의 마지막 시위를 보이고 있었다. '바로 이 맛이야, 바로 이 간결하고 진한 단풍 꽃의 맛이야!' 하며 우리 일행은 얼굴에 단풍 색의 홍조를 띠고 탄성을 지르며 사진을 찍었다.

흐르는 시간의 어느 틈은 모든 사건의 계기가 숨어있다. 걸음의 단순한 동작이거나 감상과 농담의 한 축을 끌어안고 서로의 눈치를 살피기도 한다. 우리가 즐기고 감격하는 기분에 드는 사연도 단풍의 끝물 감상에서 빚어진 진기한 사태일 것이다. 11월 중순의 늦은 가을 나들이와 단풍 구경에 큰 기대란 애초 없었을 터, 그럼에도 예기치 않을 정도로 멋지고 선연한 단풍의 풍경을 마주하고 보니 얼마나 큰 기쁨이었을지 가슴이 뛸 정도였다. 예상을 뛰어넘는 그 나름의 느꺼운 기쁨과 의외성이 뿜어내는 환희의 외침이 흔할 수는 없을 것이다. 진홍의 채색으로 나무 전체가 물들어 있는 모습은 그 크기로 보아도 봄의 어떤 알록달록한 꽃보다 화려할 듯싶다. 그나마 꽃이 아님에도 꽃을 뛰어넘는 붉고 노란 잎들의 흥건한 하늘거림이 찬바람 결에 한잎 두잎 춤추듯 떨어지며 사위에 처연한 분위기를 만드는 모습이란 얼마나 환상적인가.

 정녕 봄 한나절의 벚꽃을 보면 몽환적 삶의 감동과 설렘을 느끼곤 하면서 생생한 미래의 시간에 풍부한 기대를 걸고 있음에 여유를 느낀다. 그에 반하여 가을의 오색단풍의 휘황한 유혹과 찬연함 뒤에는 추추한 낙엽의 팔랑거리는 모습이 가슴에 스산하게 물밀어 온다. 마침내 앙상한 가지들의 덧없는 흔들림 사이에 매서운 겨울바람에 실린 눈보라가 닥칠 듯싶은 기분은 나만의 감정만은 아닐 것이다. 봄꽃들의 도발적 신선함과 가을 단풍의 추연한 퇴락頹落의 관념 안에 뜨는 해와 지는 해의 음영이 양날의 칼처럼 가슴을 채운다. 그럼에도 온전히 단풍잎이 매달린 나무를 배경으로 사진 찍기를 즐긴다. 한창 때의 단풍 천지만큼은 아니지만 아쉬운 임시방편의 그 무엇도 아닌 감정으로 폰 앞에 기꺼이 선다. 질펀한 단풍색채에 이미 달관한 마음이 그렇게 시키고 있는지 모른다.

 둘러볼 때마다 우수수 떨어지는 잎사귀들이 보였고 발밑은 바스락거리는 붉으죽죽한 낙엽들로 덮였다. 우리는 그 낙엽을 밟고 거닐며 옛 이야기를 꺼냈다. 추억의 어느 한 시절마다 단풍을 그냥 지나치지 않은 탓으로 소슬한 바람에 날리는 단풍 이야기를 나름대로 풀어냈다. 어쩌면 우리는 끝물에 든 단풍 같은 나이에 이르렀다고 볼 수 있다. 마음으로는 혈기왕성한 사람들이지만, 세월의 눈금이 가리키는 지점은 가을의 중순이었다. 그런 탓으로 젊은 시절의 희한한 경험과 아련한 추억에 서린 잊지 못할 사건들을 꺼내들고 희희낙락하다가도 어색한 푸념과 변명으로 결론을 맺기도 한다. 가능하면 특이하고 외경한 내용이어야 솔깃하니 주목을 끈다. 삶의 고비를 넘기며 일탈과 파격으로 점철된 실수나 웃음거리면 청신경을 끌어 모은다. 애잔하고 그립던 이야기와 가난한 시절의 병치레며 약도 병원도 없이 어머니의 약손으로 신음을 견뎠던 삶의 굴곡이 이야기 품에 끌려 나오기도 한다. 그럼에도 기껏 혀끝에서 아롱지며 나오는 이야기는 싱겁고 재미없고 흔해빠진 아쉬움 덩어리다. 적어도 귀를 쫑긋거릴 만큼 웃음과 눈물이 파도치듯 번져 나와 신경을 자극하고 집중시키는 것은 거의 없는 듯싶다.

애달픈 짝사랑과 눈물 그리고 애절함이 깃든 이별 등은 누구나 어느 한 자리의 가슴을 찌르는 울음 섞인 유장함이 물들어 있다. 가끔 행복과 환희가 서린 굉음 같은 웃음의 말도 뒤섞여 있어 싱거운 대화에 긴장미를 더해준다. 모두 조심스럽게 말문의 폭포를 여닫거나 억제할 만큼 노회老獪한 경지에 올라있어 감추고 드러내는 선택의 말소리가 다양했다. 그래도 그 말씀들의 행간을 나름대로 해석하고 이해하기에 의혹의 한 자락은 그냥 넘어가기도 했다. 부끄럽거나 치희稚戱한 실수는 감추었고 사도邪道의 행락에 빠졌던 오욕을 드러내지 않는 순발력은 유감없이 발휘했을 터이다. 단풍처럼 진하게 물들었던 계절의 황홀과 색채를 낙엽으로 떨어지게 하듯 우리의 정의롭지 않은 행각을 버리고 어둡고 그늘진 오욕들을 털어내고 싶은 게 공통된 감정일 것이다.

 이제 황혼의 어스름 빛에 발걸음을 재촉한다. 아직 은근한 감흥과 색채를 즐기는 여운이 채 가시지 않은 분위기 속에 조금 젖어있어도 될 것이다. 절정기를 넘어선 추레한 산단풍이어도 허탕 깊은 구경이 아니라서 꽤 위로와 기분전환을 만끽했다. 걸음걸이의 장애로 인한 어떤 구속으로부터 자유를 누리는 한 또다시 철따라 단풍을 즐기러 찾아 올 것이다. 단풍처럼 나풀거리는 나이라 해도 또 다른 단풍의 풍미를 맛볼 매년 가을 구경의 방문을 희망한다. 바람고개를 간신히 버티는 잎들은 모두 떨어질 것이다. 그 바람 끝에 우리도 어느 세월의 구비에서 한뎃잠에 깊이 빠질 날이 온다고 해도, 그 또한 기꺼이 감당할 운명임을 누가 모르랴. 세상의 모든 것들은 저물고 떨어지고 정들었던 그리움의 세상에게서 잊힌다. 우리는 그렇게 잊히기 위해 우리의 일상을 살아내며 감상과 감정의 털끝마저 버리고 떠난다. 싸늘한 산바람에 쫓겨 단풍의 마지막 흔들림을 뒤로 한 채 귀로에 올랐다. 차창에 스치는 일몰의 붉은 햇빛이 추연하게 가슴에 서린다. 가을날을 채운 단풍 꽃잎 심장으로 늙은 나이의 하루가 추억 일기장에 서서히 잠겼다.

삶의 무게, 깃털

 무겁게 살다 가는 것은 어떤 삶을 말함일까? 중량감 있는 언어 구사와 행동을 살면서 실천한 사람을 의미할 수도 있다. 아름다운 미모에 걸맞은 헌신적인 행위로 만인의 찬사를 받은 사람도 무거움에 한 자리를 차지할 수도 있을 것이다. 그러나 한 인간의 개개인은 어떤 삶을 거쳤던 그 나름의 족적은 가볍지 않다. 남기고 가는 울림과 모든 흔적은 지상을 수놓은 거룩한 자국이 한 가지라도 있을 수 있기 때문이다. 가볍다면 가벼운 만큼의 무게일 것이고, 무겁다면 무거운 만큼의 흔적이 있을 것이다.
 새의 깃털은 가볍다. 털갈이 하면서 바람 따라 날아가는 하나하나의 깃털은 민들레 홀씨처럼 가볍게 공중으로 흩어진다. 새의 생명체를 감싸고 줄기차게 응집된 항심으로 제자리를 지키던 깃털이 제 할 일을 다 한 후에 홀연히 날아가는 모습은 비장하거나 처연한 장면이 아니다. 작고 가볍기에 바람이 조금 불어도 훨훨 날아 티끌

같이 어디론가 사라진다. 살펴보기도 어렵게 종적이 묘연한 곳으로 갔기에 잊힌 물상이 된다.

　가벼운 깃털의 흩날리는 허공의 부유가 우리에게 주는 가볍지 않은 감정의 울림 한편에 무거운 깃털은 새의 종류에 따라 다른 용도로 쓰이는 경우도 있다. 머리와 모자에 꽂는 장식품으로 모양 좋은 위치를 점하며 또 다른 멋을 보여준다. 아름다운 빛깔로 채색한 깃털을 왕관에 꽂아 장중한 품위를 연출하는데 사용되기도 한다. 일상생활의 미적 욕구를 충족시킬 만큼 치장물로서의 존재의 위엄을 나타내어 사람들의 눈길을 모으기도 하는 것이다. 깃털의 마지막 소멸 단계에서 인간의 눈에 비친 묘하고 예쁜 형상의 시각적 호사를 위해 장식되는 깃털도 시간의 흐름에 따라 사라짐은 어쩔 수 없다. 가볍고 무거움을 가리지 않고 존재의 하중을 내려놓는 것은 깃털만이 아니다.

　인생의 구비마다 거치는 성장 단계에서 초, 중, 고 혹은 대학을 거치는 사람의 구비마다 우리는 나름대로 버리고 잊히는 것들이 많다. 초등을 졸업하면 중학교 입학을 앞두고 초등학교에서 배우던 책들과 노트들을 버린다. 기억조차 아련한 것들의 자취가 잊히기 아쉽다고 간직하는 책들이 있을까 싶다. 앙증스런 장난감과 놀이기구 등을 좀 더 철든 나이에서 보면 유치한 느낌으로 여겨지게 되는 것은 당연하다. 그래서 극히 일부를 제외하고 모두 버린다. 철없이 놀던 시절의 손때 묻은 물건들은 그 물건과의 사연과 그리움을 함께 흘러간 시간으로 사라지게 하는 것을 어느 누구도 나무라지 않을 것이다. 버리지 않으면 새 것으로 채울 공간을 마련할 수 없을뿐더러 자신의 성장 발판에 힘이 가는 무엇이 될지도 모른다는 우려도 있다.

　고교에 가면 중학교에서 쓰던 것들이 버려지고, 대학에 가면 고교 때 밤잠을 설치며 펴보던 책들이 사라진다. 가볍고 미련 없이 사라지는 단계마다 깊은 내력이 있고 성장의 힘이 되어준 고맙고 소중한 것들임에도 어느 나이와 성장의 구비에 이르면 알게 모르게 없어진다. 삶의 모든 구비마다 그렇게 정리하고 획을 긋는 과정을 겪는 일들이 다양하게 나타난다. 더구나 대학을 졸업하고 취업에 나서면서 학창시절의 근간을 이루는 소수의 중요 전집과 사전류를 제외하면 남겨놓은 개인 물품이 어디론가 사라졌는지 알 수 없게 되기도 한다. 가벼움을 향한 인생의 창해로 나가는 모습들이다.

　삶의 무게란 그때그때의 중요한 의미만큼 값나가거나 중요한 품위를 유지하며 지속성을 지닌 것이 드물어 깃털처럼 날려 보내야 할 것들이 대부분이다. 삶의 길에서 쌓아 놓을 것은 돈과 경험 그리고 인정일 수도 있다. 생업의 공간에서 필요한 물품과 도구들은 삶의 동반자와 같기에 삶의 품위에 누가 되지 않는다. 그럼에도 내 몸을 제외한 다른 편의품들은 항상 교체의 틀에서 벗어날 수 없기에 용도가 다하면 버린다. 차도 가전제품도 작은 소모품도 초등학교 때 빼뚤빼뚤 썼던 노트 버리듯 버린다. 결혼 후는 결혼 전의 작고 초라한 것들이 행여 배우자에게 유치하고 비루한 감정에 들까봐 일부를 제외하고 가차 없이 자취를 사라지게 만든다. 그래서인지 결혼 이후에는 추억거리를 되새겨 줄 사진 몇 장과 일기 혹은 소수의 편지 따위가 간신히 살아남기도 한다. 인생이 그런 구비의 쌓인 물품을 버리며 가벼움을 향한 마음과 관계없이 버리고 정리하는 품성에 철저한 사람일수록 삶의 정한이 칼날과 같을지도 모른다. 그럼에도 과거의 부끄럽고 철없던 숙맥으로 모아두었거나 애용했던 도구와 기록물 들을 결혼 이후의 아내와 남편에게 드러내는 사람은 없어 보인다. 그래서 가볍게 미련을 두지 않고 버려지는 것이 더욱 늘어나기도 한다.

인생의 가벼움은 아쉬움을 갖지 않는 데에 있기도 하고, 잊히고 싶은 치기의 한 시절에서 벗어나고 싶은 데 있기도 할 것이다. 뭔가를 지속적으로 모아두는 수집광의 경우에 그 다양성에 따라 인생의 모든 구분에 걸맞은 물품과 소지품들이 버려지지 않고 방이나 창고 등에 정리되거나 쌓아두는 특별한 모습도 있다. 그 쌓아둔 무거움을 통해서 자신의 정신적 시도와 일관성을 존중받고 싶은 의도가 있거나 증거 혹은 투자의 관념에 투철한 경우이다. 이런 과정에 자식을 낳아 기르고 가르치는 단계에서 자신의 함량만큼 비슷하게 버리는 것이 생기고, 그런 관성으로 자연스럽게 인생의 둥굴레가 굴러가게 된다.

세상의 성인군자치고 무거움으로 그 위대성이 빛나는 경우는 드물다. 후세인들에게 귀감이 되거나 감히 따를 수 없는 족적으로 헤아릴 수 없을 만큼 삶의 무게감을 남긴 사람도 있긴 하다. 모두 정신적 도덕적 무게감에 얹힌 헌신과 언행일치로 후세에 교훈이 되었던 족적을 남겨 위대한 무게감을 세월의 강에 실어 보냈다. 남겼던 물상이 거의 없어 흔적에 묻어난 가벼운 무게로도 정신과 영혼의 빛이 얼마나 무거운지 쉽게 투시할 수 없는 말씀의 무게가 존재한다. 인생의 빛이란 세상에 남는 거대한 축조물이나 유물에 있지 않고 은덕과 말씀과 희생에 있음을 몸소 보여준 예일 뿐이다. 성인들의 눈부신 무게감이 가을의 수확물처럼 인류에게 공평한 배부름의 시혜를 주는 것도 없을 것이다. 단지 받아들이는 자의 마음결에 따른 무게감일 때만 그렇다.

그럼에도 인간이 종교적 은원으로 세상에 왔다가는 삶의 순환만이 있던 것은 아닐 것이다. 언제나 출생과 죽음사이에 쌓아놓은 물상들이 욕망과 목적의 그림 같은 허세일 뿐, 깃털의 가벼움으로 가는 최종적 흔적은 변함이 없다. 깃털처럼 가볍게 왔다가 깃털처럼 사라지는 산자들의 무게감을 우리는 늘 겪고 있음에도 더 무겁고 무거운 실적을 쌓고자 한다. 시체를 묻은 무덤도 무너져 평지 되고, 살았던 집과 그 터전마저 종적이 아득해지는 무상에 삶의 무게가 천근만근인들 무슨 소용일까 싶은 것이다. 그래서 오늘 나의 무게를 깃털에 날려 보내는 정화의 의식을 치르고자 한다. 가볍게 사는 의식의 바닥이 천박하긴 하지만, 나름의 가벼움을 향한 결기서린 여생이 그나마 불편한 무게감으로 짓눌려 살지 않기를 희망한다.

동행을 위한 선택

　동행의 모습은 아름답다. 같은 뜻으로 모여 소기의 성과를 이루려는 행동들은 균형미를 보인다. 합심과 협력의 결과는 한 개인의 것보다 둘 이상의 결과가 더 나을 것이고 더 즐거운 보람이 생긴다. 더구나 마음이 아닌 행동으로 보여주는 선행과 일거리가 우리의 삶을 품위있게 장식한다는 의미에서 더욱 그런 생각이 든다. 한 개인의 외로운 노력은 항상 유효적절한 성과를 가져오기 어렵다. 둘 이상, 혹은 다수의 호응으로 거대한 흐름을 형성하고 협동의 예술적 성취를 이룬다면, 역사의 물줄기까지 돌릴 수도 있을 것이다. 그러므로 한 개인의 작은 힘이 다른 힘과 동행하는 실질적 성과를 위해 노력해야 하는 당위성을 간과해서는 안 될 것이다. 동행이라는 의미 속에는 늘 같은 목적을 둔 가족과 사회 더 나아가 국민적 융화가 들어있다.

　남자와 여자가 사랑해서 결혼하는 과정은 동행이라기보다 사랑의 행위 같다. 좋아하는 감정에 겨워 서로 마주 보고 사랑을 표현하는 모습이 동행이라고 여겨지지 않는다. 부부가 마주 보는 사랑의 행위가 아니고, 뭔가 뜻을 둔 목표에 따라 같은 방향으로 눈을 돌려 인간적인 노력을 경주할 때 동행이라고 봐야 한다. 두 마음의 한 목표를 향한 애정 행위라기보다 애정 행위를 벗어난 두 마음의 여러 목표에 행동 일치를 기하는 동행을 말한다. 물론 추상적 동행의 의미 경계가 상호 상충되기도 하지만, 모든 행동반경의 어떤 범위에는 윤리적 정서적 시간의 추이가 작용하고 있음을 염두에 두면 이해가 될 듯하다.

　나는 과거 J 중학교에서 교장이 유독 사제동행을 강조하는 모습을 지켜 본 일이 있다. 가르치는 교사와 학생이 같은 학교의 경계 안에서 동행하는 자세를 견지함으로써 교육적 성과를 가져올 수 있다는 것이다. 교사가 학생들과 같이 쓰레기를 줍고 교실 청소를 하며, 서로 고개 숙여 인사함으로써 상호간의 예의를 갖춤이 필요하다는 것이다. 일방적 지시 위주의 교육현장에서 사제동행의 아름다운 동행은 교육적 효과의 확대에 기여한다는 확신을 갖고 실천해주길 바랐다. 꽤 그럴듯한 동행의 일관된 주장이 설득력이 있어보였지만, 일부 선생님들이 그에 대한 반발도 없지 않아 있었다. 왜냐하면 사제 동행의 원리 속에는 교사의 권위가 실추되는 부정적 결과를 낳았고, 일관성과 지속성이 있어야 하는데, 한때의 밀어붙이기식의 행동지침이 많은 부작용을 낳았기 때문이다. 교사가 걸레를 쥐고 교실 바닥을 닦아야 하며, 비를 들고 학생 화장실을 청소하도록 하는가 하면, 모든 시간에 동행의 모범을 보이다 보면, 교무 학습준비 등은 거의 할 수 없는 지경이 되기도 했다. 일부 수긍과 전체의 공감의식은 긍정적인 면과 부정적인 면의 노정으로 길게 연결되지 않았다.

가능한 같이 공감할 수 있는 계획을 세운다면, 행할 수 있는 모범 사례가 많을 수도 있다. 하지만 강요된 동행은 결말이 매끄럽게 끝나지 않은 미완의 사례로 남는다. 마음으로 우러난 동행이라야 그 결과의 실패를 보더라도 좌절하는 마음보다 위로 차원의 격려를 서로에게 줄 수 있다. 가족 간의 동행도 서로간의 최선의 접점을 향한 합의가 있어야, 비로소 일이나 계획의 추진이 매끄럽게 진행되는데, 하물며 남남끼리의 동행에는 더 큰 물줄기의 강력한 동의에 의한 추동력이 필요한 것이다. 그래서 동행에는 일정한 합의나 질서의식 그리고 확고한 원칙이 있음을 인정하고 추진할 필요가 있다. 학교를 가고 직장을 다니며 법과 질서를 지키는 일 따위는 동행을 위한 일생 동안의 현장 실습이며 생활이다. 그런 생활을 순탄하게 지속할 수 있는 사회가 원만한 삶의 윤리와 질서가 통하는 정상적 삶의 바탕이라고 해도 좋다. 그런 동행을 부정하여 이탈과 과오를 저지르게 되면, 소위 사기 협잡 폭력 전쟁 등 이루 말할 수 없는 사회적 병리 현상을 가져온다.

삶의 현장에는 사람과 사람이 함께 서서 서로를 손가락으로 가리키는 일보다 그 손가락으로 같은 방향을 가리키는 모습이 아름답게 보일 때가 많다. 어떤 목표를 가리키는 손가락의 방향이 같을 때, 추진하는 일들이 힘을 얻고 목표 달성에 만족할만한 성취를 맛볼 수 있을 것이다. 동행에는 순수한 마음의 이끌림이 서로의 가슴 속에 들어있어야 하고, 그 결과 일과 계획의 크고 작음에 관계없이 순탄한 여정을 밟는다고 볼 수 있다. 친구 또는 직장에서의 동료와 마을 주민들 그리고 나아가 국민의 동행이 전제되고 일치된 행동표출이 연결된다면, 역사의 거대한 줄기를 형성할 수 있게 한다. 물론 그런 과정에는 이끄는 지도자의 합리적 설득과 강력한 리더쉽이 있어야겠지만, 무엇보다 동행의 힘이 어떤 결과를 가져오더라도 기꺼이 수용하는 마음의 자세를 가졌을 때 가능한 일이다. 임진왜란 당시에 진주 군민들의 장렬한 죽음을 불사한 저항 그리고 남원 주민들의 죽음을 무릅쓴 싸움 등은 애국심의 기치 아래 한마음이 된 동행 의지의 표출이었다. 역사의 대제국을 건설한 징키스칸 휘하의 기마군들은 탁월한 지도력을 믿고 뛰어든 몽고 민족의 동행이 낳은 위대한 전쟁사의 실제 증인들이다.

 동행의 물줄기에는 학문적 성과에도 그 맥이 뛰고 있으며, 종교적 연원을 같이하는 교주와 교인들의 동행으로 교리적 위세가 날로 커져가고 있음을 목도하곤 한다. 경제적 번영과 영토 확장의 제국주의적 발상의 근원에는 그 성향과 이념을 추구하는 사람들의 간절한 동행의식이 깃들어 있다. 그럼에도 불구하고 어떤 사악한 동행의 결과로 역사가 가르쳐주듯 괴물 히틀러 같은 지도자 때문에, 수백만에 달하는 생명이 희생됐는가 하면, 약육강식의 제국 근성으로 아시아 약소국가들을 수탈과 살육의 제물로 삼은 일제 만행 같은 부정적 그늘이 있다. 아름다운 동행의 이념들이 잘못 이용되거나 흘러간 경우라 볼 수 있다. 그러므로 모든 동행의 이념들이 양지와 음지의 양면성이 있음을 알 수 있으며, 인간적 도리에 비추어 양지를 지향한 선용에 각별한 인식과 배움이 요청된다 할 수 있다. 국민 일체의 동행에는 그 절대적 권력의지 때문에 위험한 경지로 잘못 이끌어 갈 유혹을 받는다는 게 역사의 교훈이다.

　동행이라는 말의 의미 속에는 늘 마음을 열어두고 함께 힘을 보태겠다는 의지가 잠재해 있다. 우리는 그런 동행에 박수를 보내며 공감을 표한다. 삶의 모든 방향에 그런 선의의 동행만 있다면, 얼마나 살기 좋은 세상을 만들 수 있겠는가. 그런데 선의의 의도가 잘못된 결과를 가져오는 경우가 생기듯, 호의적 동행의 의도가 악행을 도발하는 음모와 술수로 악용된다면, 우리는 그런 동행의 실천적 가닥을 의심하고 발을 빼는 단호함을 보여야 한다. 친구와의 의리나 집단 속에서의 신의를 지키느라 발을 빼기 어려운 경우도 있을 것이다. 만일 빼기 어렵다면, 결과의 내용에 책임을 질 각오가 있어야 할 것이다. 그 책임이 죽음을 불러온다 할지라도 감당할 마음이 있다면, 그렇게 동행할 수도 있음이다. 세상 삶이 어렵듯, 동행의 이기利器도 사용하는 사람에 따라 꽃이 되기도 하고 악마의 무기도 되기에, 선택이 어렵기는 마찬가지이다. 그렇다면 동행이라는 말이 주는 함의의 대상을 선택하는 사람의 의지와 지혜가 얼마나 중요한지 우리는 깊은 사유가 있어야 할 것이다.

시각의 효용과 기적

인간의 감각가운데 시각視覺만큼 중요한 것은 없다. 눈의 시야가 열린다는 것은 삶의 기적을 일상사 속에 늘 펼친다는 이야기와 다름 아니기 때문이다. 세상 무대의 아름다운 주인공이 되어 맡은 역할을 행하는 모든 이치가 시각을 확보하는 능동적 힘으로부터 시작된다. 인간의 감각은 여러 가지가 있겠지만 시각의 영향을 받고 있는 경우가 가장 많다. 시각의 본능에 따르는 심신의 여러 가지 감각을 자세히 들여다보면 그 의미들이 요연하게 나타난다. 본다는 의미는 확인해서 믿는 단계로 나아가는 첫 번째 관문이라고 하지 않은가.

불교 용어인 육근은 여섯 가지 기관을 가리키는데 감각기관과 그 기관이 갖는 능력을 의미한다. 육근의 순서는 안眼 이耳 비鼻 설舌 신身 의意로 나열된다. 이처럼 눈은 나머지 다섯 가지 감각기관을 이끌고 사람의 모든 일상사에 관여하며, '보다'라는 감각 능력으로 세상을 향해 시선의 무궁한 여행을 할 수 있게 한다. 사람의 얼굴에서 시각구조의 얼개를 살펴보면 눈의 적절한 위치와 아름다운 모양이 작은 공간 안에 균형과 조화를 이루고 있음을 알 수 있다. 그 뿐만 아니라 시선 속에 담긴 인자함, 따뜻함, 쓸쓸함, 자비로움 외에 분노, 슬픔, 연민 등이 무수한 외적 조건과 함께 나타났다 사라진다.

눈빛의 밝음과 어둠 또는 놀라움은 마음이 풀어내는 감정을 외향적으로 전달하는 눈치의 통로임을 모르는 사람은 없다. 즉 눈의 눈치가 다른 감각 본능의 여백을 차지하고 사람의 행동을 좌지우지하고 있다. 그래서 눈은 마음의 창이라고 일컫는다. 동시에 모든 인체의 창이라고 해도 과언이 아니다.

그런데 눈이 육근의 맨 앞에 자리매김 되는 데는 이유가 있다. 먼저 '듣다, 냄새 맡다, 맛보다, 느끼다, 생각하다'라는 감각 속에는 '보다'라는 말을 부언할 수 있다. 즉 '들어 보다, 냄새 맡아 보다, 맛을 보다, 느껴보다, 생각해보다'처럼 '보다'라는 말을 덧붙여 표현 관념을 확대하고 있다. 이렇게 다섯 가지 감각기능이 '보는 것'의 시야 끝에 열리는 표현 감각의 여러 열매를 달고 있음을 알 수 있다. 어떤 상황이 벌어졌을 때, 시각적 확인이 우선이며 그 다음 순서로 마음이 닿는 바에 따라 들어보고, 냄새 맡아 보며, 맛을 보는가 하면, 느껴보고 생각해보는 과정이 연결된다. 일상생활의 모든 시야에 올바른 판단의 지혜가 열리려면 사물과 사태가 주는 풍경의 이치까지 정확하게 보는 감각이 뛰어나야 한다. 그래서 경계하고 조심하며 그리워하고 눈물을 쏟는 애정의 감정적 관념까지 아우르는 경지에 도달해야 한다.

　아내가 알고 있는 어느 시각 장애인의 이야기로 시야가 열리지 않은 막막함을 극복하며 사는 과정의 장면을 헤아려 본다. 태어나면서부터 캄캄한 세계였다면 밝은 세계의 풍물을 실감할 수 있을까. 그의 시력 장애는 태생부터 운명적 어둠의 장막이었다. 나면서 그러했기에 부모의 피눈물은 있었지만 정작 본인은 그다지 많은 눈물이 없이 지낸 듯싶었다. 성장 과정에 따라 맹인학교에 나가 점자를 익히고 그 나름의 정식 학습 과정을 거쳤다. 안광이 지배를 뚫는 능력은 없을지라도 나머지 듣고 냄새 맡고 맛보고 느끼고 생각하는 본능적 능력은 출중했다. 성장하면서 겪었을 수많은 좌절과 밝은 세상에 대한 그리움이 어찌 없었을까. 눈물어린 한을 가슴속에서 삭이며 청춘이 되었다. 교회에 나가 믿음을 통해 많은 시련을 이겨내며 볼 수 없는 세상과 세월에 묵묵히 자신의 능력을 펼치려고 노력했다. 그런데 그는 어느 여성과 기적 같은 만남이 있게 되었다. 그로서는 더할 나위 없는 천사 같은 처녀였다. 최고학부를 나온 여성이 그에게 인생의 지팡이가 되겠다고 나선 것이다. 연민이나 동정심이 아니고 운명처럼 그와 한 몸이 되어 밝은 세상의 길잡이가 되겠다고 했다. 물론 처음에는 그가 도저히 믿을 수 없는 사실이었다. 세상의 눈총도 아랑곳하지 않고 가족의 필사적인 반대의 성벽을 넘어 눈먼 그와 결혼한다는 것이 믿어지지 않았다.

　어찌되었던 우여곡절을 겪고서 결혼을 했다. 눈은 닫혔으나 새로운 세계를 여는 여의주를 얻었으니 아내의 도움으로 그의 배움의 성과는 일취월장이었다. 시각이 주는 모든 감각 본능을 넘어 볼 수 없는 세상의 학문을 닦았다. 홀로 애를 닳고 고민했던 부분은 아내의 시선으로 보이지 않는 세계를 눈으로 보듯 풀어나가며 귀로 듣고 손으로 주무르며 성취의 단계를 밟았다. 그 의미 깊은 성취의 과정에 아기가 태어났다. 태어난 자신의 아기를 볼 수 없었던 그는 다만 초조하게 아기의 울음소리가 들릴 때까지 기다릴 수밖에 없었다. 환희에 차서 아기 울음소리와 더불어 그도 울면서 아기를 손으로 더듬고 그 자신의 분신을 느꼈다. 코를 아기에 가까이 대고 아릿한 배냇냄새를 맡았다. 그리고 자신의 눈물과 아기의 오줌을 손으로 받아 입에 넣어 맛을 보았다. 손끝에 실려 오는 아기의 연하기 짝이 없는 생명의 움직임을 감지하며 눈물의 만남 의식을 거쳤다. 그러나 눈먼 자신 때문에 아기가 겪어갈 미래의 삶을 생각하며 마음은 슬픈 빛깔로 채색된 채 오열을 거듭했다.

　안광의 형형한 감각도, 귀로 듣는 아늑한 소리의 청각 능력도, 입으로 말하는 능력도 상실한 헬렌 켈러는 어떤가. 그녀의 절절한 소망이 담긴 '3일간 세상을 볼 수 있다면'의 글을 보면 볼 수 있는 능력의 기적이 얼마나 눈부신 생명의 환희인지 알 수 있다. 여기에는 듣고 말하는 기적에 대한 욕망까지 보태지 않았다. 오직 보는 능력의 기적을 하나님께 빌고서 실현시켜준다면, 눈을 뜬 사람들의 가장 평범한 일상의 세상을 그녀는 단지 3일간만 보겠다는 이야기다. 그녀가 보고 싶은 모든 것은 육근이 성한 일반 사람들에게는 평범한 일상의 대상들이다. 첫날 설리번 선생 그리고 들꽃과 노을을 보고, 이틀째 날은 밤과 낮이 바뀌는 웅장한 기적, 박물관 구경 그리고 별을 본 다음, 마지막 날에는 출근하는 사람들의 표정과 오페라 하우스 공연 그리고 쇼윈도의 물건을 구경하는 것이다. 시야의 열림으로 세상과 거침없이 소통하는 사람들에게 헬렌 켈러의 소망은 볼 수 있는 감각 능력의 부질없는 남용에 대해 부끄러워해야 함을 웅변적으로 제시한다.

  볼 수만 있다면 나머지 듣고, 냄새 맡고, 맛보고, 느끼고, 생각하는 능력이 다소 떨어진다 해도 삶을 영위하는데 고통스런 시련은 없을 것이다. 마음의 창으로서의 눈은 열린 세상을 관조하며 탁월한 눈치로 눈앞의 사태를 판단하고 위기를 피한다. 눈으로 듣고, 냄새 맡고, 맛을 보며, 느끼고 생각하는 감각을 처리할 수 있기 때문이다. 눈의 시선에 따라 마음이 그렇게 판단하고 결정하여 즐기는 탓도 있다. 그래서 몸이 백이라면 눈이 구십이라는 말이 적절한 비유로 마음에 와 닿는다. 세상 이치에 맹목적인 것만큼 위험한 것이 없다. 시각 장애인의 슬픔은 볼 수 없는 장애에 더하여 일상의 생활에 대한 이치의 맹목이 있어서이다. 눈이 있어 들어보고, 냄새 맡아 보며, 맛을 보고, 느껴보고 생각해보는 모든 상황이 온전한 사람들이야말로 매일 눈을 뜰 때마다 감사하며 살아야 한다. 그런 의미에서 안, 이, 비, 설, 신, 의, 순서에 眼이 맨 앞에 나온 배열이 적절하다는 생각이 든다. 그렇기는 하나 안眼이 주는 시각 능력의 기적을 어떻게 얼마나 감사하며 이용하느냐에 따라 남은 인생의 천국에 영혼의 눈의 맑음이 달려있다.

시간과 철쭉꽃

 4월로 접어드는 봄이면 부스스 땅의 힘을 느끼는 기분이 돋는다. 산바람 들바람에 실려오는 부드럽고 따뜻한 봄기운이 얼마나 세상의 식물과 동물 모두에게 생명의 마디와 관절마다 움이 트도록 독려하고 있는지, 온화하고 웅숭깊은 느낌을 받는다. 시간이 내미는 은근한 채근에 맞추어 어느 것은 꽃으로 어느 것은 연한 이파리로 생명 영위의 강렬한 신호를 보낸다. 겨우내 새들은 먹이 사정이 여의치 않아 굶주림이 일상적이었기에, 보리순이나 매화꽃순 등의 꽃망울 따위로 배를 채우기도 할 것이다. 일찍 꽃망울을 내미는 매실나무는 가지마다 새들이 먹이를 취하는 장면을 볼 수 있는데, 2월에는 매실나무 외에 식용할만한 움들이 거의 없기에 그런 현상이 생기는 듯하다.
 꽃은 식용이 가능한 꽃과 독을 품었거나 향기롭지 않은 성분의 꽃으로 나눌 수 있겠는데, 벌 나비를 끄는 꽃들은 거의 꿀을 함유하여 수분 작업에 지장이 없도록 하고 있다. 진달래는 식용이 가능한 꽃을 피지만 철쭉은 독이 있어 식용할 시에 심각한 부작용이 있다. 몸에 기저 질환이 있는 사람은 생명이 위독할 정도로 타격을 입는다고 한다. 진달래와 철쭉의 구분은 꽃만 피는 것이 진달래이고 꽃과 잎이 같이 달린 것은 철쭉으로 보면 된다. 일반 철쭉은 주로 화분이거나 길가나 가정의 꽃밭에 심겨져 있다. 철쭉제라 해서 산에서 축제를 여는 바래봉, 황매산 또는 소백산 철쭉 축제는 산철쭉 축제로 불리우는 게 맞다고 한다.

철쭉 꽃을 보노라니 젊은 시절 산철쭉을 보러 유명산 여러곳에 오른 기억이 난다. 특히 전북 봉화산이며 바래봉을 올랐던 5월의 화창한 봄 날이 떠오른다. 경남 황매산도 기억의 언저리에서 스며 나온다. 그러나 오른 기억뿐 어떻게 누구와 올랐는지 자세한 사항은 생각해 낼 수 없다. 몇십 년의 시간들이 저 편으로 흘러 갔기에 더욱 알 수 없기도 하다. 젊은 날의 어떤 시기엔 주로 산악회를 따라다닌 것이 대부분이었기에 동행했던 사람들의 이모저모와 사연들을 전혀 모르는 것이 당연하다고 여긴다.

다만 남원 봉화산 철쭉 구경간 일들은 고향 친지들과의 동행이었기에, 가물가물한 추억 속에 살아나는 활동사진으로 줄거리가 잡힌다. 한 30년 전쯤이다. 출발 시부터 운전하는 사람을 제외하고 한 잔씩 술을 들이키기 시작했다. 막상 봉화산 입구에 차를 주차할 때는 약간씩 취해서 천지가 철쭉꽃 잔치 벌어지고 있는데, 휘황한 찬탄의 소리로 "어허, 좋다!" 이런 술맛에 어른대는 감탄 몇 마디 산철쭉에 쏟았다. 조금씩 발걸음이 비틀거려 정상은 오를 형편이 아니었다. 그래 처음 철쭉꽃 문이 열리는 입구에서 둘레둘레 고개를 주억거리다 그냥 하산하는 식의 거사를 감행했다. 집에 가서는 정상까지 올라 붉은 꽃가마를 타고 야호의 외침을 산마루에 남겼노라고 흰소리를 해댔을 것이다.

봉화산 산철쭉의 아름다움이 붉게붉게 절정을 이룬 넓은 산 구릉을 완상하겠다는 계획은 초입부터 아롱아롱하니 흔들거렸다. 허허로이 귀로에 오르는 마당에 당시 술김에 일행 중 하나가 그의 친구 이름을 거명하며 N시 부시장댁에 가자고 제안했다. 봉화산 정상에 오르지 않아 남는 시간이 있기에 갑작스런 제안임에도 염치없이 불손한 깜짝 방문을 한 것이었다. 부시장이었던 그는 깜짝 방문을 받고도 의연하게 일행을 맞아주었고, 몸소 술상을 차려 대접해주어 일행은 흡족해하며 양주 한 잔씩 더 들게 되었다. 그런데 거실 한편에 봉화산에서 보았던 철쭉꽃이 화분에 담겨 화려하게 피어있는 모습이 눈에 띄었다. 일행 중 하나가 꽃이 너무 아름답고 빛난다며 그 옆에서 서서 사진을 찍어달라고 요청했다. 봉화산에 올랐으되 사진 한 컷도 없이 그냥 하산한 것이 후회스러웠을 것이었는데, 일행 모두 철쭉을 둘러싸고 사진을 몇 컷씩 찍었다. 덕분에 봉화산에 올라간 알리바이를 그로써 확인 받았던 것이 그리운 추억으로 남게 될 뻔하였다. 사진을 카메라에 담았던 그 부시장은 바쁜 일상에 까맣게 잊었는지 사진을 건네주지 않았다. 더구나 지금은 이미 고인이 되어 방만하게 수선떨며 찍었던 얼굴들은 영원한 추억에 잠겼다.

진달래과에 속하는 철쭉은 흰철쭉과 붉은 철쭉이 있다. 꽃을 먹을 수 있는 진달래에 비해 철쭉은 독성이 있어 먹을 수 없다는 연유인지 모르겠으나, 철쭉꽃을 개꽃이라고 부르기도 한다. 이렇게 개꽃이라 불린 철쭉꽃의 부정적 거리감에도 불구하고, 사람들의 흥취를 자아내는 이유가 어느 나변에 있는지 헤아릴 수 없다. 관상용으로 가정집에 심기도 하지만, 산철쭉으로 무리지어 붉은 채색의 드넓은 군집을 이룬 철쭉의 화려한 춤사위를 보려고 비지땀을 흘리며 사람들이 몰려드는 무언가가 있음이 틀림없는 듯싶다. 대체로 꽃을 피우는 대부분의 식물은 기기묘묘한 향기로 꽃가루받이를 위해 새나 곤충을 유인한다. 그런데 철쭉은 향기도 없고 열매도 없이 다만 붉은 더미들로 무리진 꽃들로 많은 세월을 견디고 번성한 생명 영속이 신기하기만 하다. 해마다 봄이면 꽃집에 등장하여 빨간 꽃잎을 피우고 진열된 철쭉꽃 화분이 사람들의 시선을 끌며 사랑받고 있기에 번식의 또 다른 세상을 열고 있구나 싶다.

철쭉의 꽃말이 '사랑의 즐거움'이라고 하는데 붉은 색의 조화가 사랑을 불러일으켜 어떤 희열을 느끼게 해주는지 모르겠다. 시골집 화단에 20년 수령의 붉은 철쭉과 흰철쭉이 있었는데 제대로 전지를 하지 않아 무성한 가지가 들쑥날쑥으로 뻗어 보기 흉했다. 조경업자가 욕심을 내기에 뽑아가도록 했다. 포크레인으로 파 올려 차에 실어갔다. 나는 그 당시 철쭉이 무슨 사랑의 즐거움을 주는지 어떤지 관심이 없었다. 요란하게 피어나는 꽃에 희고 붉은 채색의 꽃들만 흔들거린 기억만 남을 뿐이었다. 진한 향기로 매혹적인 접근을 은근히 유인했다든가 혹은 맛있는 열매의 향연을 베풀었다든가 하여 사랑하는 즐거움을 맛보게 했다면 오래 내 곁에 있었을 것이다. 철쭉은 삽목이나 분주 또는 실생으로 번식을 한다. 그런 생존 방식으로 장구한 세월에 진화의 좁은 생존 과정을 거쳤던 것으로 보인다. 다시 나는 사랑의 즐거움인지, 뭔지를 일구기 위해 희고 붉은 철쭉 10구루를 5년 전에 식재했다. 노년에 혹시 어떤 사랑의 즐거움이 피어날지, 철쭉꽃 연분에 어느 사람이 등장할지, 기약 없이 뜬 구름 같은 생각으로 시간과 철쭉의 품에 잠긴다.

희떠운 이야기

　세상의 삶에는 얽히고설킨 사연들이 많아 길흉화복이 매일 펼쳐진다. 복잡한 도시 생활도 아닌 시골의 단조로운 생활 속에서도 맥맥히 서려 있는 감정의 표출이 다양하게 발산하기도 한다. 부정적 눈으로 보면 거슬리고 역겨운 장면들만 보인다. 그러나 긍정적 눈에는 밝고 순수한 순간순간의 묘미가 가득하다. 생존의 조건들이 고만고만한 시골 마을이기에 애달프거나 거칠고 비양심적 행위보다 가식이라도 좋은 쪽으로 꾸며진 의도를 드러내놓으려 애를 쓴다. 간단명료한 삶이 뻔히 보이는 나날 속에 살고 있어 과장과 허풍의 시시한 말장난으로 삶의 정한을 주고받는다. 궁핍한 생활이 일상화된 옛 시절에 배 부르는 이야기와 먹을 것에 대한 묘사가 큰 재미로 곧잘 등장했다.
　나의 동네에 같은 연배라고는 둘뿐이어서 아침에 만나면 늘 하는 소리는 뭔가 먹었느냐는 말과 꾸중이나 칭찬을 들었는지 묻는 말이 대부분이었다. 나름대로 서럽고 궁핍한 집안 이야기는 감추고, 과시하고 자랑할 만한 것은 아주 사소할지라도 허풍 섞인 말투로 침을 튀기며 드러내놓는다. 예를 들면, "난 말이야, 소 눈깔만한 사탕을 먹었지, 넌 뭘 먹었니?" " 난 네가 본적이 없는 빈대떡을 먹었다." "빈대떡이 뭔데?" "나도 몰라. 어찌나 맛있는지 몰라." 말을 나누는 우리는 사탕도 빈대떡도 먹은 적이 없으면서 그런 이야기를 거리낌 없이 나누었다. 기껏 풀죽이나 시래기 밥으로 배를 채우던 시절엔 그랬다. 그런 가난을 견디며 지냈던 사이이기에 우리는 깊은 정을 쌓아가야 함이 정상이었다.

두 사람밖에 없는 친구 사이이니 누구보다 가까워야 하는 타당성을 지녔을 것이다. 더군다나 우리는 할아버지가 형제간이었기에 깊은 우정을 쌓을 조건이 충분했다. 그럼에도 어른들은 항상 비교 선상에 올려놓고 우리를 바라보며 작고 부족한 부분에 책망의 소리를 내지르는 관성을 키워나갔다. 경쟁을 유도하고 종아리를 치기도 하며 늘 뭔가 앞서가기를 부추겼다. 나의 친구는 나보다 키도 크고 잘 생겼다. 힘도 세고 학교생활의 모든 부분에 나보다 앞서나갔다. 오 형제의 장남이었던 그의 할아버지는 가장 많은 농토를 배분 받아 그 당시에 대농이었기에 친구는 배고픔이 없이 건강하게 잘 커나갔다. 나는 작고 볼품없는 체격에 가난의 실상을 증명하듯 늘 경쟁에 지기만 하고 뭐 하나 잘 나거나 우월한 바가 거의 없었다.

어린 날의 나의 세상은 어둡고 우울하며 울분과 서러움 많은 나날을 보낸 기억으로 가득했던 듯싶었다. 어른들의 닦달과 부추김으로 더욱 우리는 서로에게 시기심과 경쟁의식으로 무장되어 우리 앞길을 열어가는 추동력을 자극하며 매일 만나서 놀거나 학교를 함께 오고 갔다. 마음속은 늘 불편하면서 질투심을 지니고 알게 모르게 말투마저 너만큼은 이겨야겠다는 투지를 불태웠다. 시험 때는 긴장했고 길을 같이 걸어가면서 노트를 꺼내들고 십 리 길을 공부하며 오가는 극성을 부렸다. 그러나 서로에게 모르는 문제를 알려주거나 도움을 주지 않았다. 그리고 마침내 언제나 뒤처지는 쪽은 나였고 그게 당연시되어 나의 부모님의 속을 애타게 하였다. 나는 아버님의 회초리에 고통스런 아픔을 서럽게 겪었으며 나의 존재에 대한 절망을 느껴야 했다. 정녕 살만한 세상이 아니었다. 설상가상으로 나는 병치레가 잦아 결석과 지각을 자주 했기에 달갑지 않은 뒤처짐의 사유를 만들기도 했다.

  나는 친구를 앞지를 모든 조건에 어느 하나 내세울만한 게 없었다. 그래서 중학교 졸업 무렵에 그냥 농사를 짓고 사는 게 낫겠다 싶어 농고를 가려고 마음을 굳혔다. 나의 약한 신체적 상황으로 보면 농사일을 할 수 있는 체격이 아니었지만, 달리 선택할 미래의 나아갈 길을 찾지 못했다. 그런데 친구가 인문계 고교에 진학하자며 원서를 내밀었다. 내 실력으로 감당할 수 없을 정도로 경쟁률이 높은 학교였기에 시험을 보면 백 프로 떨어지리라는 생각이 들었다. 자신은 없었지만, 친구가 같이 도전하자며 부추기기에 나는 부모님과 상의하고 떨어질망정 시험을 치르기로 했다. 시험응시 결과 뜻밖에도 친구는 떨어지고 내가 합격한 것이다. 운이 좋았던, 재수가 있었던, 합격에도 불구하고, 나는 별로 기쁘지 않았다. 친구가 떨어졌기 때문이었다. 눈물을 흘리며 돌아서는 그에게 나는 위로의 말 한마디도 건넬 수 없었다.

친구는 그의 집안에서 몹시 꾸중을 들었고 회초리로 두들겨 맞았다. 지난날들의 실적으로 보면 그의 합격과 나의 불합격이 맞아야 했는데, 중요한 고비에서 갈림길로 나뉜 삶을 살게 되었다. 돌이켜 생각해보면, 합격의 결정적 계기는 시험 날, 나의 아버님이 몸소 나를 학교에 데려다주시며 공부했던 그대로 최선을 다해서 시험을 보라고 격려해주셨기 때문이었다. 그런 격려 덕인지 실제로 나는 긴장하기보다 마음 편히 공부한 내용을 기억해내어 시험 답안을 썼다. 십여 명의 다른 학부모와 시험이 끝날 때까지 기다리며 응원해주시고 용기를 주셨던 아버님의 깊은 배려로 나는 인생의 행로에서 처음이라 할 만큼 친구를 앞선 것이다. 절망의 그림자를 벗어난 이면에 추위에 떨며 운명전환의 따뜻한 손길을 내밀어 격려해주신 아버님을 잊을 수 없다.

친구와 나는 고등학교 이후부터 서로 차갑고 어색한 관계가 되어 같이 상면하거나 대화를 나누지 않고 지냈다. 이런 거리감과 뜸한 상황은 대학 졸업 이후까지 진행되었으며 오고가는 집안 행사에도 얼굴을 마주치지 않으려고 피했다. 뭔가 옹졸한 듯, 뭔가 원망스러우면서 괜히 미워하는 듯, 참으로 어리석은 인생 행로를 걸었다. 친구 집안과 나의 집안끼리도 알게 모르게 무슨 벽이 가로막은 양 순탄한 교류가 없이 지냈다. 친구는 결혼시에도 알리지 않았고, 조

부모의 장례와 아버지의 장례도 알리지 않아, 아버님의 상례 참석를 제외하고 나는 참석치 않았다. 나의 집안 애사나 경사도 서로 오고 감이 없었다. 지나고 보니 얼마나 어리석은 삶의 모습인지 후회스러울 지경이었다. 친구가 죽기 한 해 전부터 초등 동창회에 만나서 악수를 나누고 지난 날을 회고하며 대화를 나눴다. 너무 늦은 감이 있었으나 어쭙잖은 과거를 생각하지 말기로 하여, 지난 세월의 그늘을 애써 누르고 예전처럼 여러 이야기를 나눴다. 그러나 서로 안정된 친구 도리를 찾고, 다시 옛정을 풀어 즐거운 시간을 보내야 했는데, 친구는 일찍 삶의 문을 닫았다. 인생의 한 구비에서 좌절된 꿈이 너무 큰 충격이었는지, 예전의 친구 사이로 돌아가지 않은 채, 삶을 마감한 친구를 생각하면, 아쉽고 애련한 감정이 앞선다.

제5부

시간의 분별

마음의 감기를 위하여
몸은 신성한 사원이다
믿음을 믿다
기다림을 위한 서설
영혼의 천묘遷墓
외출에 매달린 삶
코에 실린 거룩한 장광설

마음의 감기를 위하여

　삶의 세상에 감기 한 번 앓지 않은 사람 있을까. 흔한 감기 증상의 노곤함을 핑계로 하루쯤 쉬는 염치를 부리는 일상을 당연시하는 사람들이 있기도 하다. 그리 흔하여 강건하다 한들 평생 감기 한 번 걸리지 않고 살았다는 호언을 믿기 어렵다. 죽을 지경의 쇠약에 이르러 감기에 쉽게 노출되는 상황이 올지 장담할 수 없기 때문이다. 하물며 마음의 감기라 하는 우울의 증상 없이 삶의 나래를 펼쳐간 사람도 없으리라는 말도 지나친 수사는 아닐 것이다. 물론 불가해한 정신세계를 충분히 조절 극복하며 살다간 위인이나 성인들의 내외적 발양까지는 논의의 대상이 아니다.
　아득한 과거의 어느 시절부터 인간과 더불어 공생관계를 가졌을 감기 바이러스는 인간 신체의 면역 여하에 따라 수시로 들락거렸다. 감기 병세의 경중에 따라 생명을 앗아가기도 하고 진한 땀의 세례를 거쳐 일어서게 하기도 했다. 인간 유전인자에 새겨진 감기 지도가 어떤 형태로든 그려져 있을 만큼 널리 펴져 있다고 여길 지경이다. 세월 따라 독감 바이러스로 진화된 독종이 수많은 생명을 죽음으로 몰아넣은 전력이 있긴 하다. 그렇다 해도 앞서거니 뒤서거니 하며 서로 이기는 수로 생존의 위기를 건넜다. 보편적인 병고를 이겨낸 수순에 따라 더욱 솟는 면역의 힘으로, 약으로 삶의 세상은 지속적으로 열렸다.

  육체의 감기는 그렇게 번연한 삶의 자취를 남기고 잠적해 있다가 끊임없이 누구인가의 몸으로 스며든다. 마음의 감기도 그 감도의 성세를 지닌 채 일일이 형용할 수 없는 울적한 꽃으로 핀다. 육체의 감기가 육체를 망가뜨리거나 죽음에 이르게 하듯, 마음의 감기도 무기력에 이어 자살이나 심각한 정신의 혼몽에 이르도록 한다. 이루려 하는 꿈이 크면 클수록, 사랑이 깊어지면 깊어질수록 좌절과 상실의 아픔은 더욱 커서 우울증으로 자리 잡는다. 마음의 감기가 이유와 원인을 모르는 중병으로 발전하기도 하며, 홀로 고민하고 감추어서 치유의 시간을 놓치기도 한다. 스스로 인식하고 깨닫는 마음의 감기 증상임에도 극복하거나 벗어나지 못하는 정신이상 현상을 보이기도 한다.

  늘 그렇듯 처음은 작은 마음의 체증으로 시작한다. 점차로 쌓이고 쌓여가는 불만과 실패 혹은 병고 등이 마침내 울분으로 마음을 채워 정서 감각의 층층을 형성한다. 마음의 감기는 마침내 기침을 토하고 깊어가는 한숨과 함께 일상의 질서가 깨진다. 유사 이래 인간의 정서 감각에 깊이 스며든 우울증은 헤아릴 수 없는 형상으로 온갖 무력감과 절망을 조장했다. 어떤 진취적 성격을 지닌 사람은 스스로 지성과 인내로 우울을 삼킨 예도 있을 것이다. 하지만 자기 한계를 넘어선 우울증을 이겨내지 못한 장삼이사들이 더 많은 세상이다. 울분과 슬픔 또는 상실을 불사를 대상을 찾을 수도 있을 것이다. 불가항력을 넘어서는 저항으로 죽음에 이르는 것도 서슴없거나 승산 없는 도전에 나서기도 한다. 그럼에도 심리적 기저에 녹아있는 정서는 거의 분노의 분출이라기보다 심신장애에 빠지거나 절망적 상실감이 대부분이다.

  부처님께서 삶의 세상은 고해라고 설파하셨다. 고뇌와 괴로움의 바다를 우울의 바다로 치환해도 비슷한 감각으로 가슴에 와 닿는다. 우울증의 세계는 정서적으로 온통 부정적이고 회의감과 질투, 좌절, 절망, 분노 등. 어느 하나 밝고 긍정적 서광이 비치는 무대가 아니다. 인간의 심리적 육체적 욕망의 긴장 체계가 눈초리를 번뜩이고 있는 한, 영원히 평화로운 안정과 즐거움은 없어 보인다. 이 세상에 태어난 기적적인 결과에 늘 감사하는 마음을 갖고 주어진 삶에 만족하기란 애초부터 가능할 수 없는 세상 풍경이다. 존재하는 생물체치고 움치고 뛰며 뻗어나갈 욕구와 동기를 갖지 않는 것은 없기에 움직이는 반경 안에서 방해되는 것들을 제거하려는 마음을 품는다. 다행히 만족할만한 성취를 끌어안을 수 있다면 그나마 다행이겠다. 그러나 마뜩하지 않은 우울의 색채가 대부분일 고해에서 욕구충족의 칼을 갈며 성취의 눈을 번뜩인다고 얼마나 이룰 수 있으랴.

어떤 사람의 인생이라도 질병, 이별, 외로움, 망각, 노쇠 그리고 죽음에 이르는 운명과 상황을 비껴간 상흔이 없는 사람은 없다. 누구나 그 마음의 인내와 이성적 체념으로 쌓인 고단함으로 아로새겨진 우울의 이력을 간직하고 있다. 육체적으로 면역의 강건한 수문장 덕에 지탱한 저항이 있고, 정신적으로는 괴로움이 동반한 우울을 통과했을 것이다. 개인마다 편차가 무수한 우울의 정도는 비교 측정할 계수가 없을 듯싶다. 가고 싶은 길마다 피어있는 명예, 권력, 재산, 건강, 예술, 사랑의 꽃이 있으면, 그 꽃이 지거나 빼앗기는 슬픔에 스미는 우울이 반드시 따라 다닌다. 어느 누구도 예외가 없을 것이다. 재배하는 식물과 기르는 반려동물에게도 정도의 차이는 있을지라도 우울의 증상이 있다는데, 하물며 사람에게 그런 정서가 없을 수 있겠는가. 우울을 즐기고 우울을 반가운 손님으로 수용하는 초월적 의지를 지닌 특별한 예가 있다 해도, 삶의 언저리에 스쳐갔을 아쉬움과 통한의 감정도 없었다면 거룩한 각자覺者이다.

우울을 다룬 그리스 히포크라테스, 갈레노스 의학이나, 중국 황제내경 그리고 허준의 동의보감에 이르기까지 우울은 정신의학의 실증임이 분명하다. 거의 육체적 통증과 정신적 상실감의 슬픔에 내재된 우울로 빚어진 증세를 다룬다. 우울로 번역되는 멜랑콜리(melancholy)를 달콤한 증세로 여겨 문학과 미술, 무용 등에서 빛나는 글로, 색채로 발현되었다 해도, 단지 그 흐름의 일부에 지나지 않다. 그럼에도 무기력과 의욕상실, 슬픔으로 칠해진 일상을 끌고 가는 생명의 작품에 표현되는 언어와 그림, 음악 등이 얼마나 많을지 쉽게 상상할 수 없다. 화가 반 고흐는 절망적인 멜랑콜리 대신 희망적인 멜랑콜리로 그의 삶을 이끌고 가고자 했음에도 결국 절망적 멜랑콜리로 돌아서 자살로 그의 생을 마감했다. 셰익스피어 작품 『햄릿』의 주인공 햄릿의 우울한 방황과 슈베르트의 고난스런 삶과 그의 작품에 흐르는 비감스런 선율로 보건데, 멜랑콜리의 장대한 그림자가 어른대는 세상은 예나 지금이나 시대의 정서를 관통하고 있다.

  이런 의미에서 오늘날 코로나 사태로 빚어진 온갖 제약으로 고통을 겪고 있는 인류에게 우울의 검은 바람이 어떤 슬픈 사연을 만들고 있을지 짐작할 수 있다. 그나마 잘 대처하고 있는 우리나라의 현황도 긴장과 돌발의 시현 속에 살얼음에 발걸음 내딛듯 하루하루를 보내고 있다. 열악한 의료시설과 대처능력이 부족한 후진국의 사태는 불안과 체념으로 엮어진 우울한 나날일 성싶다. 우울증의 대증요법으로 심리적 치료와 약리적 치료가 있을 것이긴 하나, 코로나의 위기를 겪으며 빚어지는 우울증의 늪에서 헤어 나오지 못하고 있다. 코로나 사태는 언젠가 지나가겠지만, 우리에게 안겨준 우울한 상흔은 오래도록 잊히지 않을 것이다. 걷기와 여행이 권장할만한 우울증 해소방안일 수 있다. 우주의 운행은 여전히 진행되고 있지만, 지구촌의 일상은 여전하지 않다. 마음의 감기인 우울이 기침에 이르지 않도록 조심하여 각자도생의 슬기를 지녀야 할 시대이다.

몸은 신성한 사원이다

 삶의 모든 시간에 몸의 허락을 받지 않고 마음대로 움직일 수는 없다. 몸은 행동의 본거지이며 세상의 문을 여는 전초기지다. 희로애락의 배설과 표현을 주도하며 어울림을 위한 정리의 기본 구성이 탄탄하게 골격을 이루고 있어 언제라도 실행의 자리에 기꺼이 나설 태세가 되어있다. 몸은 희열로 들뜨는 감정에 걸맞게 달아오르다가 절망과 슬픔으로 기맥을 곡진하게 숙일 줄 안다.
 몸이 그처럼 부림에 충족하고 흥분으로 실컷 떨면서도, 마음의 표상으로 세상에 그 당당한 모습을 드러냄에도 불구하고, 몸은 끝없이 하대를 받고 무리한 행동반경을 넘어서는가 하면 능력의 증명을 끊임없이 요구받고 있다. 몸에 대한 진중한 예의는 정녕 없는 것인가. 종종 몸이 요구하고 호소하는 기미와 욕구를 제대로 감지하지 못하는 경우가 많다. 몸의 이곳저곳에 이상이 생기고 고장이 나는 순차적 증상에 무관심하거나 미처 알지 못하고 지나가는 대부분의 현상을 보라. 우리는 몸에 대한 예의를 너무 지키지 않고 있지는 않은지 깊이 성찰할 필요가 있다.

　몸을 쓸모 있게 만들기 위해서 조련하는 방법으로 운동이나 보약 먹기 혹은 음식 섭생의 끝없는 탐색을 한다. 물론 경우에 따라 지나친 욕망에 끌려 다니다 만신창이가 되는 부문이 다반사로 일어난다. 그렇다 할지라도 사람들의 관심이란 자신의 몸매의 단련과 튼튼함을 위해서 쏟는 정성에 시간과 금전의 지출을 마다하지 않는 데 있다. 건강을 위해서라면 모든 운동을 감행하며, 유효적절한 근육 단련이나 기능 향상에 온 힘을 기울인다. 그런 성심을 다한 몸에 대한 열의와 행동은 거의 긍정적 효과를 거두는 것이 사실이다.

　그러므로 몸의 유연성은 규칙적으로 훈련에 임하느냐 아니냐에 중요한 건강의 기준점이 달라질 수 있다. 이런 안정된 몸의 규칙성에는 한 눈 파는 다른 시각적 청각적 메뉴가 없어야 한다. 욕망의 과잉이나 배설을 위한 몸의 사용 분산에는 달갑지 않은 대가를 치러야 하기 때문이다. 그 예로 사랑이나 육체적 쾌락을 위한 몸의 쏠림 현상을 들 수 있다. 한 번 빠져들면 미친 듯 달려드는가 하면, 몰입의 상황을 벗어나지 못하고 그 목숨이 다하도록 매달리기도 한다. 신명을 초개처럼 여기고 한숨과 눈물 그리고 고함소리가 절절하게 흘러나온다. 그로인한 과로와 지나친 탐닉으로 시간 따라 쇠약해진 몰골이 되어 기품 있는 몸의 영광이 연기처럼 사라지기도 한다. 대체로 인류 역사상 가장 오랜 내력을 지니고 있음을 모두가 알고 있는 사항이다.

어떤 사람도 삶의 여정에서 단 한 번도 탐닉과 몰입의 긍정적 열정을 쏟음이 없이 이루고자 하는 꿈에 다가선 사람은 없을 것이다. 몸에 대한 정의로운 예의를 갖추고 상식적인 여유와 지각을 운용하는 사람이 건강의 표본이 될 만하다. 삶의 진중한 다리를 건너며 한눈 파는 외도와 지나치리만큼 완벽성을 추구하는 집착도 경계할 필요가 있다. 바꾸어 말하자면 몸매의 균형과 조화를 자신의 감정의 발산을 위하여 희생시켜서는 안 된다는 의미다.

주지하다시피 몸은 마음의 도구로 쓰이며 정신이 쏠리는 데로 굴러가도록 되어있음을 본다. 몸은 그 쓰임새로 사람의 길흉화복을 가져오며 날씨와 감정의 상황에 관계없이 끊임없는 복종을 견지하고 있다. 인간적 욕구에 부응하고 내달리며 크고 작은 진동에 끊임없이 노출되다보니 점차 쇠퇴의 과정을 밟는다. 방황하고 망설이거나 돌진하는 자세로 세상의 온갖 곳에서 바람처럼 휘돌고 다니다가, 닳고 상처받으며 부러지고 결국 회복할 수 없는 병증으로 자리에 눕게 되는 지경에 이른다. 그 표피상의 가련한 모습에 인과응보의 결과론에 의한 해석이건 당연과 우연의 소산이건 우리는 몸의 징조에 가슴 떨리는 연민을 품은 바가 많지 않다.

마음의 노예이며 정신의 허수아비인 몸은 미워하고 증오하는 대상을 향하여 돌격하는가 하면 두들겨 맞기도 한다. 그 허접스런 움직임으로 마음의 탐닉이 끌고 가는 구석과 진창에는 중독이나 폐인에 이르는 암담한 현실이 가로놓여 있다. 고장 나고 상처받아 깊은 신음소리로 떨리는 몸을 추스르고 들여다 볼 때는 이미 회복 불능의 상태가 되어 있다. 우리는 중독의 황폐한 참상을 세상 삶의 현장에서 많이 지켜보고 있다. 마약 중독이나 노름, 스피드에 미친 속도광, 모험이나 기행 등의 무모한 도발 등, 몸에 가하는 쾌락의 일방적 폭력과 시련을 통해 살아있는 모든 시간 동안 줄기차게 진행형으로 몸을 허물어뜨리고 있다.

중독이라는 이름 밑에 가장 으뜸이며 긴 역사를 지니고 있는 것은 술 중독이다. 로마 신화의 바커스 술의 신 이래 술에 젖은 원초적 인간의 향락은 몸과 마음을 망가뜨리며 수많은 사람들을 중독으로 이끌었다. 전 세계 거의 모든 지역에서 밤낮을 가리지 않고 술에 중독된 몸의 피폐 현상이 일어나고 있다. 끊임없이 질병과 죽음으로 가는 몸의 손상을 자각하면서도 중독의 관성에서 헤어나지 못하는 사람들이 숱하게 많다. 술과 마약 그리고 노름에 바치는 몸의 탕진으로 황홀한 탐닉이 초래하는 죽음이 있을 뿐이다. 하지만 인생의 어느 시기든 몸이 끌려가는 쾌락에 자기 억제의 기준을 세울 수만 있으면 중독에 깊이 빠지진 않을 것이다.

그럼에도 우리가 이미 알고 있듯이 마음의 욕망에는 만족이란 게 없다. 심리학자들이 그런 상황을 적응, 습관화 혹은 쾌락주의의 쳇바퀴라고 했지만, 모든 상황의 투영은 몸의 전체가 갖고 있는 힘을 소진할 때까지 탐욕의 눈은 감기지 않는다. 그러나 몸에 대한 예의에 이성적 시각과 성찰로 자신을 돌아본다면, 그것은 인간의 품위에 건강의 꽃을 바치는 일이다. 티벳 시인이자 지도자인 사라하(Saraha)는 몸에 대한 찬미를 다음과 같이 했다.

"내 몸 안에 신성한 강이 있네. 순례자뿐 아니라 해와 달도 있네.
....내 몸처럼 행복한 사원을 본 적이 없다네."

 몸이 존재의 근본이기에 몸이 주는 경고와 신음을 늘 감지해야 할 것이다. 몸이 보내는 신호를 깊이 새겨들을수록 맑고 건강한 천국 지도를 머릿속에 그려 넣는다. 모든 욕구를 휘어잡는 마음의 경지가 신성한 강이며 행복한 사원으로 거듭나는 몸을 만들지 않겠는가. 그런 의미에서 몸에 대한 예의는 사람이 가질 수 있는 최상의 경건한 기도이며 구원이라 생각한다.

믿음을 믿다

　어린 날 고향집 장독대 위 하얀 대접에 담긴 정화수를 떠올린다. 두 손을 모으고 간절한 정성이 담긴 기도와 절을 하시는 어머님의 모습이 뭉클하게 다가선다. 매일 아침 정갈한 옷차림으로 연신 고개를 수그리며 비손의 성심을 다하시는 깊은 뜻이 무언지 어릴 때는 몰랐다. 차츰 성장하며 알게 된 진실은 가족의 건강과 안녕을 비는 간절한 일심정념一心正念의 지성이었음을 깨닫게 되었다. 아침 일찍 처음 떠서 올린 정화수에 어떤 신성한 거룩함이 있어 빌고 빌었던 것은 아니었을 것이다. 순수하고 진심어린 마음의 표출을 그렇게 나타내고 싶은 비원이었을 것이다.
　한 인간의 신성한 믿음이 선한 말투를 빚어내고 옳게 삶을 영위하도록 이끄는 바탕이 된다. 그런 의미에서 정화수는 모든 어머니가 바라는 가족과 사회에 소망의 세계를 여는 마중물이 되리라는 믿음의 대상이기도 하다. 그럼에도 인간 세상에는 인간 능력으로 어찌할 수 없는 크고 작은 일들이 일어난다. 착하고 성실하고 주어진 일에 피땀을 흘리며 매달려도 잘못되는 일들이 너무 많이 벌어진다. 그래서 더 크고 위대하며 거룩한 대상인 종교적 절대자에 간구하고 빌어서 무언가를 이루고자 하며 불행한 비극이 일어나지 않도록 마음을 모은다.

모든 종교의 가르침은 선과 사랑과 자비를 으뜸으로 내세운다. 막연한 믿음을 내세운 절대적 신앙심만을 강조하는 종교는 거의 사이비종교거나 미신이다. 기록상으로 종교의 이름을 올린 모든 교리는 논리 정연한 삶의 올바른 길과 가르침을 주고 있다. 기본 바탕에 깔린 다름은 있을지언정 추구하는 방향은 같은 꼭짓점을 향하고 있다. 죄를 짓지 말고, 사랑을 실천하며, 바른 자세로 이웃을 돕고 절제하며 살라는 보편적 가르침을 제시하고 있다. 열린 마음으로 이슬람교, 증산교, 원불교, 기독교, 유교, 자이나교, 천주교, 그리고 불교에 이르기까지 그 가르침의 핵심으로 들어가면 아름답고, 심오하며 더할 나위없는 위대한 설법의 깨우침으로 가득함을 느끼지 않을 수 없다.

그러나 우리의 태어난 환경 다르고 사는 모습 다르며, 배움의 지적 배경이 다르기에 그 각기 다른 영향을 줄기차게 받다 보면, 종교의 신심도 다르게 된다. 태어난 나라와 사회, 동네, 가족에 이르기까지 소속된 테두리와 조직 내에서 보고 듣고 배우는 바의 흔들림에 섞여 살아가다 동화同化의 물결에 휩쓸리는 불가피성에 이른다. 혈통의 뼈에 새겨진 맹세와 삶의 지평을 벗어날 수 없는 사람의 몸이 특별히 이질적 정의를 내세워 성장하기 어렵다. 그런 맥락에서 본다면 모든 종교가 유사한 믿음의 가지를 뻗을 것이다. 누구나 성장 과정의 진퇴를 거듭하며 인연의 업에 닿아 종교적 은혜의 강물에 빠져 들어가는 수순을 밟는다. 내면과 외면에 깃든 생업의 공고한 믿음의 대상을 신심으로 달구며 사는 신자들의 면면을 살펴보면, 어릴 때부터 교회에 갔다거나 부처님에게 경배를 하고, 스님의 법문이나 목사님의 설교를 듣곤 했다는 유사한 경험이 녹아있다.

　주지하다시피 불교에 대한 신앙심에 접어드는 과정에는 사람의 근기에 따라 부처님의 가르침을 깨닫는 깊이가 다른 설법을 보여주기도 한다. 그 깊이란 신앙심의 차이이기도 하고 배움과 각성의 크기이기도 하다. 그 실상을 보여주는 현장이 사찰이나 불교대학 등의 법당 안에서 엿볼 수 있으며 일요일마다 열리는 법회식의 참여도와 신앙심이 우러나는 자리이타의 공덕을 베푸는 행동에서도 나타난다. 흔히 어떤 종교를 믿는다고 말하는 자연스런 표현 속에는 종교적 의식의 열성적인 참여에 의한 의탁심이 묻어있다. 간구하고 비는 마음만큼이나 실천적 선행이 뒤따르는 거룩한 풍모를 보인다면 더 말할 나위 없이 좋은 종교 생활일 것이다. 그도 아니라면 믿음으로 다가가 종교의 가르침을 따르고, 앎을 행하고 행하다 보면 신앙심만큼 보이는 원만한 세상이 나름대로 열릴 것이다.

　종교적 믿음의 대상이란 법문이고 말씀이며 진리의 가르침이다. 석가모니, 하나님, 알라, 혹은 공자 그리고 여타 종교 창시자들은 경배의 대상일지 모르나 신앙의 대상은 아닐 것이다. 그럼에도 종교적 신념을 지니고 교주에게 기도를 올리며 소원성취를 비는 모습을 나무랄 수는 없을 것이다. 곡진한 자세로 배례를 올리고 참회의 기도를 드리는 모습을 보면 정화수를 떠놓고 두 손을 모으는 어머님들의 엄숙한 행위와 다를 게 하나도 없다. 올곧은 마음의 순수한 간구와 깨달음을 향한 구도심은 거의 비슷한 함량의 정신이 집중되어있으리라 여긴다. 경전이나 성경 등의 진정한 실체에 다가가기위한 개인적 수양이나 공부하는 자세와 기도 그리고 부처상에 삼배, 백팔배, 천배로 올리는 하심의 자세가 비슷한 맥락의 향심向心이다.

종교마다 정도의 차이는 있을지언정 늘 신앙심을 부추기는 자극과 예법 혹은 가르침을 주고 있다. 공경의 자세로 집중과 몰입의 관성을 심어주는 법당이나 교회의 분위기로 점차 독실한 믿음으로 무장된 신자로 변신한다. 특히 하나님과 예수님의 현존을 발양하는 교회의 예식에 기도와 찬송과 설교가 어우러져 깊은 신심으로 향하는 강렬한 믿음의 구도가 펼쳐진다. 스스로 빠져들기보다 전체적 분위기에 휩쓸려 동화되어가는 현상도 보인다. 어느 교회 장로님은 새벽기도와 밤기도를 위해 하루도 빠짐없이 교회에 나간다. 어느 날인가 왜 그처럼 교회에 지성껏 나가는가 물었더니, 홀로 기도하는 불보다 여럿이 모여 기도하는 모닥불이 더욱 활활 타오르기에 나간다고 했다. 뜨거운 기운이 등과 배를 타고 머리에 올라 감격스런 은총의 느낌을 겪는다고 말하기도 했다.

독일 철학자 루트비히 포이어바흐는 "사람은 종교의 시작이며,

종교의 과정이고, 종교의 마지막이다."라고 말했다. 문화적 개별성을 지닌 지구촌의 수많은 나라마다 그 나라만의 독특한 종교의식이 있다. 의식의 형태가 다르고 본질적 믿음의 대상이 다르지만, 구원과 깨달음을 향한 순수한 정신은 모두 유사한 신심의 모습을 향하고 있다. 맹목적이고 광신에 가까운 몰입에 의해 일상적 삶이 피폐하고 삶의 모든 양상이 비정상적 방향으로 가는 극단은 피해야 한다. 그러므로 올바른 신앙인이라면 교리에 대한 깨달음도 중요하지만, 자기를 내려놓는 하심이 경배의 근본이 되어야 한다는 점이다. 그러므로 정화수의 맑은 물만큼이나 순수하고 온전한 어머님의 하심이라면, 그 믿음을 믿는 세상의 품이 아름답고 평화로울 듯싶다.

기다림을 위한 서설

　세상 천지에 기다림이 없는 결실이 어디 있겠는가. 기다림은 시간을 전제하지 않고는 의미가 없다. 시간 속에 기다림이 있고 기다림은 시간 안에 꽃피는 작업을 거듭하는 울림이며 신의 손길이고 영감의 제국이다. 기다림은 정신의 화학적 작용이고 물리적 공간에서 그 깐깐한 성취의 역사가 이루어진다. 기다림은 기대치의 변화와 결과의 폭넓은 지지를 얻지 않으면 그 존재가 허허롭기 그지없다. 인간과 자연에 공존하는 기다림의 광범위한 족적을 아무도 추적할 수 없다. 그러나 자연의 순조로운 순환에 기여하는 기다림에 시선을 주면 조금씩 그 기미를 눈치 챌 수 있다.
　꽃피는 계절의 화음은 인내심을 갖고 봄을 기다리는 자에게 들려주는 자연의 축복이다. 자연과 계절의 순환은 동시적이며 다변적이다. 성장을 위한 진통이든, 변신을 위한 탈바꿈이든, 기다림의 미학 속에 춤추는 시간의 얼개가 자리 잡고 있다. 기다림은 소멸과 정면으로 맞서다 사라지는 눈雪과 같아 차츰 녹으며 작아진다. 기다림의 시작과 끝은 한없이 덧없고 슬픈 동작이다. 머무는 시간마다 감정은 초조와 맞물리며 인내의 촉수를 시험한다. 발효와 부패 과정을 통해 살아있는 모든 생물체에 변화와 소멸을 전가시키는 역동적 투사로 기다림은 일사분란하게 고여 있는 시간이다.

인간 세상에 가득 찬 사랑이 눈물과 그리움으로 만나기 위해 욕망을 투사하는 기다림 속으로 들어가야 한다. 이런 기다림은 불안을 잉태하고 안타까움으로 앵돌아진 갈등과 시새움을 끊임없이 생성한다. 늘 그렇듯이 행복한 결말보다 불행하고 원망스런 인생의 막막한 그늘이 드리워진 운명과 만나기 쉽다. 삼류 소설과 연속극은 그런 기류에 극적 흥분을 독자나 시청자에게 주입하거나 조장한다. 인간의 삶속에 점철된 영광과 절망의 순간도 기다림의 사연을 엮은 연출 뒤에 오는 환희나 슬픔의 현현顯現이다. 그러기에 기다림의 본질은 순수하고 오탁의 냄새가 없다. 연습도 훈련도 필요치 않으며 성격과 상황의 알맞은 논리에 구색을 맞춘 시간의 전부이거나 일부일 뿐이다.

위대한 시와 소설의 탄생은 기다림 안에서 이루어지는 작은 성과이며, 발명과 진보의 만다라도 기다림의 손길을 벗어나 성취된 것이 드물다. 그럼에도 온갖 소망을 걸머진 중생들의 가난한 삶에 그 일생을 다하도록 기다려서 마침내 웃음꽃이 피는 생애를 맞이할지 알 수 없다. 그 알 수 없는 시간의 간극에 고통스런 기다림이 들어앉아 있음을 볼 때 우리의 허망한 기대는 슬픈 노을이다. 기다림의 육체적 영적 과정 또한 지나가므로 서광曙光은 멀지 않다며 희망을 품는다고 해도, 끝이 아름다울지는 알 수 없다. 그렇다면 인간의 만사萬事 중에 가장 쉬우면서 가장 어려운 기다림이 인간을 너무 희롱하지 않았는지 생각해볼 필요가 있다.

  러시아 속담에 '전쟁터에 나가는가, 그리하면 한 번 기도하라. 항해하러 나가는가, 그렇다면 두 번 기도하라. 결혼하러 가는가, 그렇다면 세 번 기도하라.' 라는 말이 있다. 결혼에 세 번 기도하라는 뜻은 기다림의 대사大事가 일생의 끝까지 갈 만큼 길다는 의미다. 결혼의 축복과 더불어 감당해야 할 시련과 고통도 죽음의 끝에 이르도록 걸머져야 할 멍에임을 증거하고 있다. 그런 의미에서 인생의 기다림은 어떤 의미에서 울음이고 슬픔이다. 그 사이사이에 기쁨과 열락이 기다림과 연계되어 피었다가 질 것이다. 모든 기다림에는 적절한 발효의 시간이 필요하기에 설익은 기다림으로 온전한 작품을 기대할 수는 없다. 기다림이 좋은 시절과 기다림이 저주스런 순간도 마음의 여유가 주는 감각의 촛대 위에서 불꽃처럼 타오르다 사라져 갈 것이다. 그렇지만 기다림의 끝에 성취된 결과는 항상 긍정적이지 않다. 눈물과 한숨, 희망 등으로 인생의 모든 믿음을 걸고 기다린다 해도 기대한 결과가 나타나지 않은 운명은 어떻게 할 것인가.

  사뮈엘 베케트 (1906-1989)의 노벨 문학상 수상작 『고도를 기다리며』는 부조리한 삶의 현실에서 인간의 기다리는 일이 얼마나 무위한 도로徒勞인지 여실히 보여준다. 이 작품에는 특별한 줄거리나 사건이 존재하지 않는다. 유형적인 동작의 본류는 등장인물의 기다림이다. 블라디미르와 에스트라다 공이라는 두 인물이 '고도'를 기다리며 우스꽝스럽고 기이한 이야기를 늘어놓는다. 황량한 배경, 해체된 사고, 비정상적인 우행들이 무대 전면에 등장하여 인간의 자유, 꿈, 혹은 신을 갈망하며 한없이 기다리는 장면을 보인다. 푸조와 럭키 그리고 소년에 이르기까지 부조리한 무대에 황망함을 보태며 마냥 기다리는 연기가 대부분이다. 기다리고 기다렸지만 끝내 '고도'는 오지 않고 여전히 의미 없는 기다림이 계속된다. 실체도 없고 실현될 목표도 없는 기다림과 그 기다림의 대상인 '고도'까지도 의심스런 대상이 되는 부조리 투성이다. 그런데도 기다림은 여전히 진행되는 시간의 줄기를 타고 있다.

『고도를 기다리며』의 주인공들과 마찬가지로 인간 세상의 현실에 갈망의 상징으로 나타나는 행복과 희망, 자유 등의 영원한 향수가 기다림으로 이루어진 인류 역사가 드물다. 역사의 행간을 살펴보면 전쟁의 살육과 파괴의 수없는 되풀이에도 시간의 흐름과 기다림을 거쳐 이룩된 결과는 덧없는 바벨탑에 다름 아니었다. 역사는 기다림의 몸부림이 크면 클수록 황망한 무질서의 수렁 가운데 희망과 구원을 갈구하는 군상들이 더욱 증가함을 보여주고 있다. 일부는 기다림에 의한 설렘과 기대가 충족된 작은 이상향을 찾고도 또 다른 큰 이상향을 꿈꾸며 기다리는 부조리한 현실이 여전히 이어지고 있다. 이에 따라 끝없는 욕망과 모순으로 가득하여 황폐해진 현실에 '고도'나 신을 기다린다고 해서 다가 올 이상향은 없을 것이다.

그럼에도 자연 생태계와 동물계의 얽힘이 자연스럽게 조율되어 나타난 세상은 또 다른 세상과 만나기 위해 기다림의 여행을 꾸준히 계속한다. 기다림 속에 인간의 탄생과 소멸의 과정이 진행되고 자연은 성장과 쇠퇴 현상을 보인다. 자연의 진화와 적응의 단계에 어느 곳 하나도 기다림을 거치지 않은 구조물은 없다. 그렇다면 우리의 기다림은 무엇을 위한 신기루인가. 사랑, 야심, 탐욕, 원상회복, 그리고 모든 추상적 갈망들이 삶의 그물망에 촘촘히 빛을 발하고 있다. 아쉽게도 그들 모두 결국 소멸을 기다리는 꿈들이다. 우리의 신기루는 기다림을 위한 기다림의 화신이다. 그럼에도 우리는 삶이 지속되는 한 신기루가 현실이 될 때까지 계속 기다리고 기다려야 할 것이다. 적어도 기다리는 시간에는 약속한 누군가의 발자국 소리가 들려올 것을 기대하는 가슴이 뛰지 않겠는가.

영혼의 천묘遷墓

　참으로 태어남은 순서가 있지만, 죽음은 순서가 없다는 말이 진리임이 분명하다. 그러면서 태어남은 어머니들의 비슷한 진통의 과정이 동반된 상황이지만, 죽음은 온갖 형상의 진퇴유곡에 직면하는 종말의 과정을 밟는다. 남녀노소 귀천을 막론하고 죽음의 형상은 질병과 헤아릴 수 없는 사고 등으로 점철되어있어 마지막 모습에 미추의 선택이란 무의미하기 짝이 없다. 오로지 분명한 것은 로마 시인 마닐니우스 말대로 '우리는 태어나자마자 죽기 시작하고 그 끝은 시작 즉 태어남과 연결되어있다.'는 삶의 여로일 뿐이다.
　나의 아버님은 50대 초반에 돌아가셨다. 그것도 나의 신혼여행 다음날이었다. 신혼여행에서 돌아온 날 아내와 나는 부모님께 큰절을 올렸다. 아내는 약주 한잔을 아버님께 드렸고 달게 드시는 모습을 지켜보았다. 그리곤 두 번 다시 잔을 드릴 기회가 없었다. 밤사이 아버님이 심장마비로 돌아가셨기 때문이다. 아내는 경황이 없는 중에도 눈물을 흘리며 지난밤 꿈 이야기를 했다. 허허벌판 외롭게 서있던 내가 갑자기 오른팔이 쑥 떨어져 나가는 꿈을 꿨다고 했다.

아버님의 황당하고 갑작스런 타계로 신혼생활은 암울하고 무미했다. 아버님이 남기신 빚의 분간이 어려웠고, 생전 만나보지 못한 사람이 장부를 보여주며 돈을 갚으라고 요구하기도 했다. 술을 좋아하셨던 아버님이 여기저기 외상술을 드셨던 경우도 있었고, 가을걷이 후에 갚기로 하고 가마니 쌀값을 쌀가게에서 빌려 쓴 것도 있었다. 여러 신산스런 우여곡절을 겪으며 차근차근 해결해나갔다. 세상인심과 살림의 이치를 배우며 아버님이 남기신 유산을 어머님과 상의하여 정리하고 가름했다. 예상외로 빚이 감당하기 어려울 만큼 많았다. 절망적인 수준은 아니었으나, 그 빚을 갚는데 오랜 세월이 걸렸다. 나는 그 빚의 시련에 무거운 하중을 느끼지 않았다. 그 이유로 나의 능력을 믿어서가 아니라 맏아들로 마땅히 짊어져야 할 도리로 여겼기 때문이었다.

아버님의 묘소는 고향집에서 100m가량 떨어진 뒷산으로 정했다. 가족 선산이 없었기에 땅임자의 동의를 얻어 아버님을 모셨는데 35년 이상을 그곳에 계셨다. 당연히 작은 언덕만한 산에 좌청룡 우백호와 주작 현무를 갖춘 길지이길 기대하기란 언감생심이었다. 풍수해를 염려하지 않아도 될 남향받이가 그나마 다행이다 싶은 지형이었다. 묘소가 보이는 뒷밭은 일터이며 쉼터였다. 어머님은 밭일을 할 때마다 무덤과 그 주위에 무성하게 자라는 잡초와 잡나무들을 바라보며 깊은 상념에 젖곤 하셨다. 가끔 "풀들과 나무들이 쑥쑥 크는 것은 네 아버지 뼈의 힘이 밀어 올리는 기세인거여"라고 말씀하셨다. 그러나 나는 해마다 두 번씩 7월과 추석 즈음에 뼈의 힘으로 자란 질긴 잡초와 나무들을 베어내느라 얼마나 힘든지 모른다고 어머님께 푸념했다.

수십 년간 한 번도 어김없이 시행했던 벌초 작업은 나 홀로 이뤄졌다. 으레 나의 의무였고 기꺼운 노고였다. 집과 가까운 거리인데다 낫과 톱의 간편한 도구와 옷차림으로 가볍게 나설 수 있기 때문이기도 했다. 실제 벌초 작업은 세월이 흐를수록 점점 더 고단하고 땀방울로 옷이 온통 젖어 힘들었다. 그래도 말끔히 벌초된 무덤 앞에서 간단한 음식과 술잔을 놓고 절을 올렸다. 나는 부모님 결혼 후 5년 만에 태어난 큰아들이었고, 자애로운 애지중지의 손길로 자랐다. 그런 연유로 나는 아무리 효심을 다한 정성을 기울인들 부모님의 헌신에 남부끄럽지 않은 보답을 할 수는 없었다.

어머님은 아버님이 유명을 달리하신 후 30여 년을 이승에 계셨다. 경증 치매가 있었으나 요양병원에서 식사를 잘 하셨기에 안심하고 있었다. 나의 둘째 아들이 결혼하고 열흘 뒤에 돌아가셨다. 결혼식 전후로 어머님에게 다녀갈 발길을 소홀이 한 사이에 이승을 떠나신 것이다. 임종을 지키지 못한 비절참절한 슬픔 중에 어머님의 장지를 공원묘원으로 정했다. 그리고 동시에 아버님 묘의 이장도 추진하여 어머님 곁에 모시도록 뜻을 모았다.

아버님 묘지에서 이장을 위한 첫 삽을 뜨면서 나는 아버님 뼈가 나에게 건네는 삶의 서사가 어떤 의미를 던져주는지 추념해보려고 했다. 왜냐하면 나의 눈으로 살피는 아버님 뼈보다 내 뼈를 먼저 아버님께 보이였을 절망적 사태를 두 번 겪었기 때문이었다. 한 번은 국민학교 3년 광주 이비인후과 병원에서 나의 왼쪽 귀 수술이었다. 어머님 말씀으로 날 때부터 왼쪽 귀를 손으로 부비며 울음을 그치지 않아 귀가 아픈 줄 알고 귀에 젖을 짜 넣었다고 하셨다. 그로인해 귀의 농이 악화되어 줄곧 자지러질 듯한 울음 소리를 내었다고 했다. 읍내 병원을 다니며 온갖 치료과정을 거쳤으나 부지하세월이었다. 귓속 달팽이관 너머로 화농이 진행되어 귀로 약을 넣거나 치료를 하기가 불가능하였다 했다. 나의 기억으로 귀 뒤쪽 뼈를 망치로 두드려 깨고 곧장 화농 부분으로 약을 투입하려 했던 고통스런 수술이었다. 마취도 덜 된 채 진행했던 두 시간의 생생한 신음과 울음소리로 수술실 밖 아버님은 눈물을 흘리며 가슴을 조이고 나의 살아남을 비셨다고 했다. 나는 하루 반나절 기절 끝에 의식을 찾았다.

두 번째 국민학교 5년에 홍역에 걸렸을 때였다. 몸이 약한 데다 고열에 시달리면서 밥을 먹는 족족 토하여 탈진에 이르렀다. 물로만 열흘 이상 연명하며 죽음 직전에 이르기도 했다. 그냥 누워있으면 방안이 빙빙 돌았다. 정신을 잃고 깊은 잠에 빠지면 밖에서 아버님이 이름을 불렀고, 어머님도 우시며 이름을 불러댔다. 희미한 목소리로 대답하면 그때야 살아있음을 확인하고 안도의 한숨을 쉬었다고 하셨다. 어느 날 목이 간질간질하여 있는 힘을 다하여 기침했

더니 회충이 튀어 나왔다. 아픔 중에도 회충을 보고 소리 내어 슬피 울었다. 그 일을 계기로 차츰 열이 가라앉기 시작하여 홍역을 건넜다.

아버님은 매번 위기 때마다 나의 죽어가는 모습을 보고, 가슴속이 까맣게 탔을 것이다. 나는 아버님 앞서서 참절한 액운을 당할 뻔했던 때가 몇 번 있었다. 하지만 그런 나를 포기하지 않고 보살펴주신 은혜를 잊을 수 없다. 아버님이 술을 좋아하셨고, 신산스런 삶의 와중을 잊으려 중독만큼의 상황에 이르렀던 업보의 한쪽에, 나의 귀 수술과 홍역의 치명적 고비의 아찔함이 깃들어 있을 것이다. 또한 나에게 걸었던 작은 기대와 희망이 이루어지지 않는 아쉬움도 마음속을 태웠을 듯싶어 못내 가슴 아프다.

파묘가 끝나 다 썩은 나무 관을 제치고 아버님의 뼈를 보았을 때, 나는 아연하고 섬뜩하여 잠시 눈을 돌렸다. 그저 뭉툭하고 약간 검고 희며 회색인 뼈들이 있는 그대로 모습을 드러냈다. 머리뼈 한쪽은 물에 잠겨 삭았고 두 검은 동공 아래 치아들이 가지런히 보였다. 미래의 내 뼈로 내밀 직핍한 형체를 앞서서 보여주심으로 하여 덧없는 삶의 결과를 설파하고 계신 듯싶었다.

나는 아버님의 뼈 앞에서 연신 고개를 수그리며 눈을 적셨다. 아버님 타계시의 나이보다 20여 년을 더 살고 있는 나의 연명의 축복이란 부모님의 핏빛어린 고난으로 얻은 결과물이었다. 아버님 뼈의 아득한 침묵이 주는 기맥은 꾸중하고 편달하며 오순도순 살다가는 삶의 명암을 암시하는 느낌이었다. 이런 의미에서 뼈는 윤리와 가풍 그리고 추억에 서린 그리움의 영혼이었다. 영혼의 가르침과 영혼이 풍기는 영성을 끊임없이 자각하는 힘으로 유전과 그 형질이 자손에게 연면히 이어진다고 생각한다. 나는 불효의 통절로 내 심신의 회한이 사무친 채 아버님 영혼의 천묘를 거행했다.

외출에 매달린 삶

　매일매일 외출에 매달린 끈이 팽팽하다. 그래서 긴장하고 경계심이 감도는 마음이면서도 때로는 평안하고 유쾌한 기운이 서려 있기도 하다. 가족의 생계가 달려 있는 끈이며 안녕의 기반이 연결되어 있기도 하다. 다람쥐 쳇바퀴 돌 듯 비슷한 일상의 외출이 지속되면서도 해이해져서는 안 됨을 느낀다. 그날그날의 무연히 익숙한 일거리가 진행되는 직장이나 작업장으로 외출의 발걸음을 옮기는 모습이란 거룩한 일상이다.
　외출의 사연에 따라 삶의 무수한 대화와 행동들이 전개된다. 시간의 매듭마다 이어지는 외출의 연속성 속에 성취와 실패가 오고 갈 뿐 아니라, 소득과 분배도 이루어지기도 한다. 특별한 경우를 제외하고는 외출은 반드시 귀환을 동반한다. 일상적으로 일생동안 되풀이되는 외출과 귀환이 삶의 가장 중요한 지표이며, 생존의 환경을 보장하는 문화적 고리가 된다. 가족과 사회와 국가가 그런 외출과 귀환의 안정적 고리 안에서 모든 삶의 질서가 유지되어야 함은 두말할 나위가 없다.

  인간의 삶에 외출이 없는 생활의 경계란 없다고 해도 과언이 아니다. 그럼에도 외출이 없이 생을 마감 짓는 불행한 인생도 더러 있는 것 같다. 사지가 마비됐다든가, 식물인간 상태로 있다던가, 또는 전염성 질병과 흉측한 얼굴의 드러냄을 싫어하여 외출을 하지 않는 그런 경우를 들 수 있다. 어떤 경우든 삶의 유동적 아름다움은 순조로운 외출에 있음을 강조하지 않을 수 없는 소이연이 있다. 외출이 없는 폐쇄적 생활은 고통스런 생명의 연장이며 비극이다. 외출을 삼가하고 근엄한 자기 수양에 몰두하는 수행자들이라면, 스스로 찾아든 은둔 생활이기에 들고 나감이 없을 것이다. 대인 기피증에 걸린 사람들도 그 나름의 심리적 장애 때문에 바깥나들이를 싫어 할 수도 있다.

  그럼에도 바깥나들이의 모든 행위의 첫발에 묻어있는 기대와 계획과 약속이 삶의 문을 여는 근본임을 부인할 수 없다. 대체로 확실하게 예정된 일거리가 기다리고 있으며, 길고 짧은 성취와 실패의 모습이 연출되기도 한다. 몸으로 엮어지는 부딪침으로 하루의 여정이 풀려 나간다. 외출이 가져다주는 어떤 사건의 발단이란 운명처럼 알 수 없는 소용돌이 같기도 하고, 뻔하고 평범한 일상이 되기도 한다. 외출이 항상 평화롭고 순탄한 일정으로 진행되는 사건의 첫발이 되지 않는 경우도 있다. 일테면 감옥으로 들어가는 외출이거나 장기간의 배를 타러 나가는 외출 등, 외출 중에 공교로운 사건과 마주쳐서 생기는 불의의 사고에 의한 일상의 손상으로 그 맥이 끊기는 경우도 있을 것이다.

　프랑스 소설가 모파쌍의 '진주목걸이'의 주인공인 문부성 하급관리 아내인 로와젤의 외출을 생각한다. 그녀는 가난하게 살고 있지만 상류사회의 화려한 파티문화를 동경했다. 자의식이 강하고 자신의 미모에 대한 자긍심도 있어서 상류사회의 파티에 초대받아 참석하고 싶어 했다. 마침 남편이 문부대신의 파티 초대장을 자랑스럽게 내밀며 파티 참석을 권했다. 남편은 큰돈을 들여 파티복을 마련해 주었고, 파티복에 어울리는 진주목걸이를 친구인 포레스티에 부인에게서 빌려 목에 걸고 파티에 참석했다.

　상류사회 파티장에 어울릴 미모와 반짝이는 목걸이의 치장으로 만장의 주목을 받으며 춤을 청하는 이마다 어울려 춤을 추었다. 파티가 끝나 집에 돌아와 보니 자기 목에 걸려 있어야 할 진주목걸이가 없어졌음을 알았다. 고민 끝에 수만 프랑을 빚을 내서 같은 목걸이를 사서 친구에게 돌려주었다. 그로부터 10년간 진주목걸이로 인한 빚을 갚기 위해 고통스런 일거리를 주야로 해내지 않으면 안 되었다. 빚을 다 갚았으나 얼굴은 주름살로 시들었고, 복장은 형편없이 남루한 모습으로 남았다. 어느 날, 로와젤은 친구인 포레스티에를 만났는데, 지나간 이야기를 하다가 진주목걸이에 대한 그간의 사정을 말하게 되었다. 포레스티에는 눈물을 글썽이며 그 목걸이는 500프랑에 불과한 가짜 목걸이였음을 밝힌다.

　하룻밤의 화려한 외출 한번을 위해 로와젤이 치러야 했던 대가치고 가혹하기 짝이 없었지만, 인간세계에서 벌어지는 사연들 가운데

로와젤 이상으로 외출의 잘못된 결과로 수많은 화를 당하는 사람들이 많다. 심지어 목숨까지도 외출의 결과로 잃어야 하는 사람도 있다. 평범한 일상사의 예정에 외출은 필연적 구도 안에 잠재되어있기에, 특별한 일이 아니라면 바뀌지도 않을 삶의 진로다. 시간과 장소의 다채로운 배경에 담긴 인간들은 의도된 목적에 걸맞은 삶을 마냥 끌고 갈 수밖에 없다. 외출로써 목숨을 잃는다 한들 차안의 세상에서 일어날 수 있는 사안들을 사람들이 일일이 헤아릴 수 없기에 외출은 계속 이어진다. 인간 능력의 한계 내에서 벌어지는 파격과 변화와 갑작스런 전환이라 해도, 사람들의 눈앞에 삶의 풍경이 펼쳐지는 한, 어떤 형태의 행복과 불행한 풍경과 마주쳐야 한다. 평지풍파가 없는 화평한 나날을 기원하겠지만, 그런 바람이 모두 이루어질 수 없는 세상이다. 어떤 순탄한 외출의 인생을 살았다 해도, 그 끝은 주검이 된 몸으로서의 외출로 마감되는 게 일반적인 수순이다. 삶의 무대가 열리고 닫히는 관성적 활동의 끝에 이르러, 마침내 주검의 마지막 외출로 삶의 끝을 맺는다는 것이 왠지 씁쓸하고 처연한 느낌이 든다. 인간 뿐만아니라 자기 삶의 구역을 떠나거나 죽는 짐승들도 그 나름의 마지막 외출은 귀로가 없기는 마찬가지다. 세상에 던져진 순환의 고리에 외출은 생명이면서 삶의 여정이고 끝맺음이 눈에 훤히 보여 유장한 적막감과 허무감이 가슴에 사무친다. 그래도 삶에 외출의 시작과 끝이 있어 가족과 사회의 양양한 활기가 펼쳐지며 인류문명의 발전을 이룩하기에 그 발걸음이 멈춰서도 안 될 것이다.

코에 실린 거룩한 장광설

　옛말에 '귀 잘생긴 거지는 있어도 코 잘생긴 거지는 없다' 라고 했다. 관상을 볼 때 코를 얼굴의 기둥으로 본다. 코는 재물을 상징한다. 그런 의미에서라면 세상의 일반적인 정서상 부富를 좋아하고, 부자가 되고 싶다면, 코의 성세를 간과할 수 없겠다. 그뿐만 아니라 코의 형상에 따른 코와 얼굴의 조화로운 균형이 미인과 미남을 가르기도 할 것이다. 또한 코만 보고도 첫 인상부터 본능적 매력을 느껴 상대편에게 마음이 쏠리는 사람도 있을 것이다.

　눈의 아름다움에 가려 코의 미적 가치를 외면한다면, 미모의 균형적 조화를 포기해야 한다. 남녀를 불문하고 코의 멋있음과 아름다움을 위해 성형수술을 통한 코의 미적 변신을 시도하는 사람들이 많아졌다. 이제 미모의 탐구에 거슬리는 들창코, 매부리코, 주먹코 등이 예쁜 코로 바뀌는 양상이다. 유명 텔런트나 배우치고 매력적인 코를 갖지 않은 사람은 거의 없어 보인다. 그뿐만 아니라 재벌의 사장이나 기업체의 수장들의 코를 유심히 살펴보면, 코가 얼굴의 중심으로 봉긋이 솟아올라 오연한 균형을 이루고 있음을 볼 수 있다. 그러고 보면 얼굴의 모든 혈기를 모아 단아한 차림새를 갖춘 채 주변을 아우르고 압도하는 코의 은근한 기세야말로 아무리 강조해도 지나치지 않는다.

코의 기능적인 역할은 크게 두 가지이다. 하나는 숨쉬기이고 다른 하나는 냄새 맡는 것이다. 숨쉬기와 냄새 맡는 기능은 거의 동시적이다. 가장 철저하고 본능적인 숨쉬기를 위한 기능은 모든 생식기능에 우선한다. 숨쉬기 앞에서 다른 기능들은 작아지고 양보하고 때를 기다리는 의무에 순응해야 한다. 물론 숨쉬기의 바람구멍은 코 외에 입과 전신의 피부에도 있다고 하지만, 코를 막고 쉬는 숨이란 부자연스럽다. 입으로 호흡하는 것은 면역기능을 파괴하고 많은 병을 일으키는 원인이 되며 먼지를 거르거나 유해한 병원균을 제거할 수 없다고 알려졌다.

코의 고성능 공기 청정기 역할이야말로 신체기능의 정상적 운용과 외부의 해로운 병원균의 침입을 막는 파수꾼이다. 어떤 형태의 부자연스런 숨쉬기이던 장수長壽로 가는 건강 유지에 도움이 되지 않는다. 그리고 코는 냄새 맡는 기능이 소실되지 않는 한 냄새의 환희를 벗어날 수는 없다. 냄새의 쾌락으로 전신의 의식은 종종 흥분의 세례를 받아 가볍게 떨기도 하며 사랑의 희열을 맨 먼저 감지하여 감격적 의식 활동에 몰입한다.

얼굴에서 항상 가장 먼저 노출되는 콧마루와 두 콧구멍에 삶의 온갖 애환이 들락거린다. 세월을 건너가며 냄새의 기억 속에 반영되는 어느 시절과 만나기도 한다. 대체로 씩씩거리며 화를 내거나 흥분하거나 고뇌하는 순간, 코의 표정 속에 얼마나 많은 사연들이 호흡의 들락거림 속에 오고 가는지 상상하기 어렵다. 탐스럽게 예쁜 여성의 코는 그 자체가 매력적인 꿈의 표상이며 시선의 집중을 받는 갈망의 화원이다. 콧방울의 작은 흔들림조차 그리운 상상으로 몽매에도 잊지 못할 지경에 이르면 그 상대는 연모의 덫에 기꺼이 빠졌음을 고백한 것과 같다. 또한 남성의 잘생긴 코에는 온갖 경쟁을 거친 역사의 틀이 보이고 위엄과 야심의 분위기를 풍긴다. 여자가 남자의 반듯한 콧날위에 내려앉은 고독한 그리움을 읽어 냈다면, 그 마음으로 발산하는 사랑의 냄새에 이미 익숙해졌으리라.

대저 남성의 콧김에는 존엄과 고집의 상징을 드러내는 바람이 흘러나오는데 그 기세가 클수록 기대하는 욕망도 크다. 불같이 화를 내는 남자의 얼굴을 보면 입과 눈과 코가 합세하여 온갖 위협을 연출한다. 숨소리조차 잠시 멈춘 채 코의 권위를 앞세운 코의 웅혼한 기세를 맹렬히 상대편에게 발산한다. 분노한 말투와 제스처가 코에 몰려 진저리치는 콧등 주름과 함께 흔들리는 콧구멍의 연기가 눈부시게 빛난다. 코웃음으로 노기서린 자만심을 들어내는 코의 모습은 화풀이를 위한 전초기지이다. 그러나 교만과 무시로 가득한 코웃음 속에 한 사람의 어설픈 판단이 자아낸 실수도 있다.

콧노래는 구속과 형식이 없이 자유로운 방종으로 흘러갈지라도, 갈등과 미움의 시선을 받지 않는다. 가벼운 노래와 시와 흥분까지 콧노래의 가락 속으로 끌고 와 한 세월을 흘러 보내노라면 심신의 고뇌는 조금씩 잊혀 질 것이다. 코가 나타내는 일상은 무형이면서 유형이고 인생의 중심이면서 중심을 비껴가는 생명의 요체가 되기도 한다. 숨쉬기와 냄새의 바른 기능과 감각으로 코가 연출하는 세상 무대를, 그리고 개인의 삶의 무대를 아름답게 가꾸는 것이 중요하다.

끊임없이 진행되는 호흡에는 생명의 진동과 본능적인 들숨과 날숨이 체화되어있어 갖가지 질병에 노출되는 것을 막을 수 없다. 비염과 부비동염, 축농증 그리고 비루, 등, 염증성 질환과 후각기능의 이상에 이르기까지 종류가 다양하게 나타나는데 이는 세상에서 살아 남기위해 불가피하게 치러야 할 대가이다. 코에 의해 진행되는 삶의 경계에 콧물은 인생의 주류이며 뜨거움과 차가움 모두 차안此岸에 있고 감격과 슬픔의 눈물마다 동시에 등장하는 농밀한 콧물이 흐른다. 어린 시절 어른들이 닦아주던 노란 콧물과 성장 과정에 흘러내린 콧물에서 삶의 족적을 찾는다면, 한 인간의 다사다난한 인생 역정이 고스란히 담겨있는 성장과정의 진수眞髓가 드러날 듯싶다.

냄새에 대한 사람의 본능은 어떠한가. 알다시피 귀와 코는 열려있는 구멍을 마음대로 조절할 수 없어 수시로 들어오는 소리와 냄새를 막을 수 없다. 누구나 역겹고 부패한 냄새를 가려 맡을 수 없으므로 풍겨오는 냄새에 고스란히 노출된다. 냄새감각의 초월을 원한다면 숨쉬기를 멈춰야만 한다. 화재가 발생한 곳에서 불에 타서 죽기도 하지만, 타지 않아도 냄새와 산소 부족으로 죽기도 한다. 생명의 통로인 코가 얼마나 중요한지 늘 감지해야 할 이유가 분명하다.

　성경에 근거하면 흙으로 만든 인간의 코에 신이 입김을 불어넣어 생명을 깃들게 했다는 이야기가 나온다. 코가 생명의 원천인 이유를 성경에서 직시하고 있음을 볼 때, 들숨과 날숨의 작용이 끝나면 흙으로 돌아가는 이치가 설명된다. 인간의 냄새에 대한 기억은 가족의 체취 속에서 시작되어 접촉하는 모든 타인에 이르기까지 애증의 기록과 함께 저장된다. 삶의 과정이 온전하게 진행되었다면 그 냄새의 제각기 다른 독특성에 깊이 물들어 있다는 증거이며, 동물들의 본성만큼이나 자신들의 영역 지킴이 순조로웠다는 뜻이다. 생명 현상의 모든 유용성에 본능적 욕구 분출이 등장할 때마다 냄새의 황홀이 얼마나 많은 역할을 하는지 모른다.

　앞을 향한 콧구멍의 짐승들은 주로 먹을 것과 살아남는 본능을 충족하려는 모습이다. 전경을 향한 시선과 냄새감각의 수월성이 적과 먹을 것을 분간하도록 발달되어 있다. 그런데 사람의 코는 아래를 향하고 있다. 이는 생존의 본능 외에 자존과 위엄을 지키는 인간 고유의 기능을 위한 모습이다. 더하여 가장 거룩한 모성의 발현을 위한 형상이기도 하다. 어린 아기의 분변을 확인하고 치우며 수유의 자세에 건강 유무를 확인하는 냄새를 맡도록 아래로 향한 코의 방향이 경이롭다. 어머니란 이름의 향수에 냄새의 그리움이 누구에게나 서려 있음을 보면, 코는 설렘의 영원한 고향이기도 하다. 생명의 유로는 코로 숨쉬기 시작하여 극적인 마지막 숨까지 유장한 개인의 역사가 된다.

제6부

시간의 끝맺음

죽음, 그 경험할 수 없는 비애
죽음의 달관과 구원은 어떻게?
죽을 복을 좋아하는 사람들
생명의 문을 닫기에 좋은 계절은 없다
삶의 파도, 눈물
발의 율동은 생명을 좌우한다
소갈머리 없는 본능

죽음, 그 경험할 수 없는 비애

나는 경험할 수 없는 죽음에 아득한 증오심을 품는다. 처음 생명을 받아 세상에 태어난 순간부터 벗어날 수 없는 굴레이면서 애써 외면하고 망각하며 살았다. 어느 날 문득 가슴을 치는 번개이며 천둥소리로 내 의식의 바다을 하얗게 물들이며 심장의 요란한 고동소리로 하루 종일 울렸다. 방황하며 놀라움과 섬뜩한 비명을 지르며 어찌할 바를 모르는 소스라침으로 나는 굳은 바위가 되었다.

정녕 존재의 왜소한 절멸이 세상의 온갖 빛으로부터 차단이 되는 의미가 정당한 것인가. 마음에 감도는 낙심으로 텅 빈 하루는 시간이 아니었다. 도대체 살아있음의 가치가 무엇이기에 죽음에 의한 망각이 이토록 무섭고 심각하며 절망적인가. 삶의 율동적인 질서의 무대에 거친 고뇌가 있음을 당연시하며, 그저 주어진 만큼 생명의 창성을 즐기며 살았는데. 선과 악의 정서적 구별과 그 순응을 무겁게 받아들이며 살았던 순진한 무심으로 주어진 업을 성실히 수행했는데, 왜 죽음의 강이 흐르고 있는가. 그 끝에 이르는 한계상황을 심신으로 느끼며 물들어갈 때마다 오금이 저리고 희고 검은 꿈들만 무섭게 소용돌이치곤 한다.

어느 날 너무도 맛있어서 졸깃졸깃한 음식의 저작을 즐기는 시간, 그리운 이를 만나 따뜻한 체온을 느끼고, 교류하며 반가운 눈물을 흘리는 순간, 푸른 초원의 신선한 바람 따라 평화와 온기를 느끼며 숨을 깊이 들이 쉬는 황홀한 희열의 순간, 등산 중 몸의 율동이 규칙적 이완을 거쳐 전신에 흐르는 몸의 기운이 발걸음에 기분 좋게 전달되는 순간, 온몸을 바쳐 연구하고 탐구하여 마침내 만들어 낸 성과물을 사람들에게 인정을 받았던 순간, 그게 시간이나 순간의 끝이며 죽음으로 가는 길목의 일부이었던 것을 알아야 할 자각이 필요한 것인가. 참으로 받아들이기 힘든 멍에이며 명제이다.

시간 구석마다 평화였으며 잘 짜인 연극 무대의 주인공으로 가슴에 쌓인 혼란을 풀어가는 희열을 얼마나 멋있게 가슴 속에 품었던가. 사랑으로 다져진 정으로 하루하루가 청아한 교류였으며 접촉이었고 더 깊은 애정으로 세상에 태어난 기쁨을 누리는데 어느 한 티끌도 방해받지 않기를 염원했다. 언제나 고고한 성곽으로 둘러싸인 나의 방에 나의 게으른 습관을 부려놓고 천천히 의식하는 시간으로 일기를 썼다. 정작 하는 일이라곤 삶의 생기를 즐기며 무위로 욕심을 다스리는 수행을 지속했다. 성인을 존경하면서도 성인이기를 포기한 나의 이념에 충실하여 게으른 타성을 반성하지 않았다고 해서 사라져가는 것에 달관할 수는 없다. 사랑을 사랑하지 않았으므로 인생은 굴곡이 많았고 춤과 노래와 오락 등에 거리감을 두고 살았다.

필멸 앞에서 두려움과 공포로 물든 사람들의 행태는 종교의 품에서 위안과 믿음을 촉매 삼아 구원받기를 원한다. 그런 기원으로 날을 지새우는 나와 다른 타인의 지고한 삶을 들여다보고 싶었으나, 마음으로 여는 소통의 방법과 성품의 번듯한 밝음이 없어 알뜰한 정감으로 많은 사람들을 사귀며 살고 싶은 생각을 포기한지 오래다. 사실상 타인의 모든 영역은 호기심의 대상이면서도 들여다 볼 깊은 내용이 없을 것이라고 간주하며 살고 있다. 도대체 인간 대 인간의 심리와 취미 그리고 생각의 갈래로 다듬어진 둥지의 구조란 어떤 식으로 해야 신비스럽고 경이로운 다름이 있겠는지 모른다. 기껏 차리고 나선 모든 것은 위선이 반쯤 뒤섞인 피부 속에 감춰져 있다. 음모와 술수는 적 대 적에서만 시행되지는 않는다. 정상적 사귐이나 거래에서도 감추고 나서는 사연들이 얼마나 많은지 모른다. 특별한 비밀이나 숨길 수밖에 없는 개인의 치부 혹은 결점까지도 호기심의 대상이지만, 이들은 밝혀져서는 안 될 삶의 순수성이기에 위장된 의미가 개입되어 있음을 짐작하는 것으로 만족할 수밖에 없다.

다름의 고유성이 지켜지고 있기에 세상은 살만하다고 여긴다. 같은 삶의 구조나 같은 맥락의 사유가 동일한 공간과 시간에 진행된다면, 세상의 흥분과 놀라운 사건들은 어느 구석에도 없을 것이다. 그게 무슨 삶의 다양한 풍물거리를 세상에 펼치며 차이를 즐길 수 있을 것인가. 차이가 있음이 침해받아서는 안 될 고귀하고 존중할 만한 공간과 시간이기에 질병도 다르고 다양한 경험 구조 속에 각기 다른 놀이에 열중하며, 낳고 헤어지며 눈물과 고함 등이 다른 차원에서 풀려나오는 것이다.

때로는 낯익은 얼굴과 낯익은 만남이 순탄하게 이루어져야 삶의 심각한 알력이 없을 것이다. 모든 사건의 발단은 고의성 짙은 욕망과 악의적 시도로 야기된다. 필요 이상의 과장된 피해의식과 권위 또는 근거 없는 미움으로 감정의 벽을 쌓고 외로움의 깊은 성채 안으로 칩거하는 사람들이 있다. 걸핏하면 싸움을 걸고 분노를 폭발시키며 믿음과 신뢰의 안정된 사회성을 포기하는 이단아들도 존재한다. 그 세계도 경험할 수 없다.

사람마다 결정적이며 타인이 도전 가능하지 않은 걸출한 우성인자 하나씩 지니고 있다. 항상 낮은 자세로 남에게 앞서는 것은 아무것도 없다고 겸손을 떠는 사람이 있다. 그럼에도 겸손 그 자체가 다른 이가 따를 수 없는 우성인자로 작용하고 있음을 본다. 형형색색의 다른 우성인자로 사람의 다름이 빛나기도 하며 그 나름의 신비한 장점을 은근히 보여주기에 어떤 의미에선 탁월한 매력으로 각인되기도 한다. 누구나 한 가지씩 지니고 있는 우수한 재주나 기능으로 가정의 복락을 유지하거나 만들어가며, 기업이나 대규모 회사를 일으키기도 한다. 우수한 기능으로 각기 다른 삶의 축도가 형성되며 다른 사람들에게 범접할 수 없는 생업의 틀을 견고하게 쌓게 되는 것이다.

이 평범한 삶의 구조 안에서 안락과 희열을 자기 습관과 감정으로 누린다고 해서 잘못은 없다. 간섭과 관심의 모든 시선이 부담스러운 성품으로 고유한 생활양식을 지키고자 하는 사람의 세계가 있다면, 당연히 침해받지 않고 자유롭게 살 권리가 있는 세계도 있다. 생각과 삶의 방식이 검거나 희거나 오불관언에 충실해야 하며, 병이 들거나 아수라의 신음으로 죽는다 해도 눈길조차 줄 필요가 없다. 남에게 아무런 피해 없이 생명 영위의 고유한 활동을 확장하는 모습을 오히려 애정의 눈으로 지켜볼 여유도 있어야 한다. 뭔가 긍정적 소망을 빌거나 진리에 대한 깨달음을 얻기 위한 구도의 자세가 존중받아야 하는 이유와 맥락이 같다. 그럼에도 이런 경지는 흔치않은 경험의 세계이기에 감각적 비애가 가슴에 스민다.

삶의 모든 성공과 실패는 부러움과 열등한 시기심에 물드는 바가 많다. 능력의 차이에 따라 사태의 대응 자세가 다르기에 개인의 욕망의 분출에 최선의 격려나 자극으로 선용한다면 그나마 다행일 것이다. 그러나 이룰 수 없는 거대한 아성을 향한 몸부림은 한낱 웃음거리 외에 아무런 이득이 없다. 다만 인간 이기심이 도달할 터무니없는 한탄과 비애가 물들어 있기에 태어나서 죽을 때까지의 생존 의식의 바탕에 허망한 야심이 깔려있다고 해서 나무랄 수는 없기도 하다. 본능적인 욕망의 투영이 반드시 비난받을만한 모습일 수는 없겠지만, 능력한계를 넘는 발버둥은 연민마저 스미지 않는 비참한 몸부림이다.

우리는 세상이란 무대에 나와 외치고 갈구하며 호소하는 자기 나름의 웅변을 쏟아내다가, 어느 날 반마저 이루지도 못한 채 무대 뒤로 사라진다. 죽음으로 가는 시간과 공간의 이편과 저편에 경험할 수 없는 무수한 대상을 관념 안에 끌어들이는 것은 어리석기 짝이 없어 보인다. 그래도 호기심의 바다에서 겨우 한 발을 적시다 사라지는 비애에 빠진다면, 사유로 우주를 품는 인간에게 견딜 수 없는 감정이다. 결국 나는 시간과 공간이 광막한 이승과 저승에 사유의 다리를 놓고 있지만, 누구도 건널 수 없는 다리이기에 그 앞에 허허로운 눈물을 바친다.

죽음의 달관과 구원은 어떻게?

　죽음은 결코 가볍게 논의되거나 즐기는 대상이 아니다. 모든 인간에게 예외 없이 계속 닥치는 필연적 사태이다. 태어나는 순간 운명적으로 매달린 죽음의 끈은 아무도 벗어난 적이 없고, 그 끈 앞에서 자유로운 적이 없다. 죽음은 공포이고 막막한 단절이며, 그 다음을 모르는 세계가 있으며, 무엇보다 경험의 대상이 아니란 점에 더욱 좌절감을 느끼게 한다. 부질없는 윤회의 위안이 종교의 깨달음의 한 귀퉁이에서 그 논리적 설명을 시도하려 하지만 설득력이 없다. 죽음 뒤에 혹시 가게 될 천국을 위해 살아생전 믿음의 전당에서 수없이 기도하고, 봉사활동을 벌리며, 착한 삶의 전형을 밟아 나간다 할지라도, 분명한 천국행 안전 여행이 어느 누구에게서든 약속받은 역사가 없었다.
　통계학자에 따르면 유사이전부터 지금까지 죽은 인간의 수는 약 990억 명쯤 된다고 한다. 지금 살아있는 모든 인간은 990억 명의 죽은 사람들 뒤를 끊임없이 따라가고 있다. 이 990억 명의 영혼을 담은 제 4차 혹은 5차원의 세계가 있는지 모르겠으나, 유독 인간만을 수용할 그런 불공평한 차원의 세계는 없을 것이다. 온갖 곤충과 파충류 그리고 크고 작은 짐승들을 비롯하여 자연계의 모든 생물들의 죽음도 당연히 그 보이지 않은 삶의 형태에 따른 영혼이 존재한다면, 그 모든 주검의 혼들을 수용할 다른 차원이거나 천국이 있어야 할 것이다. 인간의 이기적 발상으로 오직 믿고 선하며 밝은 영혼만을 받아들여 마침내 믿는 신을 섬기는 신자들의 천국만 있다는 식의 믿기지 않는 발상이 정의로울 수는 없을 것이다.

장중한 장례행렬을 지켜볼 때마다 죽은 이를 보내는 산자들의 장의 예식으로 위엄과 거대한 행사의 형식이 거룩하다는 생각이 들지 않는다. 울음과 눈물과 애석함이 깃든 진정성 있는 장례행렬이라면, 죽은 자의 지난 삶이 헛된 삶으로 점철된 바가 없었음을 짐작할 따름이다. 산자들의 유용한 해석과 판단으로 죽은 자를 처리하는 절차는 철저하게 비정하며 기계적이고 사무적인 마무리로 끝난다. 더구나 코로나 19같은 바이러스로 죽는 이들은 임종을 지켜보는 이도 없고 철저하게 주위에 사람을 배제한 체 홀로 와서 홀로 가는 죽음을 치르고 있다. 죽음이 죽음을 위하는 윤리도 철학도 없는 공허한 적막이고 보면, 어디서 시적 아름다움과 삶의 순차적 질서를 말할 수 있겠는가. 아무리 노쇠한 자의 마지막이라 할지라도 언제나 죽음이 억울하다는 표정이 녹녹히 배어나는 모습을 보면, 행복한 죽음은 없는 모양이다.

좌탈입망座脫立亡이나 솔방울을 따다 서서 입적한다거나, 방안을 두어 바퀴 돌다 앉은 채 죽음에 드는 스님이 있다고 들었다. 심지어 나뭇단을 쌓아놓고 불을 지른 다음 그 불 가운데 거침없이 걸어 들어가 스스로 타죽는 스님도 있다고 한다. 어느 죽음이든 죽음 자리가 구차하지 않게 수행을 거듭한 각자覺者의 장렬한 죽음의식일 것이다. 그렇다고 죽음의 아득한 절망이 덜한 것은 아니다. 전쟁에 나가 죽었다거나 각종 사고로 죽었다거나 질병으로 죽었다거나 하는 그 주검의 모습과 특별하게 다를 게 아무것도 없다. 세상에 태어난 높은 뜻과 의미를 접고 죽음으로 가는 길목은 어떤 형태든, 동일한 시간의 준엄한 이끌음이 자리잡고 있다.

생전 삶이 화려하고 부유하며 권력과 명예의 정점에 있거나 한창 나이의 쾌락에 젖어 있을 때, 죽음이 닥치면 당연히 억울하고 아쉬우며 애석한 감정으로 몸부림치며 죽게 되기도 할 것이다. 그 죽음의 결과를 어떤 사람들은 생전에 저지른 악업이나 쌓인 원한 따위의 사필귀정이라고 해석하기도 할 것이다. 전설과 옛이야기들은 그런 색채의 원인과 결과에 대한 체계적 교훈성 해석을 펼친다. 세계 어느 나라를 막론하고 가장 무섭고 절절한 죽음의 공포를 말하며, 착하고 베푸는 삶을 살라고 외치지 않는 민족이 없다.『심청전』이나『장화와 홍련전』이나 보카치오의『데카메론』,『아라비안 나이트』그리고 그리스 로마 신화 등이 모두 죽음을 넘나드는 모험과 극복을 말하고 있다. 그러나 그것은 단지 전설과 이야기상의 죽음에 대한 풍경을 표현하고 있을 따름이다.

삶이란 즐길 가치도 있지만 괴로워 할 가치도 있다는 말이 있다. 그렇다고 생로병사의 시간적 길이나 진로가 바뀌는 것은 아니다. 죽을 임시에 자신을 돌아보며 이만큼 즐기고 살았으므로 후회는 없다는 식의 달관을 말한다 한들, 아름다운 마지막이라고 평가받는 이는 드물다. 더구나 교통사고나 총기 난사에 의한 예기치 않은 사고에 휩쓸려 창졸간에 목숨을 잃는 사람들이 수없이 많기에 죽음의 품위가 얼마나 덧없는 수수께끼인지 모른다. 절절한 비극적 사건이 시간적 망각의 단계로 넘어가면 세상을 치열하게 살다간 흔적을 회상하며, 위대한 생물학적 가치에 어떤 존엄한 의미를 붙인다 한들 생존의 무게가 중요하게 되는 것도 아니다.

다빈치는 말하길, '잘 보낸 하루는 편안한 잠을 이루게 하고, 잘 지낸 인생은 행복한 죽음을 가져온다.' 고 했다. 그 일생동안 그가 이룩한 위대한 업적으로 보면 그런 말을 할 당위성이 있을 성싶다. 그럼에도 그의 평생에 사랑하는 사람이 있었음에도 정식 결혼 한 번 없었기에, 가족이 없었던 그가 의탁했던 프랑수아 1세 성주의 품에 안겨 죽었다. 그의 제자 멜치에게 남긴 회한 섞인 아쉬움의 말에 담겨 있듯, 시골 처녀였던 그의 어머니, 카테리나의 아름다운 여인상을 그의 생애 내내 잊지 못해 결혼 없는 일생을 마쳤다. 다만 '최후의 만찬'이나 '모나리자' 외에 수많은 걸작품들을 남긴 덕에 '빈 수레 속에서 태어난 사자'란 뜻의 '레오나르 다빈치'란 이름으로 죽은 것이 그나마 행복이었는지는 의문이다.

삶을 적극적으로 마감 짓는 자살자들을 제외하면, 죽음에 대한 두려움과 공포는 세상으로부터 격리되거나 가족과 친지들로부터 단절되기 때문이 대부분이라고 한다. 그럼에도 우리는 나이 드는 세월만큼 상실과 이별과 잃어버림에 끊임없이 노출되어있기에 최후에는 홀로 세상을 떠난다. 간절하게 원했던 삶의 이상이 차츰 무너지고, 견고한 가족 단위의 성곽이 깨어지는 순간이 닥치며, 웃음과 눈물을 나누던 다정한 친구들도 눈앞에서 사라지는 삶을 살게 된다. 삶의 실체가 정녕 이런 것은 아니었다며 울부짖는 순간도, 애틋한 자기연민의 둥지에서 돌아가신 부모님의 체취를 회상하려 애를 써도, 형제 자매들과의 싱그러운 추억들을 되새기며 시간을 보내도, 결국 외톨이로 내동댕이쳐지는 죽음길이 더디 가는 것도 아니다.

그러므로 죽음이 뭔가를 알면 삶이 얼마나 소중한 것인지 이해하게 된다. 삶 자체에 내재된 죽음의 냄새들이 끊임없이 상처와 아픔과 어긋남으로 나타났다 사라지곤 한다. 그런 생애를 건너가는 것이 인간의 운명이다. 희열과 성취감 그리고 쾌락 등은 덤으로 얻는 감정적 보람이다. 죽음의 음침한 부정적 사례에 눈을 돌리지 말고, 적어도 삶의 신선한 세계에 몸을 담고 있는 한, 최상의 즐거움을 맛보는 희열 속에 살아야 함을 절감한다. 옛 그리스 영지주의자들이 주장했던 진리의 한 가운데 '카르페 디엠' 즉 '현재를 즐겨라'를 내세워 살아있음의 열락을 추구했던 삶이 필요하다. 정신과 육체의 건전한 욕구를 만족시킬 몰입의 대상을 찾아야 한다. 더구나 세상의 발전과 공익에 도움 되는 거룩한 헌신과 몰입이라면, 죽음의 적멸 앞에서도 당당할 것이다.

죽을 복을 좋아하는 사람들

 마음이 고요한 자는 귀와 눈이 탈이 나지 않지만 귀와 눈만을 믿는 자는 보고 듣는 것이 자세하면 자세할수록 더욱 병이 된다고 한다. 늙어 치매에 걸리고 병들거나 추해진 몰골을 보면, 또 그런 소식을 듣거나 보면 볼수록 어서 빨리 불귀의 객이 되어 떠나주었으면 좋겠다는 주변의 따가운 시선에 시달린다. 이런 속내를 눈치채게 되면 마음이 고요해지려고 노력해도 시간이 흐를수록 고요한 정념은 서글프고 막막한 혼란에 빠진다. 지나온 세월의 영광과 치적은 어디로 가고 궁상스런 신세로 전락하여 죽음에 몸을 맡겨야 하는지 생각할수록 울분만 남는다. 시나브로 우울의 깊은 강에 마음을 담그고 차츰 떠나려는 자세를 갖추며 마음을 모아 시간을 잰다.
 종종 멀고 가까운 이웃의 임종 소식이 들려오고 그 중 죽을 복을 잘 타서 저 세상으로 떠난 사람의 모범을 되뇌며 강조하는 군상들의 중얼거림을 듣는다. 더구나 돈도 없고, 가족이나 친족도 없는 사람들은 개밥에 도토리 취급이다. 자연의 질서는 이렇게 떠나는 사람에게도 동정심과 애달픈 중언부언 따위가 없다. 노추의 병자는 죽을 복의 모범을 따라 목숨을 끊는 아름다운(?) 결행의 길목에 내몰려 자살의 대열에 나선다. 이것이 정녕 삶의 진정한 정도(正道)인가?

지나온 삶의 방식이 어떻든 죽음의 터무니없는 일방적 선택은 함부로 취할 일이 아니다. 그 이유로 신이나 창조주가 그 나름의 뜻이 있어 인간 개개인을 이 세상에 내보냈을 거라는 유추 때문이 아니다. 어렵고 힘든 과정을 거쳐 그 만한 생애를 장식하며 살았던 개인의 역사가, 존중받아야 할 생명의 의미가 있기 때문이다.

어느 요양원에서 떡을 먹다 목이 잠겨 죽었다는 할머니, 길 가다 심근경색으로 쓰러졌을 때, 주변에 아무도 없어 그대로 죽어간 할아버지, 밤중에 아무런 증세도 없었던 할아버지가 잠자듯 죽어버린, 그런 황당한 사건을 일컬어 모두 죽을 복을 잘 탔던 거라고 미화하거나 부러워하는 사람들이 있다면, 당장 그들을 목매달아 죽음의 뜻이 뭔지 보여주어야 한다. 죽을 복을 잘 타서 가버린 사람들이 과연 죽을 복을 정말 즐기면서 갔는지 확인시켜 줄 필요가 있기 때문이다. 죽어가는 진행형에 복福자를 붙여 죽을 복이라고 말하는 모양도 언어도단이지만, 실제로 죽으려고 목을 매단 사람이라 해도 살려고 발버둥 치며 삶에의 치열한 욕망을 보여주듯, 말없이 죽어간 사람들도 그만큼의 삶에 대한 욕구가 있었을 것이다. 모든 생명체는 죽음을 싫어하고 살려는 의지를 보이는 게 정상인데 죽을 복에 대해 아주 쉽게 말해선 안 된다. 자녀들을 고생시키기 원치 않고, 주변 사람들에게 마지막 추함을 보이지 않으려 아직 생때같은 목숨을 자살로 끝맺는 지독히 선량한(?) 사람들이 있다. 이 때문에 다른 노인네들이 그런 식의 모범적 자기 살인에 동참하여 은근슬쩍 죽기를 바라는 분위기로 바꾸려 해서는 안 된다.

  사람은 누구나 일생 동안 불가항력적으로 남에게 의지해야 할 두 번의 과정이 있다. 한 번은 이제 막 태어났을 때다. 태어난 아기가 주변에 아무도 없다면 어떻게 살 수 있겠는가? 그러므로 삶의 시작은 어버이의 손길이 절대적으로 필요하다. 꾸준한 애정과 무궁한 보살핌으로 어린 시절은 무구한 축복으로 가득 찰 것이다. 다만 생명유지의 축복을 어른이 되어 기억할 수 없는 것이 아쉬운 일이다. 또 한 번은 삶의 끝자락에서 노추의 병마를 안고 죽어 갈 때다. 주위에 돌봐 줄 사람이 없으면 앙상하고 추한 체신이 여지없이 노출됨은 물론 결국 짐승처럼, 나무토막처럼, 아무렇게나 부패하는 물체가 된다. 절망적인 죽음 앞에서 한없이 무기력한 육신을 두고 마지막을 기다리는데 아무도 없는 적막은 저주다. 그러므로 성장한 자녀들의 시중을 받아 품위 있게 죽음을 맞이하고 싶은 갈망은 누구에게나 있을 것이고, 세상에 대한 아름다운 마지막 인사도 할 수 있다.

  우리의 어린 시절을 부모님이 아름답게 장식해주었으니 부모님의 말년을 품위 있게 지켜주어야 한다고 한다. 그럼에도 부모는 자기 아이들의 어린 시절을 어떻게 수놓았는지 모두 알고 있다 해도,

즉 눈물과 한숨과 걱정으로 수놓았을지라도, 늙고 병들어서는 자녀들의 고생이 염려된다며 죽을 복을 열심히 찾는 바보가 되어야 한다. 예기치 않은 사건에 의한 갑작스런 죽음으로 행복한 마감을 짓는 죽을 복의 황당한 행운이 오길 비는 비참한 인간이어야 하는가. 그리하여 자살을 미화하는 논리의 보편성을 위해 노력하는 세태에 고개를 끄덕여도 되는가. 노인의 자살률이 OECD 국가들 가운데 우리나라가 가장 높고, 그것도 70-80대가 높은 수치를 차지한다고 한다. 우리나라 노인들은 자녀에게 효도 받는 상황이 아니라 자녀에게 효도하기 위해 일찍 죽어주는 나라이겠지 싶다. 동방예의지국은 노인 예의지국이 아니라 노인 멸족지국이 되는 무서운 세상이 되어버린 모양이다.

  나라의 복지가 어느 방향으로 개선되어야 하는지 거론하지 말자. 국민 의식의 전반적인 변화가 필요하다. 누구든 노인이 되는 진리 앞에 예외가 없다. 영원하지 않을 젊음으로 늙은 노인을 학대하거나 외면하면, 가족의 따뜻한 체계는 사라지고 살벌한 생존 법칙만 남게 된다. 물론 산소 호흡기로 연명하는 식물인간처럼 삶이 의미가 없을 때는 죽음을 앞당기는 최소한의 조치를 해야 될지 모른다. 윤리적 사랑이 전제된 호흡기 제거에 동의할 수도 있다. 다만 최소한의 인간적 도리를 다한 다음 더 이상 어찌할 수 없을 때는 보내드리는 게 효도일 수도 있다. 우리를 두렵게 하는 것은 죽음 자체가 아니다. 죽음의 초라한 외형적 과정과 육체적 손상 그리고 터무니없는 취급을 당하는 모욕적 현상이나 소멸의 모습이다. 죽을 복이라는 이름으로 죽음을 재촉하거나 아픔을 방관한다면 간접살인에 다름아니다. 따지고 보면 이 세상 남녀노소 모두가 죽을 복의 후보자들이다. 그럴듯한 해석을 빌리면 삶이 고통스럽고 욕구대로 풀리지 않는 세상살이에 일찍 죽거나 목숨을 버리는 일들은 모두 죽을 복을 앞서 얻으려는 수작이라고 해석하는 사람도 있을 것이다. 교통사고든 병이든 그밖에 전쟁이든 죽는 인간들이 죽을 복의 범위 안에 든다고 꾸며댈 수도 있다. 그런 윤리적 조건을 감당하기 어렵거든 죽을 복을 거론해서는 안 된다.

전분세락轉糞世樂이라 했던가, 개똥밭에 뒹굴어도 이승이 좋다는 말처럼 생명이 있는 한 살고 싶어 하는 생각은 누구나 같다. 어쨌든 죽음 이야기는 섬뜩하다. 이따위 칠칠치 못한 죽음 이야기를 하는 것을 보니 나도 늙었나 보다.

12세기 선승(禪僧) 원오 극근圓悟 克勤은 그의 어록에 '生也全機現 생야전기현' '死也全機現 사야전기현'이란 글을 남겼는데, 살 때는 삶에 철저하여 그 전부를 살아야 하고, 죽을 때는 죽음에 철저하여 그 전부를 죽어야 한다는 뜻이다. 말하자면 삶에 철저할 때는 티끌만치도 죽음 같은 것을 생각해서는 안 된다. 또한 죽음에 임해서는 조금도 삶에 미련을 두어서는 안 된다. 사는 것에도 온전히 살지 못하고 죽음에 이르러서도 죽지 못하는 것은 사람이 아니라 허상이다. 생자필멸의 세상에서 삶에 대한 절대적 집착이란 아무 근거가 없으며, 동시에 죽음에 대한 끝없는 혐오감도 터무니없기는 마찬가지다. 이런 의미에서 죽을 복의 근거로 내세우는 갑작스런 죽음의 미화는 허상으로 살다 죽으라는 것만큼이나 모독적이다.

  로마 철인 세네카는 치매나 병으로 말미암은 아름답지 못한 최후라면 차라리 자살이라는 방법으로서라도 세상을 하직하겠다는 말을 했다. 피타고라스는 육체와 영혼의 분리로 표현되는 죽음관을, 소크라테스는 영혼이 육체의 감옥으로부터 벗어나는 죽음관을, 니체는 이성적 죽음관을, 그리고 그밖에 수많은 사상가, 종교가들이 말하는 죽음관이 있겠지만, 아름다운 죽음은 없었다. 스스로 죽을 복을 껄껄 웃으며 말하면서 숨이 꺼져갈지라도 아름답게 꾸미는 최후로 보이지 않는다. 하물며 남의 죽을 복을 쉽게 평하여 잘 죽었군, 멋있는 죽음인데, 하며 거리낌 없이 농담하듯 말하지 말자. 한 개인의 죽음은 그 자신의 종말이자 시간 밖의 사건이 되기에 농담의 대상이 될 수 없기 때문이다. 죽을 복이 좋으면 제발 어서 빨리 우주 밖으로 소멸되어 가시라.

생명의 문을 닫기에 좋은 계절은 없다

　춘하추동이 희로애락에 걸리면 어느 계절에 각각 알맞은 감흥의 기조를 부여할까. 모든 사람의 성품과 주어진 유익성에 따라 다르게 나타날 것이다. 제각기 주장하는 논리가 타당한 근거가 있을 것이다. 흔히 봄은 새싹이 움트고 만물이 생동하는 기운이 넘쳐흐르기에 기쁨으로 받아들이는 사람들이 많다. 여름은 덥기는 하지만 초록 세상의 성세가 천지를 뒤덮기에 살맛의 생기를 느낀다. 가을은 조락의 계절이면서 수확의 계절이기에 보편적인 관성에 따라 슬픔과 기쁨으로 느껴도 좋은지 확신할 수 없다. 겨울은 추위를 견딜 수만 있다면, 눈과 얼음과 설원의 풍경을 즐기는 사람 편에선 환상적인 계절이다.
　그렇다 해도 계절에 배당되는 정서적 감각에 같거나 비슷한 수용논리의 일관성은 없어 보인다. 계절은 정해진 반칙이거나 원칙 따위가 없는 변화무쌍의 무뢰한과 같다. 인간의 감정변화 못지않게 기후의 변화가 굴곡이 자심한 것은 동서고금이 따로 없다. 봄이라고 온화한 날씨와 가는 비로 대지를 축여주는 하늘의 축복만 있으란 법이 없다. 여름 장마의 흙탕물이 제방을 넘고 온 들녘을 휩쓸거나 폭풍까지 겹쳐 애간장을 타게 만드는 재난이 한두 번으로 끝나지 않을 때도 있다. 가을의 서늘한 처서에 뜬금없는 가을장마와 태풍의 달갑지 않은 재앙도 겪은 바가 있다. 겨울철에 강설 한번 없이 지나가거나 오히려 폭설로 교통이 막히고 집 혹은 비닐하우스 등이 무너지는 사태를 당하기도 한다.

이상기후에 고통을 겪는 인간 삶의 세상이 시련을 견뎠다고 하여 그냥 평온한 삶이 지속적으로 오지도 않는다. 온갖 질병과 뜻하지 않은 사고로 병원 신세를 지거나 사랑하는 이와 통절한 이별의 날벼락을 맞기도 한다. 그런 상황에는 봄이 봄이 아니고 여름이 여름 아니며 가을과 겨울의 모든 세월에 살아있음의 따뜻한 환희는 없을 것이다. 이상기후로서가 아닌 가족과 개인의 비극적 사태와 맞물려 시절이 매우 수상한 곤경에 처한 채 지나갈 수도 있기 때문이다. 살아 숨 쉬고 이동하며 꿈틀거리는 행위에 생명을 영위하는 그 나름의 빚을 지고 있는 바가 많다. 자연과 세상과의 물질적 영적 인연에 아무런 빚과 대가가 없다면, 삶의 운행이 순조롭지 않을 듯싶다. 하찮은 벌레라도 자신의 먹을 것을 구하려고 얼마나 수고로운 꿈틀거림을 쉬지 않는지 우리는 모두 알고 있다.

시대의 물결을 이끌어가는 사람은 왕이나 장군이 아니고 민초들이며 농민들이고 노동자들이다. 누구에게나 열리는 생의 문이 있다면, 나가는 문도 공평한 바탕에서 같은 물결을 탄다. 해가 뜨고 지는 맛을 공평하게 누렸다면 죽음의 행로도 공평하다 할 것이다. 역사의 행간을 살펴보아도 화려하고 눈부신 장례식을 치른 국가의 지도자들이라 하여 죽음에의 더딘 발걸음으로 유예의 아쉬움을 달래고, 미련을 털고 갈 혜택이 있었는지 생각해보면 안다.

 대체로 시대를 이끌었던 지도자들이나 평민들이 언제, 어떻게, 어느곳에서 죽는지 알고 가는 사람이 거의 없다고 여긴다. 어떤 계기로든 스스로 자기 죽음을 결정짓는 사람이라면, 시간과 장소와 방법을 알 수도 있다 하겠다. 태어나는 것은 모르지만, 죽음을 결정짓는 의지에 따라 마무리를 짓는 자유는 있기에 심해 탐색이거나 높은 산을 오르거나 생텍쥬베리 같은 비행기 조난 사고로 죽음에 이르게 되는 자신의 결정에 소신을 갖는 선지자가 될 수도 있을 것이다. 결국 생애의 종말에 어떤 계절적 감각이거나 덥고 추운 기후의 정서를 선택할 여지는 없다. 대체로 죽음이 임박한 사람들의 상황이란 육신이 한계 상황에 이르렀기에 가장 허약하고 자신의 의지에 맞서는 몸부림을 칠 수도 없는 지경에 이르렀을 것이다. 신문 지면에 나오는 변사자의 70%가 고독사이고 대부분 홀몸노인 절반 정도는 끼니만 거르지 않았어도 죽음에 이르지 않았을 것이라고 한다. 심지어 추석, 설날 명절과 기일이 같은 날이면 자식들이 제사를 준비하는 부담이 덜할 것으로 여겨 명절날 목숨을 끊는 홀몸노인도 있다고 했다.

 내가 아는 지인 중 어느 노인은 나이 90이 넘은 나이에도 건강하고 일상의 생활 감각이 뛰어난 분이었다. 걷는 것과 잡초 제거 일거리 따위를 열심히 행하고 있었다. 그런데 어느 날 밤 소변보러 화장실에 갔다가 넘어졌는데 다리가 골절되었다고 한다. 119를 불러 병원 응급실로 갔고 골절 부위 수술을 통해 쇠를 박아 넣고 병실 생활이 시작되었다. 몸을 움직일 수 없어 장기요양의 필요성으로 요양병원에 옮겨 가료 생활이 시작되었다. 가족에게는 간병을 지킬 사람이 없어 간병인을 따로 두었지만, 용변을 일일이 받아내는 일이 힘들었다. 한 달을 버티다 집으로 데려왔는데 늙은 아내가 간병했지만, 우울감으로 가벼운 치매 증상까지 곁들여 온갖 욕설과 고함으로 예전의 명료한 머리의 지성이 파괴된 상황이 되었다. 환자 자신은 스스로 상황을 인지할 여력이 있어 며칠 밥을 굶고 자진하는 방법으로 삶을 마감했다. 꽃피는 봄에 삶의 문을 닫았어도 축복도 아니고 고인에게 위로가 되는 것도 없다.

천재적이며 위대한 작곡가였던 모차르트는 1791년 12월 5일 과다 출혈로 사망했다. 아내 콘스탄체의 물 쓰듯 하는 낭비로 모차르트는 많은 빚을 졌다. 빚을 갚기 위해 무리한 과로 작업으로 건강을 해쳤다. 하필이면 겨울철 초라한 장례식 날 눈보라가 거세게 몰아쳐 매장지에 동행할 수 있는 사람이 없었다. 그래서 간신히 운구 마차만 눈보라를 뚫고 가서 모차르트를 땅에 묻었기에 아무도 모차르트가 넓은 벌판 어디에 묻혔는지 몰랐다. 많은 사람들의 가슴에 감동적인 악곡을 선사했지만, 죽음에의 행로가 쓸쓸했던 것은 애석한 일이 아닐 수 없다. 추운 계절에 고령층의 사망률이 높다고 알려져 있는데, 어느 나이에 숨이 멎어도 겨울의 눈보라가 천지를 뒤덮고 있는 때, 죽음을 맞이한 처지에는 죽은 사람이 모르는 산자들의 슬픈 고난이 뻗치는 시간만 남는다. 태어남과 동시에 이어지는 죽음의 실타래가 생물체의 운명이라면, 우주의 빅뱅 이후 138억 년만에 겨우 세상에 태어나 기적적인 한 생을 살다가는 생물의 족적이란 얼마나 가여운 티끌같은 생명의 흔적인가.

삶의 파도, 눈물

 인간은 나면서부터 울음에 물들어 있다. 울음의 흐느낌과 소리는 어떤 분위기와 감정적 사태가 그 바닥에 깔려있다. 슬퍼서만이 우는 것이 아니다. 눈물의 사태는 감동과 기막힘과 불가항력적 막다른 골목에서도 일어난다. 영원한 이별 앞에서 슬픔의 꽃물을 내리는 것은 일반적이고, 연속극 주인공의 우는 모습을 따라 같이 흐느끼는 전염성 눈물도 흔하다. 인간 내부에 깃든 감정적 수분이 주변 환경에 작용하는 이성과 감동을 흔들어 수시로 자기 본능에 충실한 눈물로 모습을 드러낸다.
 눈물의 성분이란 98.55%의 물과 나트륨, 칼륨 등의 염류 외에 알부민, 글로불린 같은 단백질로 구성되어있다고 한다. 심지어 양파 깔 때에 조금 끼어든다는 카테콜라민 성분도 있다. 그러나 이런 화학적 과학적 분석이 절망과 울분, 부모 잃은 슬픔 등의 눈물에 숨겨진 비밀이나 감정의 성분을 설명해줄 수는 없다. 한 방울의 눈물에 비쳐진 속내에 인생의 긴 이야기로 풀어낼 사연이 있기도 하기에 그렇다. 그런가 하면 단순한 욕망과 실없는 칭얼거림의 하찮은 몸짓의 푸념에 따른 콧물 눈물도 있다.

맑고 투명한 눈물에 색깔을 입히기는 어렵다. 흔히 피눈물이니 진한 눈물이니 하여 그 깊고 절절한 낙루의 숨은 정도를 나타내고자 하지만, 현실적 실체는 색깔의 채색이 없다는 것이 분명하다. 예부터 억울한 누명을 쓰고 옥에 갇히거나 세인의 비난을 들으면, 분노와 원통함으로 눈물을 흘린다. 그런 연후에 얼마의 시간이 흘러 사건의 실체가 밝혀지고 억울한 누명이 벗겨지면, 참절한 감격의 눈물을 흘린다. 그렇다면 눈물은 같은데 전과 후의 성분의 차이를 간취할만한 근거란 무엇인가.

일상생활에서 본인을 제외하고는 눈물의 실체와 사연을 일일이 헤아리는 것은 불가능하다. 티끌로 인한 눈물과 맵고 시디 신 음식이나 매캐한 냄새 때문에 흘리는 것도 있다. 수많은 외부적 자극으로 흘리는 눈물의 현장은 사람에 따라 다른 장면을 보인다. 감정의 추이에 따른 윤리적 도덕적 불감증에 빠진 사람들은 동정과 연민에 의한 눈시울을 적시는 바가 없을 것이며, 예민하고 공감의식의 연대 감정에 곧잘 순응하는 사람들은 눈물을 펑펑 쏟는 경우도 있을 것이다. 수용하는 바탕이 어떤 삶을 살았느냐에 따라 애증의 눈물을 흘리는 감도가 다르기 때문일 것이다.

나는 어린 날에 내 몸의 아픔 때문에 흘린 눈물이 많은 편이었다. 중이염의 아픔이 항상 따라다녔고, 홍역과 어지럼증으로 시달렸다.

세상의 풍파를 건너 살아남을 건강성을 지니지 못해선지 조금 아프기만 하면 울음이 헤펐다. 어찌나 울음이 많았던지 나중에는 작은 통증에도 울게 되는 병증에 질려 울음도 눈물도 없게 되었다. 그런 나날을 지내다가 아픔이 있게 되면 곧잘 방안에 누워있었다. 어느 날, 아버님이 시장에서 사과를 한 보따리 사오셔서 누워있는 나에게 내밀었다. 사과 한 알을 깨끗이 닦아 나에게 들라 하셨다. 사과를 맛있게 들고 있는 나를 지긋이 보며, 아버님이 처연히 눈물을 흘리시는 것이었다. 아니 눈물을 흘리다가 소리 내어 울기까지 하셨다. 사과를 먹던 나는 놀라서 눈을 크게 뜨고 아버지를 바라봤다.

내 울음이 끊긴 뒤끝에 나를 따라 아버님이 우시는 장면으로 비쳤다. 나는 놀란 눈으로 아버님을, 아버님이 눈물을 흘리며 소리 내어 우시는 모습을 한동안 지켜볼 수밖에 없었다. 왜 아버님이 그토록 쉽게 우셨는지 돌아가실 때까지 아버님이 말씀하신 바가 없었기에, 지금껏 정확히 알지 못하고 있다. 나의 건강에 대한 염려로 측은지심이 생겨 울음을 참을 수 없었는지 모른다. 아니라면 나의 미래에 대한 가련한 생애와 볼품없는 삶을 유추하여 울음을 참을 수 없었는지 모른다. 어떤 의미로든 나에게는 잊히지 않는 충격이었으며 아련한 비애로만 내 마음 속에 새겨진 추억으로 간직한 사건이었다. 어쩌면 성장 과정의 어떤 길목에서 일찍 쓰러져 유명을 달리할지 모른다는 불안과 서글픔 때문이었는지 모르겠다.

아버님의 눈물의 비밀을 간직한 채, 나는 가끔 눈물의 속성을 파고들어 그 걱정과 순수한 마음의 표출을 읽어보거나 깊이 생각하는 일이 있었다. 위선과 거짓 눈물로 일시적인 곤경을 벗어나려는 연극의 낙루라 해도, 사람의 마음을 돌리거나 유연한 감각을 불러일으키는 수단으로서의 눈물의 효과는 크다. 그럼에도 김일성이나 김정일이 죽었을 때, 북한 주민들의 집단적 눈물 흘리기 모습은 그 진정성이 의심되는 억지 춘향 식 눈물로 보여 오히려 역겨움이 생길 정도였다. 눈물의 남용이야말로 삶의 곡진한 여로를 모욕하는 일이다. 눈물은 내면에 깊숙이 숨겨진 감정의 막에 잠겨있다.

자신에게 닥치는 외부의 자극에 즉각 반응하는 감정의 기제이기에 그 바탕에 숨겨진 값이 측량할 수 없을 만큼 귀중하고 거룩해야 한다. 뒤돌아서서 남몰래 우는 아버지와 어머니의 눈물을 가볍게 헤아리거나 간과할 수는 없다. 그러므로 남녀 간의 쉽게 만나고 쉽게 헤어지는 일상사의 헤픈 사건에 흘리는 눈물의 농도는 감개무량의 절절한 맛이 없음이 분명하다. 일생을 살다보면 감동적인 장면을 보거나 직접 겪을 수 있다. 삶의 현장에서 치열한 부딪침과 알력 등에 남몰래 자기감정에 겨운 눈물을 흘리는 사람들의 모습이 가슴을 뭉클하게 하기도 한다.

못 이룰 사랑으로 고통받는 여인의 눈물을 흔히 본다. 자신의 불행한 처지를 고민하며 울부짖는 사람의 눈물도 구경할 수 있다. 핸드볼 경기의 우승으로 환호성을 지르며 소리치는 선수들이 흘리는 감격적 눈물도 있다. 뉘우치고 참회하는 종교인들의 눈물도 있다. 드넓은 광야와 장대한 풍경에 놀라 외경의 감정으로 흐르는 눈물을 감추지 않는 사람도 있다.

수많은 사례에 나타나는 눈물의 무게와 의미를 우리는 일일이 공감하면서도, 그 실질적 내막을 헤아릴 수는 없다. 그럼에도 피붙이를 생각하는 부모나 형제자매의 눈물을 지나가는 바람소리처럼 가볍게 지나쳐서는 안 된다. 자녀의 불행과 슬픔을 바라보는 부모의 고통스런 눈물은 단장의 울음으로 흐르기에 이런 눈물을 보는 것만큼 불효의 잘못된 근본은 없을 것이다.

　우리는 우리의 안목에 스며든 세상의 경이로움에 감사의 눈물을 흘리는 감상적 정서에 빠지는 예도 있다. 이것도 세상에 모습을 드러내어 존재의 위의를 품위 있게 간직하며 살다가는 인간의 순수한 정취라 할 것이다. 고난과 슬픔으로 얼룩진 삶 가운데 성공과 실패의 굴곡을 거친 눈물도 있다. 어쩌면 태어나서 죽음에 이를 때까지 눈물로 적시는 어느 한 해를 그냥 지나친 적이 없을 듯싶다. 그런 의미에서 눈물의 계곡 앞에 모든 병고와 애증, 욕망의 탑을 세워 삶의 이력을 증언하면 어떨지.

발의 율동은 생명을 좌우한다

　누구나 세상일이 뜻대로 되는 바가 거의 드물다. 답답하고 풀리지 않는 현실 외에도 알 수 없는 사건의 중첩으로 갑작스러운 횡액을 당하여 행방불명되거나 죽음에 이르는 심각한 상처를 입기도 한다. 산지사방으로 내딛는 발걸음마다 예정된 사태를 헤아릴 수 없기에 언제 무슨 일에 운명이 갇힐지 알 수 없다. 발은 놀라우리만큼 자유롭고 슬프리만큼 희생적이지만 숨 쉬는 공기와 마찬가지로 존재를 확실히 인정받음이 없이 묵묵히 제 할 일을 수행한다. 인간뿐 아니라 짐승들까지 발의 효용성은 태생부터 기원한 발군의 능력으로 그 가치가 빛나고 있다. 발이 기여하는 균형의 힘과 활동의 덕으로 인간 삶과 문화 문명의 비약적인 발전을 이룩했다.
　살아있는 한 동물의 발은 언제나 가장 낮은 곳에서 몸의 모든 무게를 감당하며 최선의 성과를 달성하려고 애를 쓴다. 나의 고교 시절 우리 집에 백구라고 불렸던 흰 개를 기르고 있었다. 영리하고 몸이 날랬다. 특히 쥐를 잘 잡았다. 가을철이면 볏단 더미를 마당에 대여섯 개 쌓아두곤 했다. 밤이 지나고 날이 새면 볏단 더미 주위엔 매일 백구가 잡아 죽인 쥐가 대 여섯 혹은 열 마리도 눈에 띄었다. 백구가 아니었다면 쥐로 인한 양식 피해가 꽤 컷을 것이다. 백구는 쥐를 잡아 죽이기만 하고 먹이로 드는 바가 없었다. 참으로 백구의 유익한 쓰임새는 벼의 탈곡이 끝나고 양식이 곳간에 갈무리할 때까지 지속되었다.

백구의 날래고 부지런한 쥐잡기가 진행되는 동안 기름진 먹이를 줌으로써 그 수고의 대가를 느끼게 해주었음은 물론이었다. 그러나 백구의 탁월한 코의 기능과 발걸음의 놀라운 질주 능력은 반드시 선하고 올바른 가치로 달려가고 있지 않았다. 농사일이 끝나가는 겨울 초입에 이르러 쥐의 출몰이 잔잔해질 즈음에 백구의 사냥 기질은 엉뚱한 데로 방향 전환을 했다. 이른바 닭 사냥으로 흘러간 것이다. 우리 안에 키우는 닭들은 우리 바깥에서 으르렁거릴 뿐 주변을 맴돌다가 대문 밖 동네 이곳저곳을 내달렸다. 그 과정에서 동네 닭을 보면 사냥 기질대로 닭을 뒤쫓기 시작했다. 일단 닭을 잡으면 사정없이 날카로운 이로 물어 죽였다. 동네 사람들은 자기 닭이 백구에게 죽임당할 때마다 닭을 가져와 다른 닭이거나 금전으로 변상을 요구했다. 문제는 그게 단타로 끝나는 게 아니었다.

백구가 닭을 물어 죽일 때마다 피투성이가 된 닭을 목줄을 쥔 백구 앞에 던져놓고 회초리로 백구를 두둘겨 팼다. 꾸중하는 소리와 회초리로 두들겨 맞으며 깽깽소리를 내질렀다. 하지만 역시 개는 개일 뿐이었다. 목줄로부터 해방됨과 동시에 닭을 향한 사냥 기질은 여전히 변함없이 발휘되었고 눈에 띈 닭은 반드시 죽어 나갔다. 백구에 대한 애정과 장점이 차츰 증오와 단점으로 커갔기에 무슨 조처가 있어야 했다. 묶어놓고 오랫동안 나무줄기로 두들겨 팬들 고쳐질 가망이 없었다. 그래서 마침내 백구의 앞발 하나를 망치로 두들겨 뼈를 으스러뜨렸다. 잔인하고 인정상 해서는 안 될 조치였지만, 그렇게 해서라도 백구에게 뭔가 경고가 될 수 있으리라는 기대를 가졌다.

  백구는 자지러지듯 아픈 신음을 내질렀다. 초저녁부터 자정이 되도록 신음을 그치지 않았다. 어머님이 약을 발라주었지만 아픔이 가실 리 없었다. 며칠 동안 밥을 주어도 먹지않았다. 뼈가 부러진 무릎 아래쪽은 움직일 때마다 나풀나풀 흔들려 아픔을 더해주었던지 일어나지 않고 누워있기만 했다. 그래도 아픔의 와중에 목이 마렵거나 배가 고플 때 누워있는 백구 옆에 밥그릇과 물그릇을 놓아주면 힘들게 성한 앞발로 일어서 마시거나 요기를 했다. 거의 한 달이 넘도록 백구는 끙끙 앓는 소리를 냈다. 목줄을 풀어 놓았으나 백구는 그의 자리에서 누워지냈다. 닭장에서 닭들을 풀어 모이를 쪼아먹도록 했어도, 백구는 멀거니 바라보며 양 귀를 쫑긋이 세우기만 하고 풀죽은 듯이 땅바닥에 고개를 떨구었다.

  백구는 석 달 동안 엎드리거나 누운 자세로 지냈다. 조금씩 다리가 아물었다. 절뚝거리며 걷기 시작했다. 그러나 눈앞에 쥐를 보고도 뒤쫓지 않았다. 닭들이 주변에 어른대도 본체만체하였다. 점차로 걷는 속도가 빨라졌다. 육 개월 지날 즈음에는 절뚝거림이 현저히 줄었고 쥐를 잡았다. 닭들을 주시하며 예전의 사냥 기질의 본성이 되살아난 듯 맹렬히 뒤쫓는 모습이 보였다. 그때마다 집안 식구들 모두 소리를 질러 백구에게 경고를 했다. 한동안 닭을 물어 잡아 죽이는 짓을 하지 않았다. 백구의 질주 본능에 맞추어 예전의 속도만큼 뛰어 갈 수 있을 즈음에 백구는 또다시 불온한 옛 화를 불러일으켰다. 부러진 뼈가 수술 없이도 어찌 원상 복구되었는지 알 길 없었다. 그간 엎드리거나 누워 지낸 답답함에 분풀이하듯 세 마리의 닭을 물어 죽였다.

  죽은 닭들에 대한 보상으로 집에서 키우던 닭으로 교환해주었다. 아버님은 백구를 어떻게 처리할 것인지 고민하셨다. 당시에 두 다리를 부러뜨리자는 제안도 있었으나 차마 그리할 수는 없었다. 백구를 누군가에게 주어 기르도록 하자는 할머님의 말씀에 따라 정읍의 큰아버님 댁에 보내기로 했다. 아버님이 직접 백구를 기차 편으로 큰 아버님 댁까지 데려다 주었다. 백구는 싫은 듯 킁킁거리며 낯선 곳에 대한 불안으로 아버님을 뒤따라 오려고 했었다 한다. 집안 식구 모두 아쉽고 서운한 심정으로 백구에 대한 그리움을 나타냈지만, 더 이상 어찌 할 수는 없었다. 마음에 품은 애정으로 이따금 떠올렸던 백구가 시야에서 사라진 후 열흘이 지났다. 그런데 날이 어둠으로 물들어가는 저녁나절에 백구가 홀연히 멍멍 짖으며 모습을 드러냈다. 집안 식구들은 깜짝 놀라 백구를 안거나 쓰다듬으며 맞아주었다. 어떻게 백리 길이 넘는 정읍에서 우리 집을 찾아왔는지 알 길이 없었는데, 백구는 목줄 중간이 끊겨 반 남은 줄을 끌며 그 멀고 낯선 길을 달려왔다.

　백구는 며칠간 밥을 굶었던지 배가 홀쭉했고 흰 털은 검게 더럽혀 있었다. 우선 밥부터 먹이고 물로 씻겨주었다. 백구가 어느 길을 걸어 어떻게 우리 집을 찾아왔는지 놀랍고 신기한 기분이 앞섰다. 눈치 빠르고 영리한 줄은 알고 있었으나 감각이나 코 냄새 혹은 어떤 기억에 내장된 방향타로 길머리를 가려 달려왔는지는 모르겠다. 완전히 원상 복구되지 않은 불편한 다리를 이끌고 달렸으니 백구 자신에겐 죽을 힘을 다한 모험적 달리기였을 것이다. 백구가 돌아온 후 며칠 동안 목줄에 묶여 활동의 제한을 받았지만, 그 시일은 백구가 피로를 풀고 쇠약해진 몸을 추스릴 수 있었던 시간이었다. 정성을 다한 보살핌에 예전의 건강한 백구로 회복되었던 것은 열흘이 채 걸리지 않았다. 백구가 활기를 되찾음에 따라 안도와 반가움 한편에 백구의 사냥 기질이 또 되살아날까 싶어 긴장을 하였다. 아니나 다를까 역시 백구의 발이 문제였다. 그 발발이 아니었다면 더 많은 날들을 보듬고 살피며 정답게 살아 갈 수 있었을 것을, 백구는 그 사이를 참지 못하고 제명을 재촉하는 만행을 저질렀다. 목줄을 끌고 다니며 집 근처의 남의 닭장에 들어가 닥치는 대로 닭들을 물어 뜯었고, 미친개가 되어 닭들을 죽이는 놀이를 즐겼다.

　일주일이 지난 뒤에 백구는 개들을 전문으로 수집하는 장사꾼에게 넘겨졌다. 아무도 백구가 장사꾼에게 목줄이 잡혀 끌려가는 것을 제지하지 않았다. 백구를 위한 손길과 애정 그리고 쏟았던 기대는 백구의 짐승 기질의 사나운 버릇으로 억제할 수 없었던 질주 본능과 물어뜯는 쾌감 앞에서 무용지물이 되었다. 우리 가족과의 아름다운 동행과 공생은 거기까지 였다. 발발 떠는 발의 풍성한 삶의 사연과 이야기 토막들이 살아 숨 쉬며, 성내고 고함질러 나무라고 어르고 달래는 우습고 살풍경한 연출의 시간들은 추억에 담긴 채 흘러갔다. 그래도 견공과 함께 했던 지난 날들은 애증의 심연에서 아쉽고 살가운 그리움이 되어 잊을 수 없는 세월의 한 페이지를 장식한 것은 분명했다. 그래도 한 세상 맛있게 살게 한 발의 율동이 언제까지나 출중한 삶의 쾌감일 수는 없는 세상이었다.

소갈머리 없는 본능

　食을 풀어보면 人 사람이 良 어질고 좋고 훌륭하며 아름다운 것과 만나는 모양이다. 그런 의미에서 배고플 때 밥은 마음에 와닿는 먹을 것이며 군침을 자극하는 양식이다. 食은 세상에서 살아남는 최상의 근본이며 평생 떠나지 않는 대상이기도 하다. 중국의 명나라 말기 문학가인 이립옹李笠翁은 조물주가 인간에게 입과 밥통을 만들어 밑 빠진 독에 물 붓듯 먹을 것을 끊임없이 들게끔 한 것을 불평하였다고 한다. 입과 밥통이 없는 식물처럼 세상에 살아남는 방법이 있거늘 어이하여 입과 밥통을 만들어 영원히 차지 않는 골짜기와 바다처럼 만들었느냐는 힐난이었다. 작은 식욕의 알맞은 양에 충족하는 배부름보다 아귀처럼 필요 이상의 과식을 즐기는 일념에 살맛을 느끼는 인간을 보면 그 힐난이 맞을 듯싶기도 하다.
　입과 밥통이 있건 없건 세상의 굶주린 생물체치고 먹을 것 앞에서 살아남는 욕망을 버리는 예는 거의 없을 듯하다. 땅 위를 간단없이 기어 다니는 벌레들도 그 하는 양이 온통 먹을 것을 찾으러 고난의 행각을 하고 있어 보인다. 누에가 뽕잎을 사각사각 소리 내며 탐스럽게 먹는 모습을 보면, 살아남기의 여정이 강고하기조차 느껴진다. 소 돼지 닭 개 등등의 가축들도 생리적 관심이란 모두 먹을 것에 쏠려있고, 마냥 먹고 배설하면서 고단한 삶의 결핍과 만족을 누리고 있다. 배고픔에 직면한 사람인들 먹을 것을 향한 본심을 벗어날 수 있을까. 먹을거리로 채워지기까지 음식 사냥에 눈빛이 번쩍거리고, 최상의 배부름이 있고서야 지고한 인간적 품위가 살아난다. 하찮은 벌레부터 만물의 영장에 이르기까지 먹을 것에 무릎을 꿇고 경배하며 배를 채운 다음 세상에 존재하는 살맛을 즐긴다.

어쩌면 먹을 것이란 인간 사이의 깊은 연대 의식을 마련해주는 도타운 성물聖物이다. 그러나 평화롭고 여유 있는 사회와 나라일 때 그렇다는 것이다. 전쟁이 일어나거나, 역병이 발생하거나, 천재지변이 생기는 위기의 시절엔 먹을 것의 충분한 공급이 가능하지 않다. 사람이나 짐승이나 먹을 것 쟁취를 위해 살리고 죽이는 분명한 경계를 두고 치열한 눈치의 칼을 간다. 늘 막막하고 절망적인 굶주림으로 촉발된 비극적 참상이 암울한 세상을 끌어간 예가 얼마나 많은지 모른다. 이런 암담한 세상에선 권력과 금력을 쥔 자들은 배부르고 그렇지 않은 평민들은 굶어 죽는 사태가 일어난다. 개인과 개인간의 투쟁과 나라와 나라 사이의 침략 전쟁은 대부분 먹을 것을 쟁취하기 위한 포석이 깔려있다. 궁핍한 시대나 사회에서는 근원적이며 본능적인 먹을 것을 구하려고 온갖 난도질과 협잡 그리고 마침내 죽음의 희생물로 배를 채우는 일이 발생한다. 우리나라 속담처럼 사람이 굶주린 이리떼처럼 수단 방법을 가리지 않고 덤벼드는 상황은 사흘을 굶어보면 안다.

임진왜란 당시 전란으로 인한 희생자들은 대부분 병졸들이거나 의병들 그리고 백성들이었다. 거의 200만 명에 달하는 사람들이 목숨을 잃었는데, 전장에서 싸우지도 않고 굶어 죽거나 도륙당한 백성들이 얼마나 많은지 헤아릴 수 없을 지경이었다고 한다. 굶주린 백성들이 배를 채울 길이 없어 인육까지 먹었다는 기록이 있다. 입과 밥통의 확실한 채움을 삶의 전진기지로 삼는 순간마다 먹을 것을 향한 도정은 굶주린 야수의 감각만 존재할 뿐 살아남으려는 몸부림에 어디 한 점의 양보가 있으랴. 왜적이 조선의 산야를 유린하며 힘없는 조선 농민들을 도륙하는 사태로 1592년에서 1593년 2년에 걸쳐 농사를 짓지 못했다. 이 결과 대기근이 발생하여 굶주림으로 아사자들이 수십 만에 이르렀다. 《선조실록》27년 1월17일 기록에 의하면 "…길가에 쓰러져 있는 굶어 죽은 시체에 붙어 있는 살점이 없을 뿐만이 아니라, 어떤 사람들은 산 사람을 도살하여 내장과 골수까지 먹고 있다고 합니다. …". 배고픔이 극에 달한 악귀가 되어 입과 밥통의 본능을 채우려는 참상을 상상조차 하고 싶지 않다.

유사 이래 각 나라마다 굶주린 백성ㅋ들이 존재했다. 권력과 금력의 권역에서 벗어난 극빈 농민들의 배고픈 설움과 고통은 일상화된 삶의 부분이었다. 살아남는 일들이 먹을 것의 탐색을 위한 꿈틀거림에 있다고 해도 과언이 아니었을 것이다. 강수량이 풍부하고 기름진 땅이 있으면 무리를 이루어 정착사회를 형성했다 해도, 전쟁이나 역병 혹은 흉작의 재난과 만나면 기근의 재앙을 피할 수 없다. 영국의 식민지였던 아일랜드만 해도 1845년부터 5년간에 걸쳐 농민들의 주식이었던 감자의 썩음병으로 거의 백만에 이르는 아사자들이 발생한 참상이 있었다. 아일랜드 들녘엔 밀, 귀리, 보리, 호밀 등 곡식이 가득했음에도, 빵이며, 죽이며, 기타 여러 음식을 만들어 먹을 수 없었던 사회적 정치적 구조로 농민과 노동자들은 굶어 죽었다.

물론 각 지역마다 구빈원을 통해 굶주린 사람들을 돕고자 하였으나, 한계가 있을 수밖에 없었다. 탐욕스런 지주와 농장주들의 외면 그리고 영국 의회와 정치가들의 무자비한 시책 강요 등으로 아일랜드 대기근 상황은 나아지지 않았다. 감자를 주식으로 삶을 이어간 농민 노동자들은 감자 역병으로 굶주림에 처해졌을 때, 설상가상으로 발진티푸스, 재귀열, 콜레라, 이질 등 전염병으로 더 많은 사람들이 죽음길에 내몰렸다. 말과 당나귀, 토끼, 고양이들이 눈에 띄는대로 굶주린 사람들의 먹이가 되었다. 굶주림으로 길에서 엎드린 채로 죽거나 전염병으로 죽은 시체를 관에 넣을 여유도 없어 근처 산야에 부실하게 묻었다. 그 시체들을 굶주린 개들이 살점을 뜯어 먹고 돌아다니다 역시 굶주린 사람들에게 잡혀 먹혔다. 개를 잡아 먹은 사람들 또한 전염병으로 죽어갔다. 짐승과 사람이 입과 밥통의 심연을 채울 끝없이 뼈저린 식욕으로 먹을 것을 구하다 죽어가는 모습이 같았다.

삶의 질곡에서 벗어날 수 없는 입과 밥통의 먹이 구득의 여정은 살아있는 것들의 핏발 선 희열이며 고난임이 분명하다. 사람의 명예와 업적, 화려하거나 초라한 삶의 이력을 들여다볼 때마다 먹을 것의 기본적 배부름이 얼마나 큰 문화와 문명사를 가름했는지 새삼 느끼지 않을 수 없기도 하다. 사람이나 짐승이나 온통 그 얼굴에는 먹잇감 사냥을 위한 촉수로 가득하다. 눈으로는 빛을 먹고, 코로는 냄새를 먹으며 귀로는 소리를 먹고 있기에 입으로만 먹을 것을 먹는 게 아님을 느낀다. 식이위천食以爲天이란 말대로 예로부터 먹을 것으로 하늘을 삼는다고 했다. 식食을 향한 본능을 두고 굶주린 사람에게 예의와 절제를 갖추라고 말하기가 어떤 의미인지 알 수 있을까. 나의 고교 시절 눈에 넣어도 아프지 않을 사랑하는 세 살의 동생을 잃었다. 하루를 울며 식음을 전폐하였다. 그러나 이틀째 소갈머리 없는 본능 앞에 굴복하여 꾸역꾸역 밥을 먹으며 슬픔을 마셨다. 입과 밥통의 법은 살아남을 도리를 하늘에 매달고 있음이다.

제7부

시간의 여행

여행기 1
여행기 2
여행에서 주운 낙수落穗 여행기 3
어느 한갓진 하루의 기행 1
어느 한갓진 하루의 기행 2
어느 한갓진 하루의 기행 3
모악산에 오르며

여행기 1

늙은 나이에 여행이란 때로는 모험이랄 수 있다. 건강한 몸에 건강한 다리를 믿고 길을 나설 수는 있으나, 언제 무슨 고장을 일으키는 신체적 변수를 믿을 수는 없기 때문이다. 더구나 나는 아내와 함께 여행을 떠나는 입장에 있었기에 염려와 긴장과 모든 위험 요소를 감안하여야 했다. 내 다리는 나의 소견으로 볼 때 천 미터 높이의 산을 오르 내릴 정도는 된다고 여긴다. 그러나 아내의 다리는 그 정도의 산을 오르 내릴 수가 있을지 장담할 수 없는 지경이었다. 중간에 무슨 사단이 있을지 자신할 수 없는데 멀고 먼 북유럽 여행을 떠난다는 게 쉽지 않은 결단임은 분명했다.

아내는 그 여행에 대비하여 2 - 3 년 동안 걷기를 연습했다. 아픈 다리와 족저 근막염과 무릎 통증 따위를 다스려 조금이라도 통증을 가려내고 그 근원적 아픔을 없애려고 무척 무척 애를 썼다. 조금이라도 문제가 생기면 서울과 지방을 오가며 치료 및 약 복용에 힘썼다. 그녀에 비해 나는 그런 치료를 할 필요가 없으리만큼 자잘한 아픔 따위는 없었다. 약하고 날씬하기 조차 한 몸이 문제라며 아내는 오히려 나를 염려하여 늙은 몸을 단련하고 모자람이 없는 신체 조건을 보강하느라 보약과 음식 섭생을 정성들여 신경을 써주었다. 덕분에 나는 꽤 힘이 솟는 듯 기운이 넘치는 걸음걸이와 운동을 거듭했고 시골 일거리를 더욱 열심히 했다. 아내는 나의 시골 일거리를 줄이라고 늘 잔소리를 해댔다. 그때마다 나는 자기 몸이나 자신의 신체적 통증 까탈을 다스리라고 맞대꾸를 했다. 우선 다소 비만한 몸을 나만큼이라도 날씬하게 몸무게를 줄이라고 소리치기도 했다.

  아내는 여행 출발 6개월 전에 서울의 유명 정형외과에서 난치의 족저 근막염을 치료하여 고질적 통증을 벗어났다. 그런 후에 무릎 관절 통증도 어려운 과정을 거쳐 거의 완치에 가깝게 치료하는데 성공했다. 어떻게든 칠십 노구의 고장난 몸의 아픔 때문에 바래고 바랬던 여행을 포기하지 않겠다는 초심이 성사 단계로 접어들게 되었다. 부지런히 혈압약을 들었고 보약이며 인삼과 피로 회복에 좋다는 약도 겸비하여 복용했으며, 일부는 여행 가방에 챙겨 넣었다. 음식 섭생도 나름대로 고급화하여 기운을 북돋을 영양 성분의 식사를 꽤 많이 들었다. 어디서 들은 정보인지는 모르겠으나, 노년의 여행이란 젊을 때의 여행과 달라 힘이 딸리거나 지구력이 부족하면 패키지 여행에서 일행을 따라다니기 어렵고 종종 폐를 끼칠것이라는 우려가 있었던 모양이었다. 싫건 좋건 나는 아내의 극성에 따라 권하는 대로 들었고, 조금 기운이 솟는 듯 회춘의 희떠운 기분도 맛보았다.

내 입장으로는 아무 준비없이 북유럽으로 훌쩍 떠나도 괜찮을 듯한 심정이었다. 바야흐로 망팔의 칠십대 말 내 생일을 기하여 세 아이와 며느리들 그리고 사위가 차려준 생일 잔치를 치르고 최종 건강 점검을 마쳤다. 자상한 딸이 각종 구급약을 선별하여 신체 내부와 외부를 다스릴 수 있도록 세세히 구비하여 캐리어와 배낭 안에 챙겨 넣었고, 며느리 들은 여행 현지에 맞는 옷가지며 신발 그리고 간식거리까지 구색을 갖추도록 해주었다. 심지어 무좀약이며 이쑤시게 그리고 면봉까지 넣어두었다. 그 모든 옷가지며 신발, 모자, 여권, 모바일 폰과 더불어 유로화, 달라 돈, 카드에 이르기까지 사랑하는 아이들과 며느리들 그리고 사위가 세세히 여행 다녀본 전력을 바탕으로 차곡 차곡 정리하여 배낭 안에 넣었다.

드디어 여행 날짜에 이르러 다시 점검하여 빠진 부분이 없는지 살폈고, 인천 공항으로 가는 버스를 타러 터미널로 가게 되었다. 새벽 두 시에 택시를 타러 나가려는데 큰아들이 차를 가져와 데려다 주었다. 새벽 시간에 택시 운행이 없을지도 모르기에 염려된 아들이 부모를 모신 것이다. 밤잠을 설치고, 나서 준 아들이 고맙고 가슴 푸근한 감정이 일었다. 아들에게 폐를 끼치고 싶지 않아 그냥 택시로 가겠다고 미리 이야기를 해두었는데도 아들은 아내와 나처럼 잠을 자지않고 기다렸다가 시간을 대어 차를 몰고 왔던 것이다. 그리고 아들은 별도로 유로화와 달라 돈을 내밀었다. 아내는 아들 손을 붙잡고 고마운 정념의 신호를 보냈다. 이미 충분한 돈을 주었는데 그도 모자랄까 봐 더 내밀며 여행지에서 모두 쓰고 오라고 다짐을 받았다.

　인천공항 제 2청사 3층에서 모두 투어 코너에서 북유럽 여행을 같이 할 일행과 가이드를 만났다. 가이드로부터 주의사항과 지켜야 할 내용을 듣고 유럽행 대한항공 비행기 탑승을 위한 절차를 거쳐 비행기에 오르기까지 시간이 많이 걸렸다. 나는 검색대에서 배낭 안에 지니고 있던 접이식 과도가 검색되어 압수당하고 빼앗겼다. 수년 전에 일본 오키나와를 아들 내외와 어린 손녀를 데리고 갔는데 그때는 손톱깍기를 빼앗겼다. 부주의가 낳은 해프닝이긴 했으나 기분이 언짢았다. 어찌됐던 예정된 절차를 지나 비행기에 탑승했다. 아내와 나는 항상 옆자리에 붙어 앉도록 주의와 신경과 조바심이 합친 마음 씀으로 귀국할 때까지 유지되었다.

　요란스런 비행기 엔진 굉음에 맞추어 훌쩍 하늘에 오른 기체는 날개의 힘과 추진력을 바탕으로 만 미터 상공으로 오른 뒤부터는 가늘게 웅웅대는 소음으로 날아갔다. 아마 웅장하고 장쾌하게 제 갈길을 열고 나아갔을 것이다. 나는 그 작은 소리의 자장가에 힘입어 감기는 눈을 따라 깊거나 옅은 잠에 들었다. 용변의 욕구를 참고 참아 10시간 비행 중에 한번 화장실에 들어 소변을 배설했다. 좁게 배열된 비행기 좌석은 갑갑하고 답답했으며 깊은 잠에 들기엔 결코 편안한 자세일 수 없는 구조였다. 목적지에 닿을 때까지 몇 시간이고 고정된 자세를 견지해야할 일종의 형벌 같거나, 강제로 유예

되거나, 혹은 은연중 억압을 수용해야 하는 운명으로 받아들인 것이 신통하였다. 그리고 마침내 죽음까지도 각오해야 할 처지라는 걸 깜박 잊었다. 드디어 목적지에 닿으면 해방감과 함께 고단한 피로감을 안은 채 비행기에서 내린다. 내리면서 생각나는 것은 새로운 문물과 산천경개를 맛보려고 이처럼 두렵고 마음이 켕기는 자기희생을 해야 하는지, 아니면 자신의 이기적 욕망을 이루기 위한 굴복을 감수해야 하는지 의구심이 생긴다. 인생행로에 이런 사연들은 아마 수없이 많을 듯하지만, 세월의 행간에 쌓이고 배어있는 굴복과 스산한 처량함이 너무 많아서는 안 될 듯싶다.

　기억은 잠시이고 기록은 오랫동안 잊히지 않는 물상物像으로 남는다. 정서적 감각의 눈으로 보는 풍경을 정확한 묘사의 근거로 뭉뚱그리기엔 역부족이다. 크고 작은 모든 광경과 풍물 중 어느 한 곳, 한가지 특이한 풍물에 넋을 잃었다면 그것만 기억하고 만다. 걷다가 마주치는 멋진 풍경에 입맛을 당긴들 그 입맛이 얼마나 가겠는가. 졸졸 흐르는 강물과 나무와 잡초들에게 어떤 정감을 담기에는 너무 평범한 대상이다. 그러나 평범성이 넘치는 풍물이 조연으로 받쳐주지 않으면 진짜 주연의 품위는 떨어진다. 관광의 수월성은 관찰자의 감각이 얼마나 정밀한 조망을 가져야 하는가에 달려있다고 생각한다. 가이드가 특별히 강조하고 눈여겨 볼 것을 권하는 안내 멘트를 주의깊게 들어야 하는 이유가 있다. 관광여행의 묘미는 널리 알려진 역사적 사건 현장이거나 고적, 세계적으로 유일한 풍물 등을 감상하는 데 있을 것이다. 눈으로 보는 세계를 아무리 넓고 다양하게 감상하려 해도, 결국 어느 한쪽이거나 관심 끄는 하나를 선택하여 시선을 날리거나 집중하는 수밖에 없다. 분명히 자기 발을 내밀며 걸었음에도 수박 겉 핥기 식의 구경이고, 깊이 살피며 감상한 것은 드물다. 여행을 끝내고 돌아오기까지 그런 풍정이 기억 속에 남기에 세세한 내용을 설명하고 말하기가 꽤 어렵다. 둔한 머리 때문인지 아니면 누구나 관행상 그런 것인지 모르겠다.

여행기 2

　핀란드에 북유럽 첫 발을 내딛었다. 핀란드 수도 헬싱키의 관광을 축약하여 묘사한다면 푸른 초목이 어우러진 산천과 호수가 첫 인상으로 각인된다. 우리나라 한 여름 36도를 오르내리는 삼복더위에 비하면 헬싱키는 13도 – 17도를 오르내리기에 선선하고 상쾌하였다. 살고 있던 내 나라를 떠나 훌쩍 날아온 위치 이동만으로 열사의 혹독한 더위를 잊을 수 있다니, 현실적으로 기적과도 같은 변화였다. 으레 그럴듯한 설명과 수사적 표현만으로 경이로운 느낌을 간단히 말하기엔 뭔가 부족한 감이 있다. 상량爽涼한 느낌 하나로 호들갑을 떨 일이 아니라고 할 수도 있지만, 지구촌 여행에 대한 예비 지식을 별개로 한다면, 호쾌한 감정의 이기적 즐김이 어찌 신비하지 않을 것인가. 인생의 어느 순간에 아이들과 며느리들이 챙겨준 여행 경비며 부수적 준비물까지 정성스런 뒷받침이 고맙지 않을 수 없다.

　핀란드 눅시오 국립공원 나들이는 마침 구름이 낀 하늘에 비가 조금 추적이는 중에 진행되었다. 우산을 쓰고 공원 일대를 거니는 맛은 우쭐할 만큼 기분이 상쾌했다. 작은 구릉을 넘어 나무 사이로 호수가 보였다. 핀란드에는 18만개의 호수가 있다고 하는데, 눅시오 공원 무스타람피 호수는 광활하고 깊어 보였다. 호수 주변 경관이 아름답고 수려했다. 어느 호수나 갖고 있는 풍광과 비슷하게 느꼈다. 다시 돌고 돌아 암석교회라 불리우는 템펠리아우키우 교회로 향했는데, 차창을 스치는 핀란드 헬싱키 풍정은 산뜻하고 중후한 건물과 탄탄해 보이는 일반 가옥구조가 띄었다. 암석교회 근처에 도착하여 버스에서 내려 주변을 완상하며 교회에 입장하는데 마침 시간에 맞추어 안을 보게 되었다. 특이한 구조가 사람들의 시선을 끌었을 것이라는 추측의 한 편에 기도발이 잘 통한다는 풍문이 있다고는 하나, 거룩하고 성스러운 생각은 들지 않았다. 끊임없이 들락거리는 관광객들의 부산한 모습과 교회 안에 어떤 상술의 냄새가 나는 가게 등으로 종교적 경외심이 오염되고 있다는 안타까운 나만의 생각이었다.

  해가 지고 있던 늦은 오후, 바람이 스산하게 부는데 우스펜스키 대성당의 외관은 황금빛 첨탑으로 빛나는 모습이었다. 여행 일정상 자세히 살펴볼 수 없어 서운했지만, 내부와 외부의 윤곽은 핸폰 사진으로 만족해야 했다. 원로원 광장으로 이동하여 아내와 사진 두어 컷 남기고 시선으로 길게 풍경을 잘게 잘게 그려가며 구경을 마쳤다. 과연 뭇 시선을 끌만큼 광장은 광대하였고 계속 관광객의 발길을 불러들일 만큼 무게감이 있었다. 주변 건물들도 촘촘히 많은 세월을 충분히 지탱할 수 있도록 지어졌다.

  핀란드에서 스웨덴 스톡홀름으로 가는 여행은 크루즈 배로 이동하게 되었는데, 밤을 세워 가는 배편이었다. 출렁이는 바다 파도 위를 크루즈배가 수백명의 관광객을 싣고 가는데, 저녁과 아침 식사의 멋있는 뷔페식사가 예정되어 있었다. 요람처럼 흔들리는 배의 침대에서 푸근히 취침한다는 게 참으로 한 때의 삶의 축제라는 느낌이 들었던 것은 잊지못할 추억으로 남았다. 잠자리는 편안했고 호텔과 마찬가지로 샤워를 할 수 있었으며 저녁과 아침의 뷔페 식사는 만족스러웠다. 스톡홀름에는 몇가지 중점을 두고 관람해야 할 명소가 있다. 열거하면 몇십 곳이 있겠으나 패키지 여행 일정상 세 곳만 언급하고싶다.

  하나는 바사호 박물관이며 두 번째는 시청사 내부 관람 그리고 스톡홀름 왕궁이다.

  바사호 박물관에는 바사 왕가의 구스타프 2세가 재위 중 1625년 건조되어 1628년 8월 10일 처녀 항해 시 갑자기 침몰한 전함 바사호가 전시된 곳이다. 바사호의 원인모를 비극적 침몰 후 333년 만인 1961년 스톡홀름 항구에서 인양되었는데 건조 당시의 예술적 기교가 엿보이는 기품있는 조각과 인물상이 특히 시선을 잡는다. 2층 3층까지 관람대가 마련되어있어 층층이 화려하게 장식하고 조각된 전체 배의 구조는 놀라운 걸작품으로 보아도 좋을 듯싶었다. 두 번째 중세 건물들이 임립해있는 감라스탄을 일별하고 시청사 내부를 관람하러 발걸음을 옮겼다. 1923년 완공된 시청사는 800만개의 붉은 벽돌과 1900만개의 금 도금 모자이크를 사용하여 지어졌고, 노벨 평화상을 제외한 다른 부문 수상자 수여식과 만찬회를 여는 강당이 그 안에 있었다. 어찌보면 장엄하고, 어떤 분야에선가 세계적 지성의 노벨상 수상자들이 다녀간 역사적 족적이 빛나는 성소라고 여겨졌다.

 세 번째 스톡홀름 왕궁인데 장려한 내부 장식이며 고급스럽게 장식된 600개의 방들, 각종 보석과 왕관이며 귀금속이 진열된 보물방 등이 있다. 왕궁 건축 과정의 숱한 사연과 역사적 사실 기록을 자세히 안다고 해도 짧은 시간의 걸음걸이마다 몰입하는 시선을 주어도, 왕궁 안과 밖이 더욱 빛나거나 거룩한 것이 무엇인지 짧은 시간에 판별해 낼 수 없었다. 유감스럽지만 깊고 상세한 구조의 진기함이라든가 예술성 등은 아예 간과하고 지나가며 눈에 들어오는대로 감상할 뿐이다.

 버스를 타고 스웨덴 국경을 넘어 노르웨이 수도 오슬로로 들어갔다. 오슬로 관광에 나서며 처음 간 곳은 비겔란 조각공원이었다. 비겔란 조각공원은 천재 조각가 구스타브 비겔란 조각 작품을 모아 갖가지 모습의 인간 군상을 제시하여 전시된 작품마다 탄성을 자아내고 있다. 조각 작품이 200여개 전시되었다고 하는데 그 중 반의 반 정도인 50여 작품을 본 것 같다는 생각이 들었다. 작품 하나하나마다 무겁고 장중한 표정으로 살아있는 사람들에게 호소하는 감정의 밀물을 어느 만큼 얼마의 정서적 감각으로 받아들여야 하는지 고민할 틈도 없이 시간과 관광객의 줄에 밀려 훌쩍 지나갈 수밖에 없었다. 가슴에 서린 서늘한 감정을 풀며 엄마의 젖가슴에 매달린 어린아이를 좀 더 보려고 했으나 그리 되지 않았다. 그냥 일별一瞥로 끝나는 무차별한 감상이었다. 조각 작품의 특성상 긴 시간을 바라보며 작가가 보여주고자 했던 강렬한 메시지나 숨은 의도를 읽거나 깨달아야 하는데, 그냥저냥 스쳐보며 지나가는 게 아쉽고 처량한 감정이 일었다. 비겔란 조각가에게 매우 불손하고 야박한 감상의 무지를 보여주는 듯싶어 마음이 불편했다. 그래도 어쩌랴. 순간적으로 가슴에 스미는 거룩하고 경이로운 마음이 솟는 작품마다 폰 사진으로 담다보니 조각가의 피땀어린 작품에 조금이나마 예의를 지켰다고 자위하며 지나간 셈이었다.

오슬로의 상징이라 칭할 수 있는 시 청사를 보러 발을 옮겼다. 오슬로 시 창립 900주년에 맞추어 건축했다는데 전국의 건축가들로부터 모집한 작품 중 Arnstein Arneberg 와 Magmus Poulsson의 작품이 선정되어 공사에 착수하여 1950년 완공되었다고 했다. 쌍탑이 솟은 기념비적 건물이다. 외부와 내부를 둘러보았는데 단순하면서도 탄탄하기 이를 데 없이 지어진 모습에 영원한 오슬로의 상징 건물로 남을 수 있겠다고 생각했다.

노르웨이는 높은 산과 수려한 골짜기, 계곡 그리고 그 사이를 흐르는 물이 끊임없이 흐르는 자연 풍물이 무진장하게 펼쳐져 있어 먹을 것만 풍족하다면, 신선처럼 살 수 있는 천혜의 땅을 지닌 나라가 아닐 수 없다고 여겨졌다. 실제로 산간 분지 투성이의 나라에서 변변한 먹거리 생산이 없어 예전엔 가난하고 초라한 면목을 보였을 것이다. 그런데 석유 시추가 근해에서 시작되고 최신 첨단 어업과 광업 등의 막대한 자원 혜택을 입으면서 국민의 생활 수준이 날로 풍족해지고 남부러운 삶의 여유를 지니게 되었다. 버스를 타고 지나다 보면 수려한 산기슭에 크고 작은 전원주택이나 캠핑 가옥 등이 곳곳에 지어져 있고, 강변 주변에도 앙증맞은 주택들이 보일 뿐 아니라 심지어 높은 산 정상에도 지어진 가옥들이 있음을 발견할 수 있었다. 우리나라와는 달리 주택건축 허가가 있었는지, 캠핑카 모양의 가옥이 곳곳에 산재한 상황이 놀라울 지경인데 그게 어디 가능한지 가늠할 수 없었다.

노르웨이 산악열차인 플룸 노선은 인상적인 관광의 기쁨을 안겨주는 코스이고 산악풍경은 경이롭다. 열차를 타고 가파른 산길을 오르는 중간에 장대한 Kjosfossen 폭포를 볼 수 있는데 장대하고 웅장한 기세로 흘러내려 눈에 어린 풍경 묘사를 모두 글로 담을 수 없다. 아울러 피오르드 구간과 송네 피요르드의 거대한 204km 길이, 깊이 1200m, 의 장관을 필설로 모두 옮길 수 없다. 오직 눈으로 보고 놀라며 풍경의 찬탄만 있을 뿐이다. 그밖에 뵈이야 빙하를 멀리 구경하고 빙하 박물관을 관람하며 희한한 세계를 겪었다. 헬레쉴트와 게이랑에르 구간을 페리를 탑승하여 주변 경치를 볼 수 있었다. 여기 펼쳐진 경관에 여러 갈래 진 폭포 꽃들이 있긴 하지만, 그냥 지나가는 시선으로 넘길 수밖에 없었다.

바쁜 일정에 따라 뭉크 미술관에 발길을 옮겼다. 뭉크 작 〈절규〉를 감상하기 위해서였다. 뭉크가 〈절규〉를 네 점 그렸다는데 시대적 배경과 가정적 비극에 불안과 공포가 그림에 깃들어 있다고 한다. 뭉크 미술관에 전시되어있는 뭉크작 〈절규〉는 두 점이 진열되어 있었다. 그림으로부터 풍겨 나오는 공포스런 표정과 분위기가 섬뜩한 느낌이었던 게 선입감 때문이기도 하고, 작품의 입체적 박진감 때문이기도 했다. 오슬로에서 일정을 끝내고 덴마크 코펜하겐으로 크루즈 배를 타고 이동했다. 배 안에서 1박을 했고 뷔페 식사로 배를 채웠다. 어디로 가나 먹는 것과 먹은 만큼 배설하는 거룩한 과업을 진행했다. 이 과업을 통하여 나는 삶의 도락을 얻었고 여행의 즐거움을 만끽했다.

그런데 낯선 것을 바라보고 호기심을 만족시키며 놀랍고 경이로운 기억의 축적과 쌓아올린 예술품이나 고적에 대한 지식으로 찬탄하며 무엇을 얻자는 것인지 의문이 가기도 한다. 관광의 궁극적 성취는 눈의 총기에 의존함이 대부분이라 생각한다. 그러나 개인의 혜안과 선택에 의해 얻는 지식과 기억되는 것은 개인마다 다르다. 피곤을 이기고 지쳐가는 몸을 견디며 유람하여 매양 환희에 젖는 것이 아니거늘, 관광 여행의 발자취마다 간절한 호기심 만족의 추구로 이룩한 성과가 어느 정도인지. 실제 소용에 걸맞은 기록을 남겨 교훈과 반성과 깨달음은 무엇인지 모른다. 그 나름대로 수준에 맞는 판단과 헤아림을 통해 여행에서 얻은 결과물로 남은 여생이 얼마나 빛나는 성장과 발전을 이룩할지도 정확히 모른다.

이리하여 덴마크 코펜하겐의 게피온 분수며 인어공주 동상, 아말리에 보르 성 관람도 그 헤아림으로 추정하며 지나갔다. 그 다음 코스의 두바이는 매우 특이한 열기를 품은 환경이었다. 고온다습한 날씨로 매우 뜨겁기만 하고 땀이 많이 나지 않는 기분이었다. 건물 밖은 고온의 열탕 지옥 같은데 건물 안은 서늘하고, 약간 춥다고 할 지경이며, 어쩌면 살만한 세상으로 여겨도 무방할 듯했다. 풍요한 석유자본이 만든 천국과 지옥 풍경이 얼마나 오래 유지될른지 모르지만, 기후의 악조건을 무화시킨 풍요한 경제적 잉여의 극적이며 환상적인 현장을 눈으로 확인하며 발걸음을 옮겼다. 세계에서 가장 큰 쇼핑몰로 알려진 두바이몰을 갔지만, 어마어마한 크기의 그곳 일부만 발걸음을 내딛었을 뿐 95개의 엘리베이터, 150개의 에스컬레이터는 모르고, 세계 최대의 실내 아쿠아리움, 실내 금시장이며 실내 아이스링크와 호텔은 말만 듣고 구경을 마쳤다. 분수쇼나 잠시 감상하며 사진을 찍은 내용이 그나마 위안 삼을 이야기꺼리로 다녀온 흔적으로 남았다. 알파히디, 에미레이트 타워, 자빌 팰리스, 두바이 몰, 두바이 프레임 등, 경제적 부의 거 탑(巨 塔)들은 외부의 뜨거운 열탕을 걸러낸 실내의 서늘하고 시원한 환경의 살아볼만한 속살을 품고 있는 게 신통할지언정, 영원한 낙원을 유지할지는 알 수 없다.

  여행의 궁극적 끝맺음은 출발할 때의 지점과 돌아올 때의 지점이 만나야 완성된다. 과연 출발할 때의 가슴 뛰는 설렘이 돌아온 후의 성취감으로 무언가 달라진 사람이 되었는지 자문자답해서 얻는 게 있는지 생각해봐야 한다. 여행자마다 감회나 의미가 다를 것이다. 모든 인생의 성적표는 오직 자기 자신만의 고유 영역이지만, 회한과 아쉬움 그리고 서운함으로 얼룩진 시간이나 생애일 수만 없다. 그래도 인생 여행에서 달성한 자신만의 보람과 성취를 감득할 수만 있다면, 가슴 뿌듯한 막춤을 추며 충만한 긴 숨의 여행기를 토해낼 수 있을 것이다.

여행에서 주운 낙수落穗 여행기 3

　그리스 철학자 헤라클레이토스는 만물의 근원을 '불'이라고 했다. '불 자체'라기 보다 불의 변화를 의미하였다. 그래서 모든 것은 끊임없이 변화한다고 주장했다. 그리고 '같은 강물에 발을 두 번 담글 수 없다'는 격언을 말하며 세상은 끊임없는 운동과 변화로 이루어진 것이라고 했다. 헤라클레이토스 말대로 세상은 변화 과정 속에 모든 사물은 순간순간마다 새롭게 바뀔것이라고 여겨졌다. 세상의 변화가 순간마다 이루어지는 물리적 현상이 있다면, 어느 한 지역에 살고 있는 사람은 다른 지역에 살고 있는 사람에 비하여 더디거나 더 나은 삶을 사는 모습을 보일 수 있다. 아무도 이런 차이점을 눈으로 보지 않고는 확인할 수 없다. 확인을 위한 여행은 그로부터 필요한 존재 이유를 구성한다. 그래서 성 아우구스티누스도 '세계는 한 권의 책이다. 여행하지 않는 사람에게 이 세상은 그 책의 한 페이지만 읽는 것과 같다.'라고 말했다. 바그너도 '여행과 변화를 사랑하는 사람은 생명이 있는 사람이다.'라고 언명했다.

좀 더 낫거나 경이롭거나 거대한 뭔가의 대상을 향한 탐구심이 생기는 이유도 여행의 필요성에 의미를 준다. 여행은 감격스럽거나 새로운 풍경을 구경하기 위해서라기보다 현장에서 자기 안목으로 판단한 새로운 시각을 갖는 데 있다. 선진국이나 후진국이나 나라마다 독특한 문화와 풍경을 지니고 있기에 여행을 통하여 얻을 것은 많다. 새로운 눈을 어디서 얻느냐 하는 것은 여행하는 사람의 개인 취향과 전문성에 따라 다를 것이다. 어느 시대나 남녀노소 모두 여행에 대한 꿈이거나 희망을 지니고 산다. 여행에 대한 강렬한 욕망을 만족시키기 위하여 막무가내로 무전여행을 감행하던 사람들이 있었다. 그리고 깃발을 든 리더를 따라 선진국 답사랍시고 나란히 줄을 지어 여행하던 시절도 있었다. 유행병처럼 번졌던 여행 열풍이 가까운 나라 일본에서 시작되던 시절이 1960, 1970년대에 있었다. 깃발 든 선두 뒤를 줄을 서서 나란히 관광하던 모습이 유달리 눈에 띄었다고 한다.

나는 해외여행을 홀로 한 바가 없다. 그 이유로 여행 일정을 짜고 진행하는 데 어려움을 느꼈고, 담대하고 막무가내식 저돌성이 없었던 탓이었다. 그밖에 현지 정보의 자상한 내용을 모르고 모험스런 모험을 할 만큼 나름의 결단력도 부족했다. 그래서 패키지여행을 선택했다. 패키지여행 회원들이란 살고있는 지방이 다르고 나이와 성별도 일정치 않아 어떤 구성이 될지 모르는 경우가 대부분이다. 우연히 같이 만났기에 일면식도 없고 데면데면하였다. 가이드 말에 솔깃 귀를 기울이고 그의 말에 따라 기민하게 움직이면 되었다. 나는 가장 연장자였으며 나머지 회원들 모두 나보다 10년 이상 젊었다. 나와 비슷한 나이의 회원이 없기에 텅 빈 실망감이 머릿속을 감돌았으며, 젊으나 젊은 눈치 빠른 회원들은 늙은 회원에게 오불관언한 채 자기네들의 잽싼 움직임의 세상을 열고 나아갔다. 여행 다녀본 푼수도 꽤 있는 듯하여 우리 내외가 뒤 따라다니기 힘들었고, 조바심하며 사태 파악을 빨리하려고 눈 쫑긋 귀 쫑긋 이리저리 방향을 돌려가며 타진했다.

  공항의 구간마다 검색의 치밀한 입김을 달래며 통과하느라 혼쭐이 날 지경이었지만, 어쨌든 거쳤으니 그나마 다행이었다. 시답지 않은 좌석에 앉아 움쭉달싹하는 노동을 열네 시간 견뎌야 하는 게 주어진 의무이자 권능이었다. 새로운 이상향이나 낯선 산천의 전모를 완견玩見하려는 목표가 얼마나 컸었는지 모르겠으나, 생애의 거대한 파도를 넘고 있음이 분명했다. 유명무실하게 낡은 심신은 피로의 늪 속에 젖어 졸렸으나 졸리지 못하고 졸리는 척 눈을 감았다. 아내는 천연스레 코를 골았는데 늘 듣는 그녀의 코골이 음이 오히려 나를 안락에 빠뜨리게 하였다. 나는 그렇게 편안했고 새삼 그녀의 손을 더듬어 쥐었다. 만 미터 넘나드는 상공을 날고있는 비행기 안이 조금 싸늘했다. 36도를 오르내리는 지상의 더위에 비하면 서늘한 천국이거늘 그것도 춥다고 담요를 덮는 아내는 한 장의 담요로는 부족하다며 또 다른 담요를 요구했다. 스튜디어스가 담요를 가져다주었다. 아내는 나에게 춥지 않은지 확인하고 나의 담요가 내려가지 않도록 연거푸 올려주었다. 마음 씀씀이가 고맙고 같이 여행하는 기쁨의 포만감이 일었다.

핀란드에서 관광버스를 타고 가는 차 안에서 가이드는 연신 핀란드 경제, 교육, 문화 특성을 이것저것 밝히듯 설명했다. 많은 이야기 모두 기억할 수는 없었고 그냥 흘려보내다 걸린 이야기는 핀란드가 러시아와 싸운 전쟁 역사이다. 러시아라는 강대국과 싸운 핀란드의 살아남기 투쟁은 참으로 어렵고 힘든 싸움이었다는 내용이다. 무기와 병사의 수에 밀리는 핀란드가 흰 눈이 쌓인 산에서 흰옷으로 위장한 채 추위에 떨며 러시아 병사가 다가오기를 기다렸다. 멋모르고 접근한 러시아군을 일시에 집중 사격으로 물리쳤다는 이야기였다. 여행 중 차창을 스치는 풍경은 소나무와 전나무로 보이는 침엽수림이 산재해 있고 온대 지방의 잡초나 단풍나무, 개암나무 등의 낙엽수림이 수놓고 있었다. 북극권임에도 기후가 온화하여 북위 60도 상에서 농업이 가능한 축복받은 나라이다. 관광의 명소라 한들 눈이 휘둥그레질 만큼 놀라운 경치거나 건물은 아닌 듯하다. 다만 기후 조건이 선선하고 그 선선한 기후로 산들거리는 초목의 풍경이 우리나라의 열기 서린 여름 날씨와 느낌부터 다른 점이 몹시 부각되어 좋을 따름이었다.

패키지 여행의 특성은 정해진 시간, 정해진 관광지, 정해진 식사 그리고 숙소이며, 아울러 어김없는 비행기 탑승 등이 있어 개인 욕망과 호기심의 강렬한 끌림으로 시간의 지체 따위는 없어야 한다. 주마간산격의 감상과 스쳐 지나가며 풍경과 사람을 조우하는 여행이다. 강한 호기심을 이끄는 홀림의 대상이 있다면 이 편리한 핸폰 사진 찍기로 만족해야 한다. 핸폰 사진 찍기의 놀라운 여행 일체감을 증명할 기기야말로 허겁지겁 놓치는 안타까움을 채우는 아쉬움을 뛰어 넘는다. 나는 줄곧 풍경을 폰에 담았고 나 자신과 아내를 끼워 또 하나 풍경의 주인공으로 둘러 세웠다. 그중에 친절한 회원이 아내와 나를 엮어 폰에 담아 주었기에 더욱 빛나는 한컷 한컷이 살아 숨 쉬게 되었다. 그렇게 아기자기한 호의를 베풀어준 이쁘고 귀여운 회원 들에게 고마움을 표하지 않을 수 없다. 매번 식사 때마다 함께 자리를 같이한 안양 부부, 인천 모녀, 울산 모녀 그리고 부부에게 친절한 노인 예우를 받았다. 식사 때만 둘러앉아 밥을 먹는 동안 서로의 사는 곳, 삶의 이모저모 등을 이야기하고 정보를 교환했다. 나름대로 풍요한 삶을 살고 있으며, 여행하거나 각종 유희와 식도락을 즐긴다 했다. 제각기 나름대로 세상을 보는 탁견을 지니고 있는 듯하며, 웅장한 건물이며 산천이나 호수에 대한 놀라운 시선과 경탄을 자아내고 있지 않았다. 그냥 여행하고 있고 특이한 경관을 지나가는 눈초리로 휘젓고, 나름대로 이국적 풍경을 영화의 장면처럼 흘려보내는 것 같았다. 기억은 그냥 핸폰 사진에 맡기고 자신만의 인상을 말할 유명한 명소의 특징을 제시하면 그만일 듯싶다.

  눈으로 인식하는 모든 풍경은 공통된 모습으로 각인된다. 자신의 관심과 주의 여하에 따라 깊이 새겨지는 대상이 생기게 되며, 그 대상으로 선택된 특이성은 훗날 주변 사람들에게 이야기로 꽃피울 것이다. 그런 의미에서 나는 화장실을 예로 들고 싶다. 첫째로 소변기에 관한 불만스런 어려움을 당한 이야기가 있으며, 둘째로 공중 화장실에서 남녀가 줄을 서서 기다리다가 차례가 오면 앉거나 서거나 알아서 생리적 소변 대변을 해결하는 것이다. 첫째, 소변기에 관한 것인데 핀란드, 노르웨이에서 겪은 사연이다. 소변기의 오줌 누는 높이가 너무 높아 뒷굼치를 들어 올려야 간신히 오줌 줄기를 제대로 쏟아 넣을 수 있어서 참 힘들었다. 가까이 다가 서노라니 매양 음낭 부분이 오줌 받이와 닿게 되어 냄새 독하게 그윽한 변기와 키재기 싸움이라도 벌이는 꼴이 되었다. 바이킹족 후손으로 거인들의 생식구조가 커서인지 모르겠으나 키 작은 사람이나 어린이는 아예 소변의 기회를 어떻게 향유하는지 모르겠다. 두 번째로 양변용 변기만 있는 데는 남녀공용인데 소수의 변기인지라 남녀가 순서 없이 줄에 서 있다가 자기의 생리 욕구를 해결하도록 하고 있다. 공용 화장실에는 문밖에 남자 모양 이미지나 여자 이미지 표시가 있다. 그런데 어느 곳은 남녀의 이미지가 한 문에 같이 붙어 있다. 나는 가능한 한 남자용 변기에 소변 문제를 풀었으나, 공용만 있는 곳에서는 어쩔 수 없이 줄 서서 기다렸다가 방금 금발의 여성이 누고 나온 화장실에 들어가 또 좌식으로 보기가 뭔가 꿈틀거림이 거북하여 좌변기를 들어 올리고 일을 보았다. 나의 뒷 차례 여성이 들어가서 좌변기를 아래로 내리고 변을 보는 데 무슨 불편감이 있을지는 알 바가 아니었다. 세상에 별의별 희한한 대소용변 보기도 다 있는가 하는 생각에 입과 코 웃음이 돋았다. 다행스럽게도 공항이나 호텔, 규모 큰 공공시설 주차장은 그런 불편이 없어 좋았다.

　패키지 여행은 여행사의 전문적 일정과 숙소 등에 의지하지만, 그래도 명색이 단체를 구성해 여행단을 만들었는데 단체라는 이름만 있지 인간적 소통이 있는 어울림이 없다. 일부는 서로 삶의 영역을 터놓고 이야기하며 정보를 교환하기도 한다. 뭔가 뜻이 통하면 같은 좌석에서 식사와 음료 혹은 술 한잔 정도 나누기도 한다. 전체는 기대할 수 없지만 일부라도 진지한 소통이 이루어진다면, 인연의 아름다운 구조로 오갔던 이야기와 주고받은 정이 깊어갈 수 있겠다. 그러나 나는 이번 여행에선 그런 내면의 상관관계를 조화와 멋진 그림을 완성하는 단계로 발전시키지 못했다. 나의 나이와 점잖은 풍모를 지키는데 헛된 유심을 가졌기 때문이다. 핀란드, 스웨덴, 노르웨이, 덴마크, 아랍에미레이트를 다녀본 총괄적 관점은 황홀한 그림은 없다에 방점을 찍고 싶다. 예부터 여행은 삶의 지평을 넓혀주고 인생의 풍요한 경험과 지식을 심어준다고 했다. 실제 여행을 통해서 눈의 호강을 즐길 만큼 즐겼으며 색다른 이국적 풍경과 세상을 보기는 하였으되, 뭘 깊이 느끼고 감동했으며 살아 온 날들의 헛된 상상이나 꿈을 반성하게 되었는지 거의 알 수 없다. 그리 된 이유로 날이 갈수록 신비하고 웅장하며 세상에 없는 진기한 모든 것들은 인터넷과 책 또는 사진, 소개 책자 등으로 일상적 접촉이거나 눈에 익어 평범 그대로 변화될 만큼 소소한 것이 되었기 때문이다. 여행이란 피곤하고 위험하며 시간의 거대한 소비이고, 경제적 과도한 지출을 야기하는 것으로 생각하게 될만한 세상이 되었다.

  이제 일상의 필요와 개인의 간절한 호기심과 욕구를 만족할 만큼 위험 감수와 경제적 활용가치를 셈하거나 계산으로 머리를 쓴 만큼 움직이고 활용하면 그만일 듯싶다. 구경거리가 될만한 거대한 협곡, 호수, 왕궁, 성곽, 조각 작품 등 누군가 생애의 기념비적 답사가 필요한 사람은 직접 목숨을 걸고 움직이면 된다. 삶의 모든 형상은 시간의 밀물에 맡긴 생명 침식 대상이다. 끊임없이 죽어가거나, 사라지는 도정에 있는 대상들이다. 그렇다 해도 옛말에 회자되듯 '인생이란 고향 집으로 향하는 여행이다' 라는 말처럼 끊임없이 반성하며 깨달음의 끝에 그 모든 것을 뒤로 하고 태어나기 이전의 세계로 여행의 끝머리 세계인 고향으로 가는 삶이다. 지구상에서 지금껏 태어났다가 죽었던 1000억 명 이상의 사람들이 묵묵히 걸어간 죽음 세상의 여행이 있다는 게 확실하다면, 여행의 모든 것은 성장의 거듭이었다가 거듭을 매듭짓는 것이 여행의 끝이다. 그런 연유로 작은 여행에서 큰 여행에 이르기까지 목적의식이 있는 것치고 여행이 졸렬하고 허상에 머문 것처럼 보이지 않은 것이 없다. 경험하고 깨닫는 여행의 결과가 달관이라면 그 후 죽음 길을 가는 여행은 달관의 충만일 수 있다. 인생 여행은 결코 무게를 잴 수 없는 길고(장수하고) 짧음(단명)의 재단裁斷이 없는 여행이기에 더욱 그렇다.

어느 한갓진 하루의 기행 1

　지난 여름의 폭염이 얼마나 자심했던지 열탕 지옥을 건너가는 듯 힘들게 지냈다. 그런 여름을 넘겼기에 드디어 스산한 가을 풍정에 들어선 기쁨이 더욱 컸다. 서늘한 바람 앞에 서니 엄청 뜨거웠던 더위가 아련하게 기억되는 게 신기할 지경이다. 문학기행으로 하루를 여는 계획대로 큰샘 수필문학 회원들이 두 대의 승용차에 분승하여 강천산으로 향했다. 산기슭에 들어서니 가을이 몰고 온 바람이 싸늘한 냉기를 품어대어 오싹 몸이 떨릴 지경이었다. 한기를 막아보려고 옷깃을 단단히 여몄다.
　예전에는 외지고 교통이 불편하여 사람들의 발길이 뜸했던 강천산이었다. 호남의 소금강이라는 별칭을 얻을 만큼 기암괴석과 아기자기한 오름 길을 간직한 탓에 이제 유명 관광지로 탈바꿈하여 많은 인파를 불러들이고 있다. 산과 초목들은 여전히 그 자리에 있고 훤히 뚫린 산길과 계단길이 걸음의 편의와 용이함을 주어 관광을 위한 이동이 가벼워졌다. 일부 회원들은 아픈 다리의 불편 때문에 중도에 걷는 것을 멈추고 나무 밑에 앉아 쉬기도 했다. 나는 아직 걸을만한 힘이 있었기에 사닥다리를 딛고 오르는 재미를 만끽하며 올라갔다. 구름다리까지 오르고 더 오르는 것을 멈췄다. 젊은 시절 같으면 정상까지도 한달음에 올랐을 것이다. 늙은 나이에 이만큼이라도 올라선 저력을 감사해야 한다는 게 당연한지 아니면 처연한지 모르겠다.

  여생의 어느 시절에 다시 강천산에 와서 등산하며 산마루 풍경을 감상하는 여유가 얼마나 더 있을지 모르겠다. 구름다리를 건너며 어지럼증이 일기도 하여 아랫녘 바닥이 바로 보이지 않았다. 당연히 걸음걸이가 조심스러웠다. 다리 중간에 서서 산을 올려다보거나 굽어보는 땅에 대한 감상이 예전처럼 심원하다거나 감개가 어리지 않는다. 가을빛이 깊게 물들어가는 풍경들이 풍기는 추연함이 가슴에 닿았다. 스산한 바람결 따라 흔들리는 나뭇잎도 처연했다. 이 모든 계절의 순환에 따르는 변화가 마냥 으레 있을 법한 자연의 섭리라는 느낌이 들지만, 경이롭게 느껴지지 않았다. 그만큼 늙고 노회한 삶의 경계에 있는 나이에 이르렀기 때문일까. 아니라면 신선한 감상과 낭만적 사유의 방식에 대한 유치한 발상을 경계하는 마음이 일어서일까.

  설레설레 발걸음을 조심스레 내딛고 나아가는데, 조금 세차게 부는 바람으로 잠시 주춤거리면서도 늠연히 앞을 향해 걸었다. 마지막 계단 아래 발을 내딛는 순간 뭔가 성취한 듯이 안도감을 느꼈다. 나이 탓일까. 구름다리를 무사히 내려왔다는 조그마한 행동까지 대견스럽게 여기는 마음이 쑥스럽다. 쉼터의 벤취에 앉아 잠시 숨을 고르고 다른 회원들을 기다리며 주변 풍경을 둘러보았다. 오르고 내리며 걸었던 탓인지 이제 한기가 가셨다. 마음이 안정되자 여유로운 자세로 나 자신을 돌아보며 다른 회원의 동정을 살피게 되었다. 아직 어디론가 마음껏 오고가는 힘이 있어 걸음걸이가 나를 이끄는 바에 따라 산과 들을 쏘다닐 수 있다는 게 얼마나 큰 행복인지 모르겠다. 이런 생각의 저변에 나이 듦의 서글픈 현실을 받아들이지 않을 수 없다는 애련함도 깔려있다.

  회원들이 모이자 사진을 찍게 되었다. 사진을 찍는 일들이 흔하여 일상의 풍경이 된 지금의 세대에서 단체 사진을 찍는다 하면, 뭔가 서투르고 어색한 분위기가 감돌 곤 한다. 고운님이 카메라 삼각대를 세우고 자동 초침을 누르며 사진을 찍는 모습에 그 예전 다 같이 찍었던 일들이 주마등처럼 스쳤다. 어찌 그리 정해진 행사처럼 사진을 열심히 찍거나 찍히길 좋아했으며 순응했을까. 모든 사진은 어느 시기의 한 때에 머물렀던 자신을 보여주며 증명하고 있다. 어린 날이거나 젊은 날, 중년과 노년의 한 시기를 확연히 보여주는 사진을 보노라면, 그 시간들을 살아낸 흔적이 신기하다는 느낌이 든다. 사진이 아니었다면 해맑고 순수하며 주름살이 늘어가는 모습의 경계를 어찌 알 수 있단 말인가. 아니 그보다 순간순간은 그 시간의 처음이며 마지막이기에 돌아올 수 없는 구비를 확인하고 회상해 볼 기회를 맛보고자 하는 염원이 있었기 때문일 것이다.

  사진 속의 나는 그때 무슨 상념에 들어 카메라를 향해 시선을 집중했는지 궁금했다. 사진 속에 든 얼굴들을 볼 때마다 얼마나 예쁘고 아름다운 모습으로 남아 그 처음이자 마지막을 장식하려 했던 것인지 생각해보려 애썼지만 허사였다. 흘러간 웃음과 소리와 장난스런 표정들이 사진으로 엮어져 추억의 무대에 다시 살아나고 있음을 볼 때, 사진의 순간 장면은 그냥 찍어서 남는 운명의 어떤 파노라마가 아닐까 하는 생각이 들었다. 죽음 뒤의 뼈로 남거나 화장한 후의 골분이 불러일으키는 세상의 무대가 없기에 인생의 중요 구비의 장면마다 눈을 크게 뜨고 사진기를 향한 눈을 맞추는 행위가 더할 수 없이 장엄할 수도 있겠다는 감개가 서린다.

사진 찍기가 끝나고 다시 차에 올라 순창 한정식 음식점으로 갔다. 산책과 등산과 어슬렁거리며 돌아다니는 동작들은 건강을 다지는 운동임에도 피로감을 수반한다. 그런 탓에 더러 쉬기도 하고 도란도란 이야기 속에 잠겨 머물기도 한다. 이런 움직이는 쾌감 뒤에 치르는 휴식에는 반드시 먹을거리의 치장이 필요한 법이다. 군것질과 입안을 달구는 과자 등을 잠시 비껴 돌리고, 음식의 본론 즉 점심과 만나는 기쁨을 누리는 게 하루의 큰 행사일 것이다. 고운님이 안내한 한정식은 알맞은 농도의 적절한 음식의 진미를 품은 채 우리를 기다리고 있었다. 각종 맛의 흥취와 저작의 즐거움을 느끼게 하기에 충분한 음식들이었다. 상 위에 가득한 먹을거리 앞에서 모두 왕성한 식욕을 과시하며 탐스럽게 식사를 즐겼.

나는 반주를 겸하여 음식을 들며 연거푸 술잔을 기울였기에 알딸딸한 취기가 올랐다. 삶의 한 때가 황홀하고 맛깔스럽게 흘러갔다.

원래 술이란 권커니 잣거니 하며 술타령이 흥겹게 오가는 분위기가 그지없이 좋을 법하다. 그럼에도 도통 술 한 모금도 하지 않는 회원이 있어 마냥 홀로 깨금발 딛고 시내를 건너는 모양처럼 혼자만의 어색한 술판이 되었다. 그래도 J여사가 대작의 기쁨을 누리게 했으며 고운님과 Y님 그리고 K여사님이 한 편의 술타령 그림 짓기에 참여해주어 괜히 가슴이 흥취 속에 흥을 더했다. 고운님의 불쾌한 얼굴도 보기가 좋았다. 아! 술맛이란 이런 거야 하는 촌감寸感단상壇上에 나를 올려놓고 헛 기개로 우쭐해 한 나의 모습이 도탑게 떠오른다. 바깥은 가을바람으로 소슬한데 우리의 음식과 술판은 이제 홀쭉한 배를 채우고, 가슴을 채우고 분위기를 달구며 흥겹게 가벼운 대화를 나누는 화평 성대를 유유히 건넜다.

 술이란 묘한 마약이었다. 마음을 대담하고 풍족하게 만드는가 하면 여유와 걸쭉한 농담으로 하잘것없는 영웅 심리에서 풀려나온 과대 포장의 말솜씨까지 이어지게 했다. 소탐대실의 인격적 비하를 감수하는 주취에 실려 형편없이 우쭐한 사람으로 변신하게 되기도 했다. 원하는 바가 아니었으되 실없는 잔소리가 흘러나오는 어설픈 추태를 보이기도 했다. 사람됨의 진실한 모양을 술 취한 뒤에 살펴보면 안다고 하는데 나의 모습이 그런 모양새였다. 그래도 허물어진 인격의 마당에 늘어선 인간의 깊은 속내만은 숨길 수 있어 다행이다. 겉으로 나타나는 모든 물상에는 속내의 비의가 감추어져 있기에 아무도 함부로 넘겨짚어 판단하지 못한다. 나는 흥취로 흘러나오는 노래와 나만의 가락과 회원들과 어울림의 시적 함의를 감춘 채, 잔소리를 했으므로 행복했다. 은근슬쩍 본심을 숨기는 능력이란 진정한 술꾼의 전형이며 재주다. 이를 모르는 사람들은 백번의 술판 대작對酌이 있어야 조금씩 서로를 알게 되는 경지에 이를까.

어느 한갓진 하루의 기행 2

　들녘은 황금빛 벼들이 바람 따라 출렁거렸다. 보기만 해도 배가 부른다는 사람들의 말이 과언이 아님을 실감하는 가을의 풍요였다. 수확과 결실의 장엄한 울림이 가을 천지에 가득 퍼지는 축복인 듯 온몸으로 느끼며 가을 기행의 다음 행선지를 향했다. 순창군 쌍치면 금성리 피노마을에 있는 녹두장군 전봉준 피체지 기념관으로 갔다. 1890년대의 풍물로 재현한 옛 초가집 몇 채와 집터 그리고 안내판 등을 둘러보았다. 우금치 전투에서 동학군들이 일본군에게 전멸하다시피 하여 패퇴한 이후, 전봉준은 여러 곳에서 숨어다니다 마침내 피노마을에 잠적하고 있었다고 한다. 믿었던 심복 부하 김경천의 밀고로 일본군에게 잡혔다. 미완의 혁명으로 끝난 동학 농민군의 통한이 채 가시기 전에 일본군에게 잡혀 서울로 압송되고 결국 형장의 이슬로 사라진 녹두장군 전봉준은 불세출의 영웅이었다.
　피체지 전봉준 기념관의 어디에도 일본군에게 붙잡혀 끌려가는 울분과 슬픔의 모습은 없었다. 그 당시 사람들의 분노와 절망 등의 처절한 장면 몇 장쯤 그림으로 남겨 실감나는 역사의 현장을 증언하도록 했다면, 피체지 기념관으로서의 성가를 높일 수 있을 텐데 아쉬운 마음이다. 아니 엄밀하게 말해서 피체지라는 의미의 기념관이 왜 필요한지 참으로 의아한 생각이 들었다. 불운하게 체포당한 사건도 결코 유쾌한 역사적 의미가 없을진대, 부하의 밀고로 불명예스런 오욕을 남기고 붙잡힌 일이 얼마나 후세에게 교훈과 경고를 주는지 의아스런 생각이 든다. 후세에게 울분과 수치의 참담한 과거를 되새기게 한 들 무슨 도움이 될지 가슴이 울울하다. 기관 단체에서 아주 사소한 역사적 낌새만 있으면 이를 기화로 기념관, 추념관 등을 짓는 공적의 한 건을 올리는 분위기를 조성하여 예산을 집행했는지 모르겠다. 주위에 우리 회원들 외에 관광객이라곤 아무도 없기에 역사적 흔적 찾기가 그리 흥미를 끌만한 대상이 아닌듯하였다. 기념관을 조성해야 할 큰 의미를 부여하기가 떳떳한 기분이 아닐뿐더러 낯간지럽기도 하다.

여기저기 발 가는 대로 구경하다 쉼터의 정자에 앉았다. 잘 만들어진 정자에 우리만의 오붓한 분위기로 각종 먹을 것을 꺼내놓고 나눠 먹으며 가벼운 이야기를 주고받았다. 전봉준 피체지라는 역사적 불행의 현장에서 먹을 것으로 배를 채우는 행위가 염치없고 송구스런 느낌이 들었다. 그렇다 해도 배를 채운 뒤라야 음미할만한 비극도 마음에 다가올 거라는 게 참으로 역설적 만행 같아 양심의 가책을 받는다. 시간 밖으로 떠나는 여행이란 언제나 예의염치를 벗어난 사람들의 망각 속에서 진행되는 또 다른 즐거움이다. 그 와중에 낱낱이 끌어안아야 하는 민족적 각성이 부담이 되는 사람도 있겠다 싶다. 어찌됐든 우리는 우리의 신실한 회원들의 마음가지에서 우러난 음식 앞에서 고마운 정념으로 배를 채우는 희열을 맛보고 있다. 각종 과일과 떡 그리고 감칠맛 나는 식품에 취하여 하루의 여정이 싱겁게 끝나지 않길 고대하였다.

전봉준 기념관에 대한 관람이 어수선하게 끝나고 가식이나 위선 같은 깊은 통탄도 유보한 채 다음 행선지인 구절초 축제장으로 가기 위해 차에 올랐다. 정읍시 산내면의 옥정호 구절초 테마공원은 조성된 지 불과 몇 년 사이에 전국적 명성을 얻어 사람들이 많이 찾아들고 있다고 한다. 전국 산야에 피고 지는 구절초는 모양새만 보면 별로 시선을 끌만한 꽃이 아니다. 밭 가장자리에서 잡초처럼 발돋움하려다 낫으로 베어지거나 삽과 괭이에 의해 뿌리채 뽑혀나가곤 하던 가련한 초본식물이다. 일 년 내내 초록의 자태로 연약한 줄기로 뻗어 자라다가 바람 따라 우수수 흔들리며 떠는 모습이 거친 세파를 어렵게 건너가는 모양과 닮은 듯싶다. 마침내 선선한 가을에 들어서면서 비로소 청초하고 애처로운 흰 꽃잎을 달고 존재증명의 하늘거림으로 스산한 바람 앞에 나타난다.

처음 구절초로 테마공원을 조성할 계획을 어느 누가 세웠는지 모른다. 작은 꽃들의 무리를 한데 모아 구경거리를 만드는 아이디어가 테마공원으로 발전해간 참신성이 훌륭했다. 하나의 구절초로 보면 작고 볼품없음이 분명하다. 초라하고 남루한 꽃이 집단을 이루어 사람들의 시야에 들어오면 뭔가 강렬한 이미지의 확대로 눈을 크게 뜨고 관심을 기울이게 마련이다. 이런 구경심리와 색다른 구조에 심리적 집중이 발현되는 의미를 재빨리 알아채고 관광의 품목으로 발전시킨 사람들의 노력과 발굴의 정신에 칭찬을 보내고 싶다. 처음으로 시도하여 성공적 발판을 다지는 과정에 있기에 몇 가지 서투르거나 거슬리는 장면이 눈에 띄는 것은 어쩔 수 없다.

  예를 들면 앉아서 쉴 의자가 많지 않으며 정자를 지어서 그 주변마다 꽃길과 꽃밭을 균형 있게 조성할 필요가 있다. 이왕이면 구절초 테마공원의 명색을 살리려면 구절초 차와 구절초 술을 정자의 한편에서 금전의 능력에 따라 마실 수 있도록 배려했더라면 좋으리라 생각한다. 아울러 한창때에만 국한하지 말고 사계절 찾아오는 관광지로의 발전적 변화를 모색했으면 싶다.

  수만 평에 달하는 구절초 꽃밭의 경이로운 광경은 관광객의 이목을 끌을 수 있는 구경거리임이 분명하다. 연인들이나 가족들이 꽃길이자 산책로를 통해 오가는 모습이 싱그럽고 정답게 보여 꽃동산의 화사한 풍경이 제 몫을 다하고 있음이 분명하다. 산 높이도 어린아이에서 건강한 노인에 이르기까지 부담 없이 오르내릴 수 있을 만큼 적당하여 테마공원의 이미지 형성에 좋은 효과를 가져왔다고 느낀다. 작은 동산이긴 하나 그 높이에서 굽어보는 황금빛 벼들을 배경으로 구절초의 단순성을 예술적으로 다양화한 벼논의 아름다운 채색까지 한편의 멋진 작품이었다. 주어진 경치의 이모저모를 빈틈없이 이용하여 시각적 즐거움을 최대한 누릴 수 있도록 조성한 디자이

너를 칭찬하지 않을 수 없다.

　산등성이 부근에 구절초에 관한 약리작용이나 생태환경 등을 소개한 패널을 세워놓아 이해의 폭을 넓힌 시도가 맘에 든다. 더구나 정읍 출신의 시인인 박성우의 구절초에 관한 시와 글이 가을 테마공원의 품위를 한 결 드높이는 모습도 마음에 와 닿는다. 구절초는 음력 9월 9일에 효과가 가장 좋다고 해서 붙여진 이름이다. 마디도 아홉이어서 그런 이름을 얻었다는 말도 있다. 맛은 맵고 쓰며 성질은 차고 독이 없다고 한다. 한의학에서 생리불순, 생리통, 불임, 냉증으로 불리는 염증성 질염, 방광염 등 각종 여성 질환에 광범위하게 투여할 수 있다고 설명하고 있다. 대체로 지방분해, 해독, 해열작용의 약리 효과가 나는 성분이 있다고 한다.

　오고 가는 산등성이와 언덕마루에 흐드러지게 피어있는 구절초 꽃들의 장관에 취하여 마음이 흥겹고 경쾌한 기분에 사로잡힌다. 아름답고 순결하게 피어있는 구절초들이 한들한들 바람결 따라 요염하게 흔들리는 모습이 감칠맛도 나고, 모질게 꽃 부분을 뭉텅이로 잘라 품에 안고 싶은 생각도 든다. 꽃들을 있는 그대로 감상하지 않고 꺾어서 꽃병에 꽂아 침실이나 거실에 두려는 심리는 어떤 마음에서 비롯된 것인지 확실치 않다. 알다시피 꽃은 식물의 생식기다. 벌 나비를 유혹하거나 끌어들이려는 최상의 모습으로 치장한 식물의 생식기 역할을 지닌 식물기관의 또 다른 분화이다. 꽃가루를 날리거나 벌 나비에 묻혀 보내 암술과 수술의 극적인 수분 과정을 치르기 위해 그 나름의 가장 멋진 모습으로 진화한 기관이다. 아름답고 황홀한 색채의 꽃잎, 그리고 그윽한 향기가 주는 냄새의 황홀에 홀리지 않는 사람이 거의 없다. 단지 꽃들은 본능적 번식을 위한 생리작용일 뿐인데 인간들은 덩달아 벌 나비가 본능적으로 찾아드는 이상으로 감정적 몰입이나 찬탄을 보내고 있는 것이다.

어느 한갓진 하루의 기행 3

　세상에는 하루살이 생명들이 꿈틀거리며 살고 있다. 인간의 시각에서 보면 하루는 아주 짧을지 모르지만, 여름날의 날벌레나 일일이 열거할 수 없는 하루살이 생명체들은 하루가 긴 일생일 것이다. 하루 살기의 짧음에 애처롭다는 생각을 갖는 것은 편견이다. 인간도 우주의 시간에서 보면 찰나를 살다가는 생명체에 불과하기 때문이다. 하루 밤이거나 하루 낮이거나 길고 짧음의 시간적 구분은 작지만, 일어나는 사건과 사연은 유장하고 길고 긴 개인의 역사를 품을 수 있다. 어찌됐던 그 위대한 하루의 기행에 따른 우리의 여정도 끝나가고 있었다.
　꽃들의 향연 속에 취해 생각에 잠겼다. 작은 꽃일수록 군집을 이루어 많은 수의 하늘거림으로 벌 나비의 시선을 끄는 진화적 현상은 어떤 의미를 담고 있는가. 꽃들마다 그들 나름의 번식의 틀을 지니고 있다. 사람도 한 두 개의 꽃보다 테마공원의 구절초 집단을 보는 재미 때문에 이곳 산등성이를 서성거리고 있는 게 분명하다. 아니 어쩌면 단순한 식물의 암술과 수술이긴 하나 그 생식기에 대한 머나먼 향수에 젖어 흐드러지게 핀 꽃밭으로 몰려들고 있는지도 모른다. 홀로 유혹하는 단순함에는 치명적인 외면과 수분의 기회를 놓치는 약점이 있다. 그래서 집단으로 하늘거리는 색채와 냄새의 강렬한 과시의 끌림에 벌 나비가 찾아들고 수분의 기회를 확장하는 성과를 거두는 것이다. 사람들도 그런 나변의 어떤 유혹을 즐기러 찾아드는지 모른다.

  흔히 꽃처럼 아름다운 여성이라 하며 상징적 비유를 즐기는 사람들의 심리 속에 혹시 애잔한 생각의 혼돈이 그 마음에 작용하고 있지 않은지 궁금하다. 예부터 운문과 산문에 흔하게 등장하는 꽃에 관한 찬탄을 봐도 자연의 번식을 향한 본능적 비상은 동식물을 가리지 않는다는 그 증거가 드러난다. 그렇다 해도 나의 생각의 비약은 꽃들에게 반하여 괜한 흥취로 내민 객설일지도 모르겠다. 그 꽃 사이에 앉아 술잔을 기울이거나, 사진을 찍거나, 객담을 나누는 사람들은 저마다의 행위에 열중하고 있으나, 꽃들은 그런 인간의 모습에 얼마나 어설프고 무관심한 생각을 갖게 될지 들여다볼수록 우스꽝스럽다. 꽃들의 잔치에 사람들이 어떤 흥취에 젖든 벌 나비와 사람들이 찾아드는 왁자한 분위기의 감칠맛으로 어느 한 시절에 살아있는 것만으로도 행복할 만하겠다.

  황혼에 가까이 다가서니 바람이 더욱 싸늘했다. 일모도원日暮途遠이라 했던가. 해는 지고 갈 길은 멀기에 테마공원 한쪽 편의 음식점에서 가져온 요기 거리를 즐기는 맛도 바쁜 기분에 젖는다. 아침나절의 들뜬 기분으로 나선 시간이 어느덧 저녁에 이르러 아쉬운 작별을 고해야 하는 시간이 되었다. 만사는 아무리 그립고 재미있다할지라도, 시작과 끝이 분명해야 함을 절감한다. 한갓진 하루의 기행이 어떤 모습으로 추억의 낱장에 기록될지 모르겠다. 각 회원들마다 느낀 회포가 다르고 집중해서 눈여겨보았던 풍물이 다르기에 감정적 사유의 폭도 제각기 고유한 개성으로 그려질 것이다. 부디 남다른 시각으로 독특한 전경이 표현되길 바라고 싶다. 큰샘 수필 문학 기행이 과거의 역사 속에 스며들었다. 건강한 마무리여서 하루가 축복이었고 행복했다.

이태준은 『문장강화』에서 기행수필의 5가지 요점을 강조했다. 첫째, 떠나는 설렘과 기쁨이 나타나야 한다. 둘째, 일정이 명확하게 보여야 한다. 셋째, 객창감客窓感이나 지방색이 나와야 한다. 넷째, 그림이나 노래를 넣어도 좋다. 다섯째, 고증을 일삼지 말 것이다.

오늘의 세대에서 위와 같은 기행수필문의 형식은 일부 어울리지 않을 수도 있다. 그러나 기본적 기행수필문의 틀에 담긴 분위기는 변함이 없어 보인다. 그런 의미에서 하루의 기행으로 얻어진 감상으로 두 세 편의 수필이 쓰여 진다면 상투적 감상과 여정의 신선미가 떨어질 가능성을 염려하지 않을 수 없다고 여긴다. 그래서 일정에 따른 일기문 투의 시간적 세세한 경험과 장소의 설명을 생략하는 것이 좋을 듯싶다. 그 대신 여정 중 일어난 소소한 이야기며 경험 등을 소재로 장소를 배경으로 생각과 느낌을 여과 없이 있는 그대로 표출하는 것이 좋겠다. 느낌과 사유의 치열한 분배와 선택을 거쳐 글로 나열한 기행수필로 담겨야 할 내용은 주로 이태준이 말한 세 번째 객창감과 지방색이 주조를 이룬다고 본다.

자칫 장황한 설명과 느낌의 과장된 열거는 개인 취향과 능력의 한계로 노출되는 바가 있을 것이다. 더구나 하루의 짧은 일정에 쓸 말의 빈곤을 절감할 때는 단 한 줄도 쓰기가 어려울 것이다. 그럼에도 글쓰기의 한계를 넘어서는 도전적 도발 같은 실험정신이 절실하게 필요한 부분이 기행수필의 멋과 맛을 살리는 글쓰기에 있음을 확신한다. 영국 소설가 제임스 조이스가 쓴 『율리시스』는 하루 동안(18시간)의 일상을 장장 500이상의 페이지에 담았다. 난해성으로 도피했다는 말을 듣고 있지만 쓰려고 하면 그런 글도 나올 수 있음을 보여준 하나의 사례로 들 수 있는 소설이다.

하루의 일정에 담겨있고 모두 알고 있는 지역의 뻔한 풍광이기에 여늬 기행수필의 글쓰기와 다른 분위기를 연출한 내용을 전달하기에 부족한 점을 깊이 느꼈다. 강천산과 전봉준 장군 피체지 그리고 구절초 축제장은 거의 이웃이라 할 만큼 가까운 거리에 있다. 낯설은 타향이나 외국이 아니기에 깊은 객창감이 일지 않는다. 그러나 일상의 평범성을 벗어나기에 설렘을 향한 감정의 분화가 일었다. 기행수필의 특징은 생생하고 감동적이며 이색적 풍경을 묘사하고 가감 없이 전달하는 데 있다. 중요한 것은 눈으로 보는 것과 볼 수 없는 부분까지 생각과 감상의 뿌리가 얼마나 깊었는지 문학적 묘사의 실체를 살펴보는 데 있다.

문학적 예술적 이론과 논리의 체계 안에서 개인적 역량이 풍부하게 드러나는 짧은 여정의 맛깔스런 표현이란 아주 어려운 부문이다. 다만 즉흥시의 흥취만큼이나 수필에서도 그렇게 드러날 수만 있다면, 글쓰기의 희열에 종종 잠겨볼 여유가 있을 것이다. 그러나 결코 자기도취의 독백이 되어서는 안 된다는 경계심이 앞선다. 큰샘 회원들의 개성이 이 짧은 여행 중에도 가감 없이 드러나는 모습을 지켜보았다는 게 알찬 소득이었다. 잊지 못할 하루의 동반자와 하루살이 기행을 즐긴 삶의 여정이 추억의 한편으로 저물었다.

모악산에 오르며

　매번 모악산에 오를 때마다 산의 정기와 푸르른 생명력에 경이로움을 느끼곤 한다. 사시사철마다 다른 색채의 옷을 입는 산이기에 싫증도 나지 않는다. 40년 전부터 오르기 시작했는데, 모악산은 그동안 변함없이 거기 그 자리에서 사람들을 맞이하고 있다. 최근 몇 년 동안 지방자치단체에서 끊임없이 등산 환경을 개선하여 정상까지 오르기가 한결 좋아졌다. 원래 있던 등산로가 더 망가지지 않도록 각종 덮개를 씌웠고, 인공 계단을 설치하여 예전에 비하면 신선놀음이라 할 만큼 오르고 내리는 걸음 조건들이 얼마나 수월해졌는지 모른다.
　산에 오르는 일은 누구나 자신의 내부를 응시하고 몸을 시험하는 기회를 갖게 한다. 땀을 흘리고 길가의 풀들과 나무들을 바라보며, 숨을 고르는 신체적 반응은 부차적인 소득일 뿐이다. 중요한 것은 심신의 균형과 율동에 따라 산의 포근한 품을 얼마나 가까이 확인할 수 있느냐이다. 마음의 보약을 먹는 것이고 산행에 걸맞은 몸의 원기를 담는 일이다. 그런 의미에서 산이 인간에게 베풀어주는 유익성에 대해 진부하게 여러 가지로 나열하는 것은 객설에 불과하다.

산이 있는 그대로의 자연自然이라면, 스스로 그러하다는 뜻에 맞는 산의 자연이야말로 완전한 사랑이다. 그 사랑도 오로지 주기만하고 아무것도 바라지 않는 있는 그대로의 애정으로 그냥 와서 누리고 가기만 하면 되는 그런 사랑이다. 그런데 실제로 종교적 성심에 가름할 만큼 열심히 산을 오르는 까닭은 무엇인가. 등산은 건강을 위한 최상의 살판을 만드는 첩경이기에 그렇고, 그 등산에 온몸을 바치는 열정으로 삶의 질곡을 헤쳐 나가는 힘을 얻기에 마냥 오르는 것이다. 그리고 산은 마침내 열심히 오르던 사람의 주검까지 자신의 품에 안는 영원한 쉼터가 되기도 한다.

걷기가 살아있음의 가장 기본적인 활동이며 몸으로 세상사의 중심에 당당히 설 수 있도록 단련하는 삶의 호기로움을 자극한다. 그렇기에 등산하려는 자세의 발끝은 가슴의 울림으로 정상에 이르는 방향을 잡고, 등산의 환희 속에 생명의 활기를 불러일으킨다. 한 발을 내딛는 동작에 지나온 세월의 무게를 싣고, 배불리 먹었던 음식이 기분 좋게 용해되는 영성의 기쁨이 배어들게 하기도 한다. 산새들과 바람소리가 어울려 단조로운 걸음걸이에 생동감을 일으키고 등산의 희열에 젖은 채 오르고 또 오른다. 이처럼 모악산이 주는 산의 생기는 언제나 기고만장한 서슬을 안겨주어 자칫 지나친 호방함에 휩쓸리는 바가 있기도 할 것이다.

항간의 일부 사람들이나 글 쓰는 이들이 거나한 취중 방담과 글로 산이란 정복의 대상이라고 호언한다. 백두산과 금강산을 정복하고 더 나아가 후지산과 에베레스트 산까지 발아래 정복한다고 큰소리치는 사람들이 있다. 산은 경외의 대상이며 의지처이고 평지 삶의 세계에서 맛볼 수 없는 별천지의 경이로움이 가득한 곳이다. 인간의 힘으로 모두 기를 수 없는 나무와 초본 식물의 본향이며 수많은 동물들의 서식처이다. 그러므로 사람들의 세언世諺으로 가볍게 오가는 정복의 대상이 될 수 없다. 가령 조그마한 개미나 벌레가 어떤 사람의 발밑에서 기어올라 혼신의 노력 끝에 마침내 머리에 닿은 다음 '나는 이 사람을 정복했노라' 라고 크게 외치면, 그게 받아들일만한 외침인가. 이런 개미나 벌레의 미물을 사람의 크기에 비유하여, 사람을 산에 비한다면 더 작은 세균 정도의 크기에 불과할 터인데 정복이라니.

 정복에 관한 사전적 해석은 다음 세 가지다. 첫째 무력으로 쳐서 정벌하여 복종을 하게 함, 둘째 어려운 일을 해내어 자신의 뜻이나 목적을 이룸, 셋째 질병 따위를 완치할 수 있게 됨.

 우리가 해석상의 오해를 불러일으키는 사항은 두 번째 어려운 일을 해내어 자신의 뜻이나 목적을 이룸에 있는데, 단순한 행동 범위에 드는 등산을 두고 정복을 말하지 않는다. 어려운 한자나 영어를 정복했다는 따위의 학문적 성취를 말할 때 정복을 말해야 옳다고 본다. 종종 정복의 잘못된 적용은 첫 번의 '무력으로 쳐서 복종을 하게 함'을 쓰는데 있다. 보통 정복 전쟁을 말할 때 징기스칸이나 알렉

산드로스 대왕의 정복 역사가 들추어진다. 그들은 항거하면 철저히 살육하고, 복속하면 관대한 교류를 허용하며 역사의 정복 전쟁을 진행했다. 그런 정복 전쟁과 산에 올라 정상에 닿는 행위의 정복과는 쓰임의 차이가 근본적으로 다르다 할 것이다.

히말라야를 오르는 등산가들은 산에 오르기 전에 신에게 기도한다고 들었다. 흔히 외경의 대상인 14좌 험산의 정상을 오른 등산가라 할지라도, 언제나 겸손한 자세로 초심의 마음 그대로 조심스럽게 높고 낮은 산을 오른다고 한다. 더구나 정상에 발걸음의 자취를 남기는 것을 교만스럽게 정복이라는 어리석은 표현으로 자신의 생각을 장식하지 않으리라 믿고 싶다. 산에서 불의의 사고나 심각한 신체의 발작으로 죽어간 사람들이 해마다 발생한다. 산에서 발생하는 어떤 경우의 사고사事故死이던 산을 가벼이 여겼거나 신체조건을 방기한 준비 부족의 결과인 경박함이 대부분일 것이다.

그렇다면 산을 정복했다는 말 대신에 우리는 '정상에 닿다' 혹은 '정상에 발을 내딛었다.' 라고 말해야 한다. 정상에 이르러 세상의 풍진 속의 복잡한 번뇌를 잊고 호연지기를 기르며 미래에 대한 긍정적 삶의 희망을 품는다. 이로써 산의 풍정에 깊은 고마움과 감사의 정념을 가져야 한다. 멜러리 말처럼 산이 거기에 있으니까 가듯이 우리도 모악산이 거기에 있으니 가는 것이며, 정복이 아니라 우리의 심신이 요구하는 절실한 부름 때문에 정상에 닿도록 발을 내딛는 것이다. 산을 정복한다고 말하기엔 우리는 산보다 너무 작고 짧은 생애의 생명이다. 모악산은 우리들의 영산이며 문전옥답을 적시는 물의 젖줄을 내리는 어머니 산이다. 정복이 아니라 그 품에 기대어 산의 정기와 푸르른 생명력을 온몸으로 전해 받는 수혜자로 우리는 모악산에 오르는 기쁨을 누린다고 해야 옳다고 여긴다.

제8부

시간의 고백

스님께 드리는 삼배
우공牛公의 본능
우연한 만남
쩐의 정의
추위에 떠는 수다
샤브샤브로 동행한 삶의 하루 1
샤브샤브로 동행한 삶의 하루 2

스님께 드리는 삼배

　삶의 세계에서 인사는 예의의 근본이다. 그 인사가 공손함을 담아 극진할수록 서로의 가슴에 닿는 존경심이 아름답게 표출된다. 인사에는 눈인사도 있고 그저 간단히 아는 체하는 제스쳐로 끝나는가 하면, 손을 흔드는 정도로 인정을 주고받기도 한다. 사회 생활의 소통과 원활한 교유를 위해 인간의 마음과 상식의 모습이 가감없이 나타나는 일상생활이다. 직장과 일터에서 우리가 매일 겪고 있는 풍경으로 최소한의 기본적 자세라 볼 수 있다.
　하지만 분명한 것은 인사의 자세와 인사말의 부드럽고 깊고 공손한 태도가 배어야 함은 아무리 강조해도 지나치지 않을 것이다. 악수를 하고 포옹하며 반가움의 격한 감정을 나타내는 장면을 보는 것도 인간 사회의 다면적 풍경 속에 녹아있는 삶의 현장을 엿볼 수 있다. 이해 타산의 심산이 마주하는 인사도 있고 외교적 관례의 딱딱하고 형식적인 인사의 광경을 접하기도 한다. 어쩌면 인사는 유사이

전부터 현대에 이르기까지 적대적인 사람들이 서로 살아남는 방편이 되기도 했을 것이다. 장구한 세월동안 변하지 않은 인간의 미덕이었으며 윤리와 도덕의 실질적 기반이었음이 분명하다.

우리나라 사람의 인사에는 일배 이배 삼배의 심성적 관례를 두고 있는 듯싶다. 일 배는 사람 대 사람끼리 만나서 하는 인사이며, 이 배는 돌아가신 조상의 제사나 장례식장에서 올리는 인사이다. 그리고 삼 배는 신神이나 부처님상에 올리는 인사이다. 이 배나 삼 배 사배로 숫자가 올라가는 인사일수록 그만큼 존경과 공손과 겸손이 배어있는 예의의 모습일 것이다. 어떤 대상에 드리는 정성과 공손이 담긴 인사이든 본인의 마음에 닿는 무엇이 있다면, 삼천 배든 오천 배든 상관할 바 없을 것이다. 종교적 성심과 의지와 깊은 참회 등등으로 가슴 속에 깃든 환희심이 있다면, 인사로 시작해서 인사로 죽는다한들 아무도 나무랄 사람이 없을 것이다.

그런데 우리나라 불교계에서 관례가 된 스님께 드리는 삼배에 대한 개인적 소견을 말하지 않을 수 없다. 삼배는 분명 신이나 부처님상에 대한 마음의 공경 표시이다. 그런데 왜 사람에 대한 삼배를 올리는지 의아스러운 것이다. 불법승으로 지칭되는 삼보의 동렬 반상에서 규정된 존경의 대상이기에 그런 관행이 있는지 모르겠다. 참고로 필자는 기독교 모태신앙이 아니라 불교의 모태신앙인이다. 불교적 습성과 가르침이 심신에 배어있는 불교인이다. 깨달음에 대한 궁구와 집념도 있다. 남종선의 법맥으로 이어지는 돈오점수頓悟漸修에 의한 견성에 신심의 의지처를 두고 수양과 교학불교에 매진하는 재가불자이기도 하다. 아직 수양도 부족하고 천학비재의 작은 앎으로 거룩한 불경과 불보에 누를 끼치는 설익은 교만이 있을지도 모른다.

　그럼에도 낡은 관례나 관습에 대하여 필요이상의 과공過恭으로 비례非禮하는 세태를 감히 탓하고자 한다. 종교마다 다르기는 하지만 개신교의 목사와 천주교의 신부는 불교의 스님과 유사한 경의 전달자이며 설교자이고 존경받는 선구자이다. 그러나 삼배의 예로 신도들이 큰절을 올리지 않는다. 종교마다 다른 특성으로 하여 불교적 삼배 의식이 존중되어야 하고 길이 이어갈 미풍일지도 모른다. 하지만 고려시대나 이조시대의 무지몽매한 신도들에게 실시했던 그 풍경들이 지금껏 이어오는 습성은 이제 고쳐져야 한다. 오늘날의 사람들은 옛 시절의 무지몽매한 사람들이 아니기 때문이다. 불교적 탐구나 수양 혹은 전문성에 일반 신도들은 다소 떨어질 수 있으나, 다른 분야에서는 스님이 도저히 알 수 없는 비범한 전문성을 지니고 있는 재가불자나 신도들이 많다. 스님이 알 수 없는 그런 분야의 배움을 청할 때 언제 삼배의 예를 일일이 올릴 수 있겠는가. 정신적 수승과 깨우침을 위한 엄숙한 득도의 성스런 세계와 평범한 세속적 기술적 신기에 다다른 사람들과의 차원이 다른 세계이기에 감히 비교우위를 주장할 수 없음을 강변할 수도 있다. 그러나 오늘의 세계는 보편성에 의한 시각의 차이로 성스런 득도라는 것도 삶의 작은 일부이지 전부가 아닌 시대다.

　초등학생과 선생님의 차이, 중등학생과 선생님의 차이, 대학생과 교수의 차이에는 까마득한 앎의 층층이 존재한다. 그 차이 속에 지식과 인격과 삶의 지혜와 종교적 깊은 속살까지 들어있다. 그럼에도 삼배의 예는 없다. 그 삼배의 예가 아름다운 미풍이라면 얼마든지 이어질 수도 있겠지만, 유독 불교의 교풍 속에 잔재할 뿐 세계적으로 그런 예가 없다. 티벧 같은 오체투지의 예로 신앙적 투신을 마다하지 않는 나라가 있긴 하지만, 그다지 거룩하지도 않고 답답하게 보일 뿐이다. 어느 스님이 위대한 견성과 각성을 하여 오도송을 읊고 격의 없는 설법과 불교적 헌신으로 일관한 예가 있다. 그러나 필자는 그다지 그런 스님의 경외로운 깨달음을 존중하고 싶은 생각이 들지 않는다. 모든 깨달음은 항상 그 본인의 자각적 세계일 뿐이고 보편성이 없는 자기만의 잔치에 불과하다. 마치 개신교에서 자신만이 하나님을 느끼고 보았다는 외침과 동일한 감정이다.

성스런 열반의 경지에서 깨달음의 독특한 감흥과 심원한 오도송悟道頌이 모든 사람들에게 공유되어 널리 감화의 단계를 밟아 일반화된 바가 거의 드물다. 에디슨의 발명품처럼 인류에게 유익한 행복에 기여한 크기까지는 기대하지 않는다. 그리스도교나 불교나 이슬람교 등등의 종교 모두 죄를 짓지 말라는 공통점이 있고 그 방법론에 차이를 두어 교리를 펼친다. 인연과 주위환경에 따라 서로 다른 종교적 삶으로 인류 문명사에 편승하여 삶을 영위하는 면에서 교리를 이끌어가는 세상에 우리는 살고 있다. 무지한 중생들을 제도하고 올바른 길로 이끄는 종교적 가르침은 결코 소홀히 할 수 없는 교단의 역할이다. 그렇다고 너무 고답하고 거룩한 성위를 앞세워 신비한 경전 내용을 설하고 그 가르침의 품위에 삼배를 올리는 일이 일상화된 제도가 되어선 안 되리라 여긴다. 굳이 설교단에 오르지 않고 서있는 자세였던 법정스님의 겸손처럼 스님과 불자들은 공경한 마음으로 맞절의 예로 가르침을 청하고 받아야 함을 주장하고 싶다. 아상我相을 벗어난 경지나 불, 법, 승의 삼배 의미를 스님에게 올리는 삼배로 대입하는 의식은 관습적 숭앙崇仰과는 거리가 있다고 사료된다. 삼배의 예로 불교의 오묘한 진리나 깨달음이 더 깊어진다면, 삼배로서 공경과 거룩한 불경의 예법 시현으로 세상이 더 밝아져 불도에 다가선다면, 더욱 밀고 나가기를 기도하고 싶다.

우공牛公의 본능

　소의 큰 눈을 보면 우매하고 지혜로움을 느낀다. 우매하다는 것은 일생 동안 묵묵히 사람이 시키는대로 일하거나 움직이는 모습을 뜻한다. 지혜롭다 함은 길을 걸으며 나아갈 길과 물러갈 길을 정확히 구분한다는 점이다. 물론 우생마사牛生馬死 이야기처럼 소가 살아나오는 모습도 지혜로움의 그 한 예라 볼 수 있겠다.

　몇 해 전 여름 우리는 미증유의 홍수 사태를 겪었다. 제방이 터지고 마을이 물에 잠기는가 하면 산사태가 나서 집이 흙 속에 묻히기도 했다. 사람이 물에 떠내려가고 소 돼지 닭 등이 수마에 휩쓸려 목숨을 잃었다. 그런데 어떤 소들은 용케 물에 떠내려가지 않으려고 지붕에 올라 목숨을 건졌다. 어떤 소들은 얼마나 두렵고 무서웠던지 산으로 오르고 올라 구례 사성암까지 닿았다. 부처님의 가피를 얻기 위해 오르진 않았을 터, 살기위해 오르고 올랐던 만큼 죽음이 무서워 그리 했으리라는 생각이 들었다.

살아있는 것들의 목숨값이란 모두 평등하다. 하찮은 미물에서 인간에 이르기까지 죽고 싶은 생물은 없으리라. 사람의 실존을 위한 가치 창조를 위해 다른 동물과 식물을 죽이고 채취하는 이기적 윤리의식을 여기서 다루려는 게 아니다. 표현 양식은 다르되 살려고 몸부림치는 짐승의 본능을 눈여겨보고자 하는 게 논의의 대상이다. 그 중에 산에 오르고 지붕에 오르는 우공의 본능을 주목하고자 한다. 목마를 때 냇가에서 물을 꾸역꾸역 마시는 소가 물을 어떻게 생각하는지 우리는 모른다. 그러나 장마와 폭풍우로 쏟아지는 빗물로 홍수를 이루어 도도히 흐르는 흉물이 되어 제방을 허물어뜨리고 집채를 떠내려 보내는 물을 보는 소들의 눈들은 완연히 달라 보인다. 공포감에 젖어 와마디 부르짖는 탁한 목소리와 더불어 거칠게 숨을 몰아쉬며 살기위해 발버둥치는 모습은 여늬 짐승들과 비슷한 생존본능의 반응을 보인다.

　축사에서 주인이 주는 여물이나 사료 등에 눈이 빛나고 먹을 것에 침을 흘리며 달려드는 모습이란 살아있는 목숨줄을 유지하고 살려는 욕망에 매진하는 의식이 있어서이다. 배를 채운 젖소의 할 일이란 젖짜는 일에 묵묵히 젖통을 맡기고, 일소는 마차를 끌거나 논밭을 가는 일에 온 힘을 다한다. 그리고 최후엔 몸을 바치는 일인데, 산을 허겁지겁 오를 만큼 살고자 하는 몸부림의 생존본능을 어찌하고 마지막 발길을 내딛는지 헤아려지지 않는다. 흔히 말하길 소는 주인이 끌고 가는 동작에 따라 자신이 장에 팔려 가는지, 아니면 죽음길로 가는지 눈치로 안다고 했다. 인간의 이기심에 서린 이해관계에 어떤 자비와 연민이 있을지 우공이 짐작이나 할 수 있을까. 그럼에도 실제 도살장으로 끌려가는 소가 자신의 처지를 어찌 가늠하며, 큰 눈에 어릴 눈물과 공포와 감당할 수밖에 없는 슬픈 운명이 처연하다.

야생소가 인간의 세계로 들어와 가축소가 되기 시작한 것은 기원전 7,000년 경이라고 한다. 고집이 세지만 힘이 있고 충직한 성질이 있어 가축으로 인간과 생활하며 수레를 끌거나 고기로서 인간의 식량 조달의 순기능 역할을 다하여 오랜 세월을 공동생활을 영위해왔다. 예나 지금이나 가축으로서 소는 농민들에게 살림 밑천이며 재산이었고 든든한 일꾼이었다. 전 세계적으로 사육되는 소는 고기를 조달하기 위해 키우거나 우유를 얻으려고 키우는 소로 나누어지고 있다. 오늘 날 전 세계 소는 14억 마리에 이른다고 하는데 건초와 사료 생산이 한계에 달하고 있다는 아우성도 나온다고 한다. 일부 후진국의 달구지나 마차 혹은 농작을 위한 쓰임새를 제외하고 거의 고기 공급이나 우유의 생산에 치중하는데 가축으로서의 효용성을 두고 있다. 다만 반추동물로서의 소는 특수한 소화 작용의 되새김질 물질대사를 한다. 그 과정에 메탄 배출이 문제가 된다고 한다. 메탄 배출 중 95%가 트림이고 나머지는 방귀이다. 지구 온난화의 일부 원인이 되는 메탄 배출을 소가 담당하고 있음에 어떤 우려감이 기우일지 모르겠으나, 14억 마리의 소라면 간단치 않은 상황으로 보인다.

경운기와 트랙터 같은 농기계가 나타나기 전까지는 대부분의 소는 농경이나 운반을 위해 소가 사육되었으나 현재는 소고기를 취하기 위해 대량으로 소들을 사육하고 있다. 이는 세계적인 추세이기도 하며 소고기 수입과 수출을 위한 기업형 축산업이 번창 일로에 있다. 옛 시절의 가족의 구성원처럼 한 집안에서 정들이며 살았던 소가 시대의 변천과 발전으로 밀려난 자리에 공장식 소 사육 축산업이 활기를 띠고 마을 근처에 들어섰다. 이제 소는 쇠고기, 송아지 고기, 유제품 그리고 가죽을 얻기 위해 기르는 산업으로 진화하였다.

  소 도축업자는 소의 몸통을 다음과 같이 열 가지 부위로 나눈다. 1. 목심 (장정육) 2. 등심 (윗 등심, 아랫 등심, 꽃 등심, 살치살) 3. 채 끝살 (등심에서 허리로 이어지는 부분) 4. 안심 5. 우둔살 (엉덩이) 6. 홍두깨 (우둔살 옆) 7. 양지 (차돌박이, 어진살, 치맛살) 8. 대접살 (넓적다리 안쪽) 9. 갈비 (토시살, 안창살, 제비추리) 10. 사태 (장딴지). 이중 안심과 등심은 거의 사용하지 않는 근육이기 때문에 기름이 적당히 분포돼있고 부드럽다. 기름이 대리석 무늬로 퍼져있는데 이것을 마블링이라 하는 최고급 부위인데, 안심은 소 한 마리에서 2% 정도 밖에 나오지 않는다고 한다. 꽃등심은 모든 소에 있는 것이 아니라 비육이 잘 된 소에 한하여 어쩌다 발견되는 부위라고 한다. 나는 인간을 위한 이런 부위별 명칭이나 맛 등의 분류가 끔찍하고 놀라운 지경으로 가슴이 탁 막히는 기분이 들었다. 죽기 싫어 산까지 오르는 생존 본능의 소를 생각하면, 인간이 다른 괴물의 희생물이 되어 소처럼 분류된 고깃살이 된다면 얼마나 끔찍할가 생각할수록 몸서리쳐진다. 어리석고 괜한 생각인지 모른다.

  미국의 경제학자이자 작가인 제러미 리프킨은 말하길 "인간이 소를 먹는 게 아니라 소가 인간을 먹어치운다" 라고 말하면서 인간이 소를 먹기 위하여 바치는 수많은 노고에 대한 아이러니를 피력했다. 소고기 1kg을 생산하는데 물 6L 가 필요하며 사육과정에서 나오는 수십억 톤의 일산화탄소는 지구 온난화의 주범이기도 하다. 사육되는 소는 전 세계 토지의 4분의 1을 차지하고 있으며 지구 곡물의 3분의 1을 소비한다고 한다.

  어떤 과정을 거쳤던 인간과 더불어 동고동락하며 온갖 굴곡의 삶을 영위한 소이긴 하나 엄연한 생명을 지닌 동물이다. 소를 성스런 신처럼 여기는 인도 사람들은 소에서 나오는 우유를 먹기는 하지만, 쇠고기는 먹지 않는다. 대부분 세계인들은 소고기의 맛에 길들어있을 뿐아니라 아르헨티나인들은 소고기가 주식으로 매일 식탁에 오른다고 한다. 살아있는 동물치고 죽음을 두려워하지 않는 동물이 없음을 볼 때, 소의 도축현장에서 맴도는 소의 단말마의 섬뜩한 소리들이 가슴을 휘돈다. 법정스님은 말씀하시길, '우리가 고기를 먹을 때 그 짐승의 체질과 질병, 그리고 그 짐승이 사육자들에 의해 비정하게 다뤄질 때의 억울함과 분노와 살해될 때의 고통과 원한까지도 함께 먹는다', 라고 하셨다. 죽음이 무서워 사성암까지 오르는 소가 그 자신을 죽음으로 몰아넣는 인간에게 무슨 순정을 바치고 희생하는 따위의 감정을 가질 리가 있겠는가. 인간도 시간 앞에서 소처럼 끊임없이 무너지고 먹히고 있음이니 큰소리칠 존재는 아니다. 그래도 인간 삶에 펼쳐진 먹을 것들은 식물이건 동물이건 그 희생물로 차린 제물들이다. 배를 채우는 즐거움 후에 천지 만물을 향하여 감사의 묵념을 올리고 싶은 마음이다.

우연한 만남

 삶에 우연이란 무엇인가? 우연은 항상 예기치 않은 일들의 일어남을 말하는가. 그렇다면 우연한 만남은 예기치 않은 마주침이라고 말할 수 있겠다. 이런 의미에서 우리 일상의 모든 삶의 활동은 우연이다. 길을 걷다 눈에 들어오는 풍경들은 모두 우연의 결과물이다. 만남을 두고 우연한 만남으로 인생의 궁극적 목적을 이룰 수 있는지는 별개의 사항이다. 사람은 우연의 만남으로 성공의 계기를 마련하는 사람이 있는가하면, 불행한 사고와 죽음까지 마주치는 사람도 있기 때문이다. 우연을 두고 예단할 수 없는 사태가 일어날 때마다, 행불행의 갈림길에 어떤 불가사의한 입김들이 작용하는지 헤아릴 수는 없다. 삶의 불가해한 과정이 살아있는 모든 생물체에 예외 없이 적용되거나 진행되기에 더욱 신기한 생각이 든다.
 그렇다면 예정된 혹은 약속된 만남은 우연이 아닐 수 있는가. 어쩌면 우연의 반대인 필연의 만남의 일정에 우리가 예속되는 삶을 살

수도 있다. 예정되고 약속된 만남이 필연적으로 이뤄질 수밖에 없는 상황이라면, 우리는 그런 만남에 특별한 의미를 부여하지 않는다. 그런데 실제로 필연적인 만남에 우연스럽게 어긋나는 뜻밖의 일이 발생하는 게, 우리의 보편적 삶이기도 하다. 우리의 일상에 계획된 모임이나 여행 혹은 축제 따위의 일상적 만남을 마음이 내키지 않는 바에 따라 불참하는 경험을 흔하게 겪는다. 불가피한 발걸음의 방향 돌리기가 가끔 일어나가도 하는 우리네 삶은 약속이나 예정을 흔하게 무시 내지는 모른 체하는 일도 있다. 물론 도덕적 판단이나 선택으로 약속의 중요성을 간과해도 좋다는 개인 나름의 취향이나 결정은 별개의 문제이다.

남원의 하늘 중학교 1년생인 양지인은 2016년 수행평가로 사격을 경험했다. 우연한 계기로 사격을 경험한 양지인은 그 경험으로 인하여 그녀의 인생의 대 전환을 가져왔다. 8년이 지난 2024년 올림픽 사격 여자 25m 권총 경기에서 금메달을 거머쥐었다. 우연한 사격 경험으로 금메달을 딴 필연과 만난 것이다. 개인의 강렬한 욕망과 기원에 따라 만남의 물리적 행사가 일어나는 경우였다. 우연한 만남이 아닌 필연의 만남이 있는 현장은 어떤 별다른 기대와 환희를 만족시킬 조건이 있거나 없거나 할 것이다. 운명적 만남의 행운과 불운은 늘 해석상의 단조로운 논리가 등장한다. 사리판단의 결과 마음 편하게 가는 방향을 정하는 취지와 자기위주의 실익을 따지는 편에서 보면, 이해타산에 대한 평가는 제멋대로 춤출 것이다. 말하자면 개인적 소망과 바람으로 이루어지는 운명적 만남이 우연일 수 없듯이,

원치 않은 증오의 대상인 원수와의 만남도 우연일 수 없다. 그럼에도 세상의 괴로운 원리 속엔 고통스런 우연한 만남이 수없이 이루어지는 데서 인간 삶에는 불가항력적 작용이 존재함을 인정할 수밖에 없다. 이런 만남에 대한 개인적 태도는 저항과 분노가 있기도 하나 결국 체념에 의한 수용으로 가닥을 잡는 경우가 많다.

1970년 자크 모노는 「우연과 필연」이라는 저작을 남겼는데 그는 노벨 생리학과 의학상을 수상한 석학이었다. 그는 돌연변이란 여러 조건들이 모이고 흩어지는 과정에서 생겨나는 현상일뿐 이것은 우연도 필연도 아니라고 주장했다. 우연이 중첩하여 진행하다보면 필연으로 연결되는 논리로 귀착한다고 설명하였다. 사회활동과 삶의 모든 유익성에는 이런 필연적 만남의 결과로 생명 유지의 발판에 확고하게 내딛을 수 있다. 직장을 다니고 사업을 하고 배움을 청하려면, 반드시 마주치고 극복해야 할 문제와 대상을 필연적으로 만나야 한다. 이런 만남에 작위적 우연성이 개입되지는 않을 것이다. 하지만 삶에는 예기치 않은 만남이 있을 때가 많은데, 조난을 당할 때라던가, 어려움에 빠졌다거나 혹은 생명을 잃을 위급 상황 따위가 그것이다. 때로는 우연히 천우신조의 만남에 의해 어려움을 헤쳐 나가는 기회도 겪는 예를 본다. 인생의 성공과 실패의 긴 여정 속에 우연한 만남이 도처에 있기에 살만한 세상이 되기도 하고 그렇지 않은 경우도 있을 것이다.

만남의 풍경에는 항상 선과 악, 밝음과 어둠, 추함과 아름다움의 양극의 다리가 놓여 있음을 볼 수 있다. 마음의 추가 어느 쪽에 비중을 두느냐에 따라 좋음과 나쁨의 느낌이 나타날 것이다. 낳아 준 부모와의 만남, 친구, 선생님, 사회적 종교적 관계 속에서 이해타산에 따라 만나는 인물 등 만남의 질긴 인연에 따라 인생의 풍모가 달라진다. 세상의 모든 학문적, 경제적, 예술적, 문화적, 성장 배경에 만남의 우연성이 개입되어 있고, 필연적 노력과 의도가 숨어있다. 그래서인지 우연한 만남에 한 인간의 운명적 선택으로 행복이 좌우되며, 가족과 사회의 번영과 쇠퇴에 영향을 끼치기도 할 것이다. 거시적 눈으로 보면 인간의 생활양식은 우연이 없이는 아무런 성과를 이룰 수 없다는 말도 된다.

세월의 흐름에 따라 나이를 먹는 것은 필연임에도, 살다가 사고를 당하거나 질병에 걸리면 우연의 만남이라 한다. 인간의 힘으로는 어찌할 수 없는 우연과 필연의 양면성이 공존하는 세상에 살고 있기에 그렇다. 사는 맛이란 우연과 필연의 만남을 잘 조화시키고 최선으로 활용하여 성취의 쾌감을 느끼기에 달려있다고 여긴다.

우리가 사는 세상에는 우연이든 필연이든 만남에는 반드시 헤어짐이 있음을 인지해야 한다. 흔히 이별의 근본에는 아쉽고 슬픈 감정이 일기 마련이지만, 만남의 일차적 상황이 없다면, 헤어짐의 작위적 상황이 노정될 필요가 없을 것이다. 그네처럼, 시계추처럼 만남과 헤어짐의 끊임없는 유동적 생활 속에 인생이 오고 간다고 볼 수도 있다. 세상의 이치는 음과 양의 배합처럼 만남과 이별의 연속 선상에서 인간의 모든 생활윤리가 투영되어있다. 살아있는 한 그런 구도에서 한 치도 벗어난 적이 없다. 잘못된 만남으로 목숨을 잃기도

하고 불행도 당하며 처절한 상처도 겪게 되지만, 그러나 그런 비극적 상황과도 언젠가는 이별한다. 이별에 대한 상처는 시간이 흐르면 자연스레 잊히고, 또 다른 만남으로 인생의 새 지평을 열어가는 생활을 지속한다.

때로는 우연한 만남으로 살아가는 모든 질서를 지배하거나 관여하는 부면들이 발생한다. 위대한 만남을 우리는 극적인 열광과 감동으로 맞기도 하지만, 그런 것들과도 이별하는 그 다음 수순이 기다리고 있다. 다른 쪽에서 본다면 우연의 만남은 필연의 만남의 구속을 받는 모습으로 나타난다. 살아있는 동안의 한계 속에서 연출되는 우연의 만남은 죽음과의 필연적 만남으로 끝나기에, 우연이란 결국 필연에 구속당하는 결과를 가져옴을 인정하지 않을 수 없을 것이다. 누군가를 만나러가는 필연 속에 우연히 마주치는 돌발적 사태로 필연이 무너지는 소소한 사건을 생각해보면, 불가사의한 생명현상의 영적 구도의 전개 과정을 누가 예견할 수 있겠는가. 신도 조물주도 인간의 모든 사소한 일들에 일일이 관여하는 바가 없다. 인간 스스로 생각하고 해석한 내용, 즉 그럴듯하게 포장하여 결정적으로 도출한 평가만이 드러나는 사례가 있을 뿐이다. 고의적 조작과 자살 등의 행위에 의한 필연적 결과의 설명을 자신에게 유리하도록 이끌어 가는 경우도 마찬가지다. 행동 결과의 자의적 해석에 의존하는 인간의 의지로 우연과 필연에 개입하는 모습이 얼마나 많은지 모른다.

바램과 희망으로 우연이 아닌 만남을 이루어, 우리의 인생을 긍정적으로 이끌어 갈 필요가 있다. 누구나 삶의 여정에 행복을 누리고 살아있는 동안의 성취감을 이룰 자유와 권리가 있기 때문이다. 아무도 간섭할 수 없는 우연과 필연의 만남에 의해 우리의 살아있음의 고귀한 숨쉬기가 더없이 즐거웠노라고, 그래서 자연의 섭리와 세상의 인연에 감사하노라고 외칠 수 있어야 한다. 노사연 가수의 노래처럼 그려보는 만남의 미래가 열리기를 기원하며 흥얼거린다. "우리 만남은 우연이 아니야, 그것은 우리의 바램이었어".......

쩐의 정의

　돈은 신성하면서 타산의 갈피에 서면, 칼 같은 경계심을 심는다. 삶의 세상에 돈만큼 널리 퍼져있는 것은 물이나 공기 말고는 없을 듯하다. 이동속도가 놀라우리만큼 빠르면서 다량의 돈은 쉽게 볼 수 없다. 누군가의 호주머니를 두둑하게 채워주고 있으면서, 누군가의 호주머니는 풀풀 먼지 나는 황무지처럼 텅 비어있다. 모두 좋아하는 대상이면서 모두에게 충분히 채워지지 않는 목마른 요물과 같다. 고금의 모든 시대를 거쳐 변치 않은 탐욕의 물상임에도 슬픔과 불만과 죄악을 야기한 결과에 대한 교훈들이 사람들에게 가르침을 주는 바가 거의 없다.

　대저 돈이 어떻기에 저주와 행복의 꽃을 동시에 피우고 있는지 헤아려보는 것도 흥밋거리다. 세칭 쩐은 인격을 고양하고 보증하며 행복을 약속해줄 뿐 아니라 악도 비난도 만들어내는 능력을 갖고 있는 게 주지의 사실이다. 달콤한 꿀이 항상 사람에게 좋기만 한 것이 아니듯, 쩐에 너무 집착하다보면 인간 양심이 타락에 빠지는 경우가 많다. 그런 의미에서 쩐은 심신을 옭아매는 마취작용에 탁월하며 끊임없는 결핍의 분노를 야기하는 역설이 들어있다. 당장 눈에 보이는 편리와 명성을 삽시간에 만들어주거나 추워 올리는 화려한 지렛대 때문에 많은 사람들은 광적으로 거기에 매달린다.

그리하여 온갖 자존심과 명예를 헌신짝처럼 버리고 몸부림치며 돈에 영혼을 판다. 온갖 윤리와 도덕 그리고 성스런 종교가 가르치고 경고하며 파멸의 교훈을 들려주어도 과거 뿐 아니라 살아있는 현재의 사람들까지 걸신 든 금전욕은 변하지 않고 있다. 눈부시게 화려한 치장과 위엄이 보장되는 금전 앞에 성스런 인물들조차 묵묵히 무릎 꿇는 세태는 고금을 통해 명백히 증언되는 바가 많다. 더 많은 빛과 더 많은 과시와 더 위대한 행위의 가능성을 위해 지금 이 순간도 금전을 위한 순교의 가시밭길로 서슴없이 들어가는 사람들을 아무도 나무랄 수가 없어 보인다. 생존의 기본적 바탕에 먹을 것의 성스런 보급과 조달이 돈다발의 끈에 매달려 있으며, 증오의 대상을 제거하는 음모의 술수가 근사하게 빛을 발하는 돈의 위력을 사람들이 싫어할 이유가 없기도 하다.

그럼에도 어느 한 중심에 인간 삶을 정화시키는 기준을 두어야 하는 게 아닌가 하는 의구심을 갖지 않을 수 없다. 그 이유는 재화로 쌓아올린 가문과 그룹과 재벌들의 거대한 아성들이 반드시 검은 거래와 착취로 이룩한 것이 아닌 경우도 있기 때문이다. 또한 돈이 만드는 삶의 현장을 짓고 부수고 변화시키는 자기 나름의 보람에 삶의 이유를 찾거나, 익명의 의인들이 있기 때문이기도 하다. 소위 돈의 여의주가 조화를 부리는 바를 선한 의식으로 즐기는 감춰진 현장을 말함이다. 관점과 차원이 다른 도타운 세계 너머를 말한다고 해도, 긍정적 깨달음으로 수용되지 않는 역설적 선택의 다양성을 인정해야 하는 소이연도 있다.

《사기史記》의 저자인 사마천은 말하기를 "사람들은 상대방의 재산이 자기보다 열배 많으면 몸을 낮추고, 백배 많으면 두려워하며, 천배 많으면 그의 일을 해주고, 만배 많으면 그의 하인이 되는 게 세상의 이치다."라고 했다. 사마천의 말처럼 예나 지금이나 천배나 만배 많은 재벌의 회사에 들어가 하인이나 노동자가 되어 돈을 버는 모습은 거의 비슷하다고 여긴다. 그럼에도 돈은 생명의 자존과 권위를 위한 기본 테제이지만, 최소한 품위를 지키며 욕망에 걸맞은 수준의 돈벌이가 모두 만족스럽다는 사람을 쉽게 볼 수는 없다.

그런 의미에서 돈이란 피와 눈물이 만들어 낸 종잇조각이라고 말하는 사람 편에서 보면, 보편적 소유의 한계를 정하기가 얼마나 어려운지 알게 해준다. 돈의 유혹 앞에 굴복하여 배신과 타락을 서슴지 않는 세태를 두고 도덕적 윤리적 설득과 외침은 어느 시대를 막론하고 무의미하기 짝이 없다. 돈의 긍정적 효용가치로 구원과 만족을 보기위하여 밝은 세상을 여는 일이 그래서 더욱 어려운지도 모른다.

쩐의 이면사에서 전쟁과 납치, 모함, 살육을 부추기는 일까지, 온갖 부정적 측면에서 인류의 불행을 야기하는 악행의 교사자라는 오명을 벗어날 수도 없다. 돈이라고 하는 형태가 나타난 이후부터 오늘에 이르도록, 무수한 분란과 비극을 야기한 예는 말하기에 부끄럽고 참혹함이 한도 끝도 없다. 돈의 음지에 횡행하는 개인 간의 사기, 모함, 속임수로 흥하거나 망하는 사례는 일상사에 너무 흔하다. 또한 나라와 나라사이의 정복 역사도 돈에 관련된 이권과 탐욕으로 벌어진 예가 대부분이다.

그리스 명언에 "돈은 똥과 같아서 쌓아두면 부패하여 악취를 풍기지만, 세상이란 밭에 뿌리면 땅을 비옥하게 하는 비료가 된다."라는 말이 있다. 그러고 보면 돈은 물과 비슷한 점이 있어 보인다. 돈과 물은 고이면 고여 있을수록 부패하고 마침내 유용성이 사라진 썩은 물질이 되는 공통점이 있다. 세상에 돈이 돈다는 말처럼 솔깃한 소식이 있을까 싶을 정도로 돌고 있는 금전은 사람들의 숨통을 여는 흐름이다. 돈이 귀하고 아낌을 받는 것은 당연하지만, 돈의 쓰임새에 따라 향기와 악취의 방향이 달라지는 것은 예나 지금이나 변함이 없음은 불문가지다.

인간의 감정과 욕심을 요리하고 희롱하며 명예와 목숨까지 좌지우지하는 돈을 생각하면, 돈이란 거룩한지, 필수적 존재인지, 저주의 화신인지, 헷갈리기도 한다. 흔히 부자이고 재벌이며 화려한 기품으로 온갖 수단과 방법을 가리지 않고 이룩한 그 결과로 금전의 휘황한 조명을 받고 살아간 사람들을 규명해보아도 그렇다. 부유한 자들이 갖고 있는 공통의 기품과 화려함이 있다 해도, 그들이 벌어들인 금전의 탑과 거대한 재산 규모로 사람들에게 단 한 티끌만큼도 감동을 주지 않는다.

용도가 분명한 자선의 공익적 배분이 감동을 불러내는 진정한 재산일 것이다. 중세 후반기 메디치 가문의 쩐의 전쟁에서 획득하고 쌓아놓은 금전을 풀어 문화를 융성시킨 역사를 새겨보면 알만하다. 세상에 살아남아 쓰임새의 할 일을 여는 희사야말로 진정한 재산가의 역량이며 공덕이다. 그래서 소크라테스도 말하길, '부자가 부富를 자랑하더라도 그 부를 어떻게 쓰는가를 알기 전에는 그를 칭찬해서는 안 된다.'라고 했다.

프란체스코 알베로니는 사랑에 대한 명언을 남겼다. 나는 그의 명언을 패로디(parody)하여 '사랑'이란 말 대신에 '돈을 쓰는 일'로 바꿔보았다.

"'돈을 쓰는 일'은 두려움이고 용기이다. 붙들린 몸이기도 하고 해방이기도 하다. 병들어 있으면서 건강하고 행복하면서 고민한다. '돈을 쓰는 일'은 끊임없는 물음인 동시에 마음 설레는 기대이기도 하다."

인간의 길흉화복에 깊이 물들어 있는 돈과 사랑이 그 쓰임새에 따라 희고 검은 설렘과 절망에 공통적으로 작용하고 있음을 상징적으로 보여주고 있다. 자신과 가족을 위한 돈의 쓰임새는 본능과 의무가 개입된 사랑의 베풂이다. 거기에 돈을 돈답게 써야하는 이해의 줄거리가 존재하지 않는다. 그러나 가족 외의 바깥 세상에 놀랍고 설레도록 베푸는 돈으로 천지의 문화가 융성할 수 있음을 모른다면, 무너지지 않는 쩐의 바벨탑을 쌓은들 무슨 의미가 있겠는가.

추위에 떠는 수다

　봄이 왔다. 천지사방에 봄의 전령이 새싹의 귀환을 알리는 방울을 울리고 있다. 봄이 오면 꽃이 피는 계절이니, 사랑이 피어오르는 시절이니 말하지만, 나에겐 추위가 가신 게 다른 무엇보다 기쁘다. 세상에는 추위를 좋아하는 사람들이 무척 많으리라. 스키와 스케이트를 즐기고 얼음낚시를 좋아하는 사람들은 추위가 삶의 기쁨을 주는 원천이라고 말할 것이다. 그러나 추위는 가난한 사람들에게 고통이자 슬픔이고 죽음으로 가는 세월의 길목에 들어선다 할 만큼 험난한 시련이다.

　하얀 눈이 내리면 온 세상을 은세계로 탈바꿈하는 놀라운 신비를 기뻐하는 사람들이 많다. 분분히 내리는 백설의 아름다움을 시샘할 자가 그 누구이던 흰 눈의 순수를 더럽히는 자가 있다면, 이 땅의 배달민족이 아니라는 눈총마저 받으리라. 그런데도 추위에 대한 관용을 내게 베풀라고 한다면 나는 단연코 거절할 것이다. 내 몸의 체질과 기분이 맞지 않는 것은 물론 적막한 추위의 공간에 내가 중심을 잡고 섰을 때, 너무도 공포스런 냉담과 한기로 숨이 멎을 것 같은 기분이 드는데 어찌해야 하는가. 추위를 피할 수만 있다면 세상 끝까지 도망치고 싶다.

  따뜻한 체온을 지닌 인간이 혹독한 추위를 좋아할 수는 없을 것이다. 인간과 인간 사이는 따뜻한 교류가 이루어져야 한다. 냉기가 흐르는 대화나 거래는 세계의 사람들에게 환영받지 못한다. 추운 지방에서 갖는 만남의 사교도 따뜻한 방에서 진행되거나 추위를 잊을 수 있는 건물 안에서 이루어져야 한다. 차가운 손은 마음의 머나먼 거리요, 차가운 말 한마디는 비정한 거절과 같다. 추위 속에서 감당해야 할 슬픔은 더욱 커지고 차가운 미소로 답변하는 의미가 성공으로 가는 첩경일 수 없다.

  해가 지고 어둠이 닥쳐오는 거리에서 추위에 떨며 외롭게 방황한 적이 있는 사람은 추위의 비정한 세상에 몸서리치며 절실하게 추위를 피할 곳을 찾는다. 추위는 눈물이고 절망이며 냉대에 가까운 체감이다. 그래서 추위를 즐길 수 없고 사랑할 수 없으며 그리워하고 싶지 않다. 추위를 사람에 비유한다면 결코 미녀나 미남이 될 수 없다. 매서운 바람과 함께 끔찍하게 주위를 감싸는 냉기에 누군들 몸을 움츠리지 않을 사람이 있을까. 추위는 끊임없이 따뜻한 생명을 매다는 참 나쁜 올가미 같은 침입자다.

  그래서인지 나는 해마다 겨울철이 오면 추위를 견뎌야 할 일이 걱정이고 마음이 무겁다. 추위에 떨 시련을 생각하면 밥맛이 떨어지고 삶의 의욕을 잃을 정도다. 다가올 추위에 대비한다며 두꺼운 겉옷을 껴입고 난방 준비에 만전을 기하지만, 냉기의 아픈 매를 기다리는 심정을 위로받을 수는 없다. 더군다나 겨울 추위는 낭만도 아니고 기대가 가득 찬 선물도 아니다. 추운 겨울은 가난한 민초들에게 삶의 고통이 가중되는 시절이며 불편한 몸을 지닌 사람들에게는 바깥출입을 막는 창살 없는 감옥을 만든다. 많은 눈이라도 내리면 움직임의 폭은 더욱 줄어든다. 그리하여 외로움과 우울증이 배가되고 고독사가 늘어나는 비극이 증가한다.

  북극과 남극의 극한 추위에 도전하는 사람들을 보면 너무 무모해 보이고 부럽고 신기롭다는 생각도 한다. 그럼에도 나의 생각과 다른 추위의 축제가 존재함을 본다. 동계 올림픽의 축제라던가 무주나 평창 등의 스키를 즐기는 행렬을 보면 요지경이 따로 없음을 절실히 느끼지 않을 수 없다. 추위와 싸우지 않고 추위와 동화하거나 즐기는 사람들이야말로 생명의 환희를 과시하는 추위의 전사들이다. 추위에 떨고 떨며 나는 추위를 향해 기다리다 보면 머지않아 봄이 오리라고 외치며 시를 통해 다음과 같이 노래했다.

      추위의 교향악

    추위는 종교가 없나보다
    떨리는 오한 앞에서 선도 악도 얼어붙고
    따뜻한 인정을 갈구하는 눈빛도 소용없어라

삭풍에 옷깃 여미고 차가운 곤장 맞으며 걷네
우주 설계 속 녹아든 북풍이 쓸고 간 고향
옷 벗은 더위가 떨며 기어드는 아랫목에
윗목 얼어붙은 사발로 삶을 얼리는 강물이 흐른다
무덤 속 조상님 영혼까지 얼려 이승은 하얀 밤
목숨인들 추운 시간 밖 서성이며 낙엽 되겠네
허공 중 바람의 냉혹한 군무가 요란스러운데
그림 그리는 자들의 언 붓도 설경의 나무다
삶의 세상 명작들은 살을 에이는 설무로
얼음 볕 온정을 그리는 상상으로 채우네
무상한 시간 이승의 천지는 떨리는 기다림
나 추위의 아량에 기대어 피 도는 꿈을 엮어
몸의 기진한 박차를 세우고 구만리 밖 햇빛으로
한 시절 추위와 몸 부비며 따뜻한 울음 울겠네
아득한 저승 맛 한기를 견딘 땅의 열매
언 강 밑에 흐르다 묻히는 추위 위로
봄의 전령 싹의 노래 울려 퍼지는 남녘에
가만히 가슴 따뜻한 편지 전하는 기다림

샤브샤브로 동행한 삶의 하루 1

회원들이 변산 격포를 야외 놀이 활동 장소로 정하고 하루의 계획을 세워 떠나기로 했다. 그런데 중국 발 미세먼지의 혹심한 위세로 시내 음식점 실내로 방향을 틀고 주저앉게 되었다. 어렵게 계획된 야외 행사라서 기대가 컸던 만큼 실망도 컸다. 친목을 위한 공동의 식으로 점심과 저녁에 이르기까지 자리를 같이 하며 나눌 이야기들이 준비되어 있었는데 아쉬웠다. 차선책으로 평화동 신축건물 5층에 자리 잡은 뷔페식당에서 점심을 즐기기로 의견을 모았다. 주 메뉴가 샤브샤브 해물 및 소고기 절편을 섞어 육수에 넣어 살짝 익혀 먹는 요리였다.

샤브샤브는 원래 몽골 징기스칸 때부터 유래한 음식이라 하나, 오늘날에는 일본 요리로 알려진 게 분명해 보인다. 끓는 국물에 얇게 썬 고기, 야채, 해물 등을 데쳐 양념장에 재워 먹는 요리로서의 어원상 샤브샤브가 '살짝살짝/찰랑찰랑'이라는 일본어 의태어라고 알려졌다. 어원상으로 볼 때 맵다거나 얼큰하다거나 하는 남성적 강렬한 맛과 거리가 있음직한 여성적 맛의 기류인 성싶다. 부드럽고 약간 싱거운 재료를 섞어 익혀 드는 음식이며, 어느 정도는 인위적 가공을 거쳐 개개인의 입맛에 따라 해물과 소고기를 가미하여 즉석요리해서 드는 재미도 있다. 둘러앉은 사람마다 다른 입맛과 기호에 따라 가감하는 음식 재료이기에 억지로 들어야 하는 불편함도 있다.

  어떤 의미이던 모임의 분위기를 흥겹게 이끌어가기 위해 개인의 구미를 조정하고 적절하게 식욕을 만족시킬 식사량만 섭취하면 그만일 것이다. 그럼에도 기억에 남을 특별한 이벤트나 실속 있는 프로그램이 준비되어있지 않은 탓인지 허우룩한 식사의 시간을 건너갈뻔했다. 다행스럽게도 S수필가 회원께서 그윽한 감성을 불러일으키는 특 오디 와인 두병을 가져왔기에 불그레한 화기애애가 잔잔히 감돌기 시작했다. 품위 있는 정열의 표상인 와인을 작은 술잔에 따르고 건배사를 목정님이 제안할 때, 우리는 하루의 들뜬 분위기를 즐기는 마음으로 크게 '위하여'를 제창하였다. 깡마르고 무미건조한 지난 시절의 지루함을 한방에 날려버릴 그윽한 향과 맛은 뽕 주의 특유한 취흥이 가져다 준 하루의 선물이었다. 달보드레한 술로 주고받는 잔이 오가며 조금씩 홍조를 띠어가는 회원들의 얼굴이 멋있고 고왔다. 감칠맛의 와인이 목 뒤로 몇 순배 이어지는 뒤끝에 알딸딸한 감흥이 절로 일었다. 모름지기 S수필 회원에게 감사의 정념을 갖지 않을 수 없었다. 세심하게 회원들을 위하고 부드러운 분위기를 띄울 충분조건을 미리 생각해준 그 마음에 도타운 감동이 그윽이 솟았다.

감각적 따뜻함과 흥취로 분위기가 무르익어갔고 와인 잔이 몇 번 더 부딪쳐 청랑한 소리를 냈다. 두 병의 와인이 달착지근한 맛으로 유혹한 기분에 홀려 몇 순배 돌고나니 가뭇없이 바닥을 드러냈다. 그 여운의 미진한 표정들이 소주 두 병을 더 주문함으로써 직성을 풀었다. 점차 취기가 오르고 아슴한 감각의 높이에서 큰소리가 나올 즈음, 배가 부르기 시작했다. 자리를 파하고 남은 시간을 함께 어울릴 장소를 찾은 게 모악산 도립미술관으로 가자는 제안이었다. 미리 예정된 계획이 없었기에 반대 의사를 표명하는 회원이 없었다. 모악산 미술관으로 가는 발걸음은 가벼웠다. 미술관에 박 시인이 근무하고 있기에 전화로 우리 회원들이 방문하게 됨을 알렸다. 미술관의 찻집에 들어서니 박 시인이 반갑게 맞이해주었다. 특유의 밝고 명랑한 미소와 청아한 목소리로 환영의 인사를 나누고 차를 대접해주었다. 그녀의 서글서글한 성품에서 우러나오는 인간미는 청순하고 예의바른 태도에서도 엿볼 수 있는데, 하늘거리는 모습은 영락없이 코스모스와 닮았다.

  찻집을 나와 미술 작품 전시실로 갔다. 작품에 대한 깊은 감상이라기보다 보편적 수준의 감식안으로 그림의 직핍한 뜻을 읽는다고 하는 편이 솔직한 표현이었다. 화가는 그림을 그리기 시작하여 작품의 완성에 이르기까지 많은 시간을 거쳤을 것이나, 작품을 감상하는 사람들의 시선이 머무는 시간은 짧았다. 그림의 구도와 표현하고자 하는 의도와 고갱이를 제대로 파악하려면 응시와 관조의 시간이 넉넉해야 할 듯싶은데, 대부분 힐끗 스쳐보는 모습이다. 작가의 고심이 서린 그림 속의 이야기들을 하나하나 헤아리기엔 감상자들의 바쁜 일상으로 두리뭉실한 주마간산식이 되어, 왔다 간 흔적으로만 기억될 것이다.

특히 대작으로 여겨지는 100호 이상의 그림 앞에서도 싱겁게 둘러보는 감상으로 그치고 마는 면면들이 나타났다. 화가 개개인의 정신적 산물이며 수많은 날들의 치열한 노고의 흔적들이 응축되어있을 작품을 대충 대충으로 감상하는 것은 작가에 대한 예의가 아니라 여긴다. 그럼에도 정신일도의 감상이라 해도 감동을 불러일으키는 전율적 작품을 깊은 감식안의 시선으로 볼 수는 없었다. 나의 가볍고 깊지 않은 틈사이에 시간 여유 없는 한계 때문인지도 모르겠다. 하기야 프랑스 루불 박물관에 전시되어있던 다빈치 그림 '모나리자의 미소' 앞에서도 잠시 발돋움하며 관람객들 틈에 다소곳이 머물러 보았을 뿐, 세계적 걸작이 주는 벅찬 감동 같은 것은 없었다. 그런 면에서 나는 얼치기 감상자이며 전문적 소양이 부족한 딜레탕트에 불과하였다. 그럼에도 도립미술관에서의 작품 전시 목록 설명과 그림의 주제를 밝히는 글이 멋있게 잘 쓰여 있음을 보았다. 글이 나타내고자 하는 내용을 문학적 운치를 더하여 멋있게 윤색한 문장들이 문학가들도 새겨 읽어야 할 안내문이라는 느낌이 들었다.

미술관에서 나와 다시 평화동으로 돌아왔다. 그러나 저녁 회식과 밤으로의 여흥을 위한 시간이 아니었다. 원래부터 예정된 계획이 없다보니 길거리에서 우왕좌왕하는 꼴을 연출하는 게 참으로 쑥스러울 지경이었다. 오후 3시 반에서 5시 사이의 어중간한 시간을 가볍지만 허벅지게 보낼 곳이란 노래방뿐이었다. 그러나 밤이 이슥하여 열곤 하던 관행으로 그 방들이 우리를 위한 놀이터로 제공되는 곳은 없었다. 그런 황망 중에 저만치서 뒤따르던 여류회원들은 슬며시 하나 둘 자취를 감추기 시작했다. 예전에 그리했듯 그들 나름의 발칙한 이탈을 감행하는 듯싶었다. 별다르게 내킬만한 여유가 없을 남성 회원들에게 수수꽃다리 향기를 기대할 수도, 재치와 만담도 풍성하게 펼칠 것도 없어, 돌아갔음이 분명했을 터이다.

  이마만큼 늙은 나이에 아직도 챙겨야 할 여성성의 경계심과 정체성으로 안온한 가정으로 가려는 관성을 이해 못할 바가 아니다. 시종여일하게 지켜온 삶의 질서와 서있는 자리와 처지를 끔찍하게 고수하려는 본능을 스스로 자각하여 각자도생의 길로 갔는지도 모른다. 나이가 가르치는 관행에 적응할 줄 아는 지혜로 우리 회원들이 약속한 밤까지 어김없이 동참해야 할 의무를 버린 심정을 이해할만 했다.

  다행스러운 것은 여성 회원들이 자리에 없게 되었다 해서 남성 회원들이 기가 죽지 않았다는 사실이었다. 부드럽게 먹고 즐기는 한국식 샤브샤브는 저녁 회식의 막걸리 술판에서 명료한 본색을 갖추고 등장했기에 우리만의 서슬 푸르게 걸쭉한 대하장강의 이야기를 펼칠 수 있었기 때문이다. 유쾌한 음주와 패설을 깔고 주취의 힘을 빌려 천하를 농단하는 이야기의 꽃들을 술자리에 거나하게 뿌렸다. 삶의 가벼움은 이때 쯤 온갖 스트레스를 뭉개고 상생의 온도를 높여 쾌지나 칭칭 나네로 허벌나게 흥을 돋우어 갈지니.

샤브샤브로 동행한 삶의 하루 2

젊은 날들의 술좌석은 기대와 호기심이 은근한 유혹처럼 돌았다. 오가는 말투는 호기로웠으며 강렬한 주의 주장의 장광설이 웃음의 경계 넘어 쏟아졌다. 취기가 오를수록 목소리의 톤이 점차로 힘을 받고 고성으로 치닫기도 했다. 자신의 위엄을 필요이상으로 내세우며 고집스런 설득을 위한 잔소리를 되풀이 하는 경우도 많았다. 그래도 할 말들의 여운이 남아 소란스럽게 웅성거리는 대화들이 난무하는 분위기를 즐겼다. 불평과 불만 그리고 분심의 소리까지 한 잔 술의 안주꺼리로 등장하는 시간이면 술판을 나서야하는 때가 되기 쉽다. 그사이 씹거나 뱉어낸 농염한 언어의 새가 날아다니기도 했으며, 경제적 욕망과 현실적 결핍, 애정 산맥에 흐르는 삶의 이야기들이 분분히 오갔을 것은 불문가지였다. 때로는 비틀거리고, 때로는 고함을 지르며 자신의 정당성을 내세우는 술꾼의 본색을 드러내기도 했을 것이다.

그러나 늙은 나이에 이르도록 술꾼 본색의 주책바가지가 되면 점잖은 술자리에 낄 자격을 잃게 되기 십상이다. 늙마에 이르도록 세련된 주도酒道에 익숙하지 않은 사람은 거의 실수와 과음으로 점철된 중독 증상에 이른 사람일 것이다. 나는 회원들 중에 그런 주광酒狂에 빠져 불편한 야료를 일삼는 주선酒仙이 없음을 감사히 생각한다. 여성 회원들의 수수한 귀가가 서운했지만, 애써 잊고 남성 우인들 여섯이 섬진강 식당에 들어섰다. 술을 들 수 있을 만큼의 오달진 건강이 있어 막걸리를 달라고 외치는 대견함이 뿌듯했다. 주저하지 않고 막걸리 여섯 병으로 시작하는 음용 의식에 우리는 기꺼이 들어섰다. 모두 삶의 이력만큼 한 가락들이 숨어있었기에, 슬슬 품격 있는 위용을 떨치며 막걸리를 꿀떡꿀떡 목 뒤로 넘겼다. 조금씩 취해가는 기분이 자신의 이성이 감싸는 견고한 성곽을 차츰 무너뜨리기 시작하면서, 과거의 깊은 동굴 속에 숨겨진 흥미진진한 이야기들을 풀어내었다. 그것은 서서히 드러내는 마각도 아니고 영웅심으로 치우친 자신의 화려한 이력을 토로하는 모습도 아니었다. 그보다도 감성적이며 애달픈 사연들로 새겨들을 만한 달큰한 고백 같은 이야기로 흐르는 강물이었다.

술잔은 천천히 느긋하게 오갔으며, 풋정이 서린 청춘의 아련함으로 간직했던 흘러간 옛이야기가 막걸리잔 사이로 넘나들었다. 인간의 삶이란 그 과정부터가 아무리 모험적이라 해도, 그 구비의 가슴 벅찬 경지는 누구나 겪는 평범성에 머물곤 한다. 그러나 술에 물든 혀는 조금씩 꼬부라져 하찮은 진액에 불과한 이야기를 풍성하게 채색한다. 진정한 술꾼이라면 그런 과장과 허풍과 슬픔의 농도를 모두 진실로 받아들여야 한다. 아니 즐겨야 한다. 술의 감성적 정치적 변신은 모든 추함과 야릇함과 모자람을 미화시키며 아름다운 세상으로 이끄는 끗발을 지닌다. 그렇게 우리는 행복한 자화자찬의 우쭐한 기분에 젖어 아릿한 시간으로 간다. 이제 농도 짙은 잔소리와 흥취를 돋우는 걸걸한 목소리가 환상적인 자유를 얻었다. 이쯤이면 점잖은 침묵의 체신머리는 신사의 예의로 인정받을 수 없을 것이다. 술좌석에서 지켜야 할 도리와 예의가 흐트러지거나 망신스런 몰골과 말투로 변하는 것을 자연스럽게 받아드려야 분위기가 무르익어 갈 것이다. 시든 꽃처럼 져가는 권위의 근엄한 체신을 지키려는 무리수가 통할 수 있는 풍경은 황혼 뒤 어둠으로 스러졌다.

그렇다고 횡설수설의 자기 조절 능력을 벗어난 건 아니었다. 남성스런 쾌담과 패설도 흘러가는 물로 잠깐 실려 보내고, 우리는 제법 인생의 지나온 시간마다 겪었던 고난과 어둠 그리고 질병의 생채기 등을 대화의 자리에 올려놓기도 했다. 으레 나이 든 자들의 이야기들은 현재와 미래에 대한 막연한 소재보다 과거의 명료한 경험들을 꺼내어 자랑과 허풍이 적당히 섞인 높은 목소리의 혀가 춤추어야 정상이다. 혀의 춤에 풀려나오는 건강과 삶의 율동에 첫사랑에 대한 아득한 그리움이 오묘하게 그려지면 공감과 웃음의 파장이 인다. 적어도 삶을 즐기고 사랑했던 존재라면 자기 나름의 지고한 원칙과 정체성을 훼손당하지 않으려는 본능적 방어의식이 있다. 우리는 아무리 주취의 깊은 휘둘림을 받고 있다 해도, 내뱉는 언어의 순도가 패

악스런 저질의 지경을 벗어날 수 있는 나이의 회원들이기에 존엄한 생각이 들었다. 어색하고 치기스런 실패담과 우연히 겪은 낭패의 실수, 등등 에 이르기 까지 주취의 분위기 속에서 관대한 웃음으로 날려 보내는 여유도 있었다. 이쯤에서 우리는 예전에 미처 몰랐던 개인적 호불호를 대범하게 밝히게 되었으며, 사상과 정치적 색깔, 과거사 그리고 가정사에 숨은 속내의 벌거벗음을 엿보는 투명성에 가까이 다가가는 즐거움을 맛보았다. 더구나 음식의 갖가지 색깔과 영양가와 맛이 우러난 막걸리 샤브샤브를 위장의 넉넉한 충만에 의지하여 대화는 맛깔스럽게 윤기를 더해갔다.

  생명과 생명의 살아있다는 의미를 확장하고, 친근하게 다가가는 모임에서 정보를 교환하며 가끔 언쟁 속에 자랑과 부끄러움을 고백하는 일이 얼마나 좋은지 모른다. 그에 더하여 음풍농월의 여유와 자연친화적 삶을 시현한다면, 여생에 더할 나위 없는 환희의 세계를 열 것이다. 여기에 술이 가끔 끼어들어 언어 예술이 꽃피기도 할 것이다. 그 꽃이 초라하고 품위가 없을지라도, 술판에 피는 게 얼마나 화려하기를 기대할 필요가 있으랴. 목정, 우중, 경국, 고운, 수현 그리고 골든벨이 각자 나름의 품성과 버릇으로 연출하는 말본새에 힘입어 마냥 웃고 떠들다 보니 어지간히 취한 무릎이 시렸다. 말씀들의 성찬이 튀어나오는 그 풍성한 막걸리 잔치판이 파장에 이르렀다. 우리는 술 도락을 벗어날 겸 노래방에 가기로 뜻을 모았다.

  젊은 날 어떤 행사 뒤의 절차와 과정에 반드시 끼어드는 노래방으로의 행차는 논리적 통과 의례 행사였다. 술로 취했다면 알딸딸한 취기를 깨우고 어떤 의분심과 외치고 싶은 흥분을 발산하는 분출구로 노래방만큼 좋은 곳은 없었다. 어느 시절인지 확실치 않아도 기억에 아로새겨져 있을 노래방에 한량의 끼를 은근슬쩍 내보이며 전신을 숨김없이 분위기에 내던진 적이 있었으리라. 점잖은 품행이란 어울리지 않는 게 노래방 문화이다. 무너지고, 구겨지는 희극적 자세로 구성진 한 곡조를 뽑는 절절한 노래의 화신이 되어본 적이 없다면, 한恨의 정서적 동질감을 지닌 한국 사람이 아닐 것이다. 서투르고 어설픈 가수로 데뷔하는 순간, 그 나름의 최고 최선의 출중한 노래 하나쯤 만장에 펼치는 우레 소리로 방을 메워야 할 것이다.

감성적 분출을 즐기는 사람일수록 한恨이던 개인적 취향이던 노랫가락으로 자신의 울분과 기고만장을 풀어보고 싶어 한다. 그 기회가 많을수록 자기 해탈의 기분 풀이 능력이 뛰어나며 그로 인한 도파민의 풍족한 발산으로 생명 연장의 시혜를 받을 수도 있을 것이다. 장수로 가는 분명한 방법 중의 하나라고 미련한 판단을 내려도 부끄럽지 않은 느낌이다. 우리 회원들은 그런 풍향의 기원과 욕망으로 성대를 드높게 울리게 하여 즐겨 불렀던 애창곡을 꺼냈다. 밤으로의 짧은 시간에 모두 가수가 되어 부서지는 성량에 따라 귀 익었던 흘러간 노래가 울려 퍼졌다. 하루마다 살아있음은 기적이라는데 노래방의 소리 천국은 더욱 기적이 아니고 무엇인가. 소리 끝에 밀려오는 갈증으로 맥주를 마셨고, 부득불 솟아나는 술의 힘을 받아 개인적 숨은 실력의 보석들이 무람없는 빛깔을 유감없이 드러냈다.

무슨 취향의 각설이 타령과 흘러간 노래의 비장한 가락, 그도 아니라면 감추었던 흥의 끼가 얼굴 표정과 함께 노랫소리를 끌어당기며 입술 밖으로 거룩하게 울려 나왔다. 길고 길거나 혹은 청승맞게, 아니 유장한 사나이의 장려한 풍경을 푸른 밀밭위로 리듬을 실어 보내는 바람결처럼 풀어냈다. 지나간 날들의 사이에 어찌 그런 흥을 간직하고 있으면서 마냥 세끼 밥만 채우며 살았을까 싶다. 경청하는 사람이 있기에 가장 자신 있는 노래를 부름으로써 불편한 감정 해소를 달성하는 의미가 크기도 하겠다. 부드러운 입맛의 혼합 음식의 샤브샤브는 회원들이 어울려 보낸 시간의 미감과 비슷하게 전개된 느낌이 들었다. 삶의 모든 의미가 이처럼 어우렁더우렁 얽히듯 어울려 살면 여유와 운치와 멋들어진 살맛의 세상이 될 듯싶다. 유현幽玄한 인생의 실감이 끌어당기는 친구들과의 파격적 하루살이 외도라 한들 한 인생살이의 심각한 타락이거나 일탈은 아닐 것이다.

하루가 샤브샤브의 육수라면 회원들은 야채거나 소고기 절편 혹은 해산물일 것이다. 육수를 끓이는 불은 회원들의 열정이며 그 속에서 어울리는 술과 노래와 미술관 관람 등으로 우리는 하루 삶의 맛깔스런 배부름을 즐겼다. 인생 수십 년을 살았던 아내와 남편만이 인연의 성스런 고리 속에 얽힌 것은 아니다. 밝은 하늘아래 하루도 인연의 역사 속에 잊히지 않을 천국의 시간이다. 샤브샤브 살랑살랑의 의미로 풀려나간 하루가 서늘하게 고맙다.

나의 수필 자평

　나는 수필 쓰기에 왕도가 없다고 생각한다. 누구나 끊임없이 읽고 생각하고 써보는 일의 되풀이 속에 숙달과 달필의 어느 수준에 닿을 거라는 판단이다. 만일 수필 쓰기의 전범에 따라 글을 쓰도록 자신을 끌어간다면, 독창적 글쓰기의 자유로운 언어 구사는 굴절과 훼손의 길을 밟으리라 여기기 때문이다. 삶의 수레바퀴가 굴러갈 때마다 들려오는 굉음이 사람마다 제각기 다르기에 생로병사의 기점에 스민 경험도 천차만별이다. 경험의 일기장에 새겨진 정서적 감각이 얼마나 극적이며 신선한 그림인지 알 수 있는 채색과 감도의 배치는 개인의 능력에 달려있다. 그러나 나로선 삶의 무대에 펼쳐진 기쁨과 슬픔의 사연 중에 어느 것을 뽑아 올려 수필로 형상화할지 늘 고심하곤 했다. 한 걸음마다 어렵고 진땀이 흐르는 글쓰기였다.

　경험과 사유의 틈을 뚫고 나온 수필이 문학의 기맥에 혼입되어 정통성을 인정받을 수 있게 된 것은 1970년대 이후로 보인다. 붓 가는 대로 쓰는 기류로 생각하면 자유분방한 글쓰기로 문학적 가치 유무를 따지지 않을 듯하지만, 실상은 가장 품위 있고 경애할만한 산문이며 수필이었다. 내가 주목하고자 하는 것은 모든 문학 작품이 다 그렇지만, 경험과 사유에서 흘러나온 수필이란 시간의 끊임없는 진행과 연결되는 그림이란 점이다. 어리숙함에서 성장과 발달의 다리를 건너 활짝 피는 난숙하고 지혜롭거나 최상의 아름다움으로 바뀌는 그림이다. 물론 오를 만큼 오르면 내려갈 일만 남는 시간의 그림도 있다는 것도 당연하다.

인간은 시간의 인식을 강물처럼 흐른다고 생각한다. 그러나 시간은 객관적 실재의 대상이 아니라 실재의 존재 형식이다. 강물은 10분 당 50 미터 흐른다고 말할 수 있어도, 시간은 10분 당 50 미터 흐른다고 말할 수 없다. 편의상 年 月 週를 말하고 과거 현재 미래를 구분하여 시간의 존재를 인식하고 있다. 시간은 신비하고 불가사의한 존재이면서 삶의 모든 변화를 주관하며 인간의 생노병사에 빈틈없이 관여하는 존재이다. 얼마만큼의 시간이 지나야 시간의 그림이 분출하는지 알 수는 없다. 다만 '그림'을 은유의 뜻으로 확장하면 '그리워함'으로 표현할 수 있는데, 그리워하기에 그릴 수 있다는 생각이 닿는다. 그린다는 의도 속에는 그리는 사람과 그리는 대상이 혼연일체가 되는 몰입행위가 있어야 제대로 된 그림이 그려진다. 인간 사회의 삶에 투영된 시간의 흐름이 있다면, 그 흐름만큼의 간격에 그리움이 새겨진 시간의 그림이 그려질 수 있다고 생각한다.

나는 시간의 그림에 경험과 사유의 체를 걸러 8부 능선에 걸린 창작품을 그려냈다. 모두 간절한 그리움의 대상이며 몰입행위의 결실이다. 사연이며 풍경을 묘사하는 글이 매끄럽지 못한 비문학적 표현이 있긴 하나, 속살은 간지럽고 은근하며 단정적인 데다가 단도

직입의 범론까지 망라되어 있다. 가능한 신변잡기의 범주를 벗어나 몽테뉴 풍의 사유와 단호하고 직핍한 비유를 쓰려고 노력했다. 몽테뉴『수상록』1부 '슬픔에 대하여'를 보면, "사람들은 슬픔으로 예지, 도덕, 양심에 옷을 입힌다. 어리석고 망측스런 장식이다. 이탈리아 사람들은 그럴듯하게 이 낱말에 흉악하다는 뜻을 붙였다. 왜냐하면 이 심정은 언제나 해롭고 철부지 같은 것이기 때문이다. 그리고 스토아 학파는 이것을 겁 많고 비굴한 소질이라고 보며, 그 파의 학자들에게 이 감정을 금하고 있다." 몽테뉴 소견을 유추해보면 슬픔에 대한 초월적 관점을 갖고 있거나 냉정하고 이성적인 자기감정 조절이 분명함을 엿볼 수 있다. 삶의 모든 행로에 깃들어 있는 보편적 감정의 슬픔이 어리석고 망측스럽다면, 몽테뉴의 철저한 자기 비판적 사고방식에 문제가 있다기보다 자신의 자유로운 견지 때문일 것이다. 글쓰기에 체험적 내용을 부각시켜 유려하게 자신의 수필을 완성하는 자신감은 수백 권의 고전을 읽고 깊고 넓은 교양을 축적한 몽테뉴의 자유자재한 서술능력의 소산인 '수상록'이 뒷받침하고 있다.

  나는 최선을 다하려고 했으나 '시간의 바람꽃'이라는 수필집 구성의 8가지 유형은 다소 윤색의 기미가 엿보이는 나열이 된 듯싶다. 그래도 시간의 추동으로 삶의 과정이 진행되었고 그에 따라 셀 수 없이 많은 사물이나 물질의 변화를 야기한 불가사의를 사색하고 추적한 미미한 결과를 조금이나마 쓴 결과물로 수필의 얼굴을 내민다.

제1부 시간의 구비

  우주의 빅뱅 이후부터 시작되었다는 시간을 그리거나 바라보는 시각을 지니면서 계속 궁구하고 사유하는 과정을 겪었다. 수년간 시간의 존재와 의미 그리고 증명된 강제적 추동력이 어느 법칙으로 진행되었는지 원리와 흔적을 알기 위해 물리학 천문학 철학 서적을 읽었다. 나이 지긋하고 미거한 존재가 시간의 신비를 탐색하기엔 터무니없는 돈키호테식 도전이었다. 뉴턴은 바닷가에서 발을 담그며 자신이 알고 있는 세상의 지식이란 바닷물에 적신 발만큼도 안 된다고 말했다. 무한한 세상의 무한한 신비를 천재인들 어찌 가볍게 터득할 수 있겠는가. 우주에 관한 것이 어떤 것이든 인류가 파악하고 있는 물질이란 겨우 5%에 불과하다고 한다. 나머지 95%는 베일에 가린 수수께끼이며 미스터리로 알려져 있다. 나는 스스로 헛된 몽상가의 호기심에 미쳐 여가의 시간마다 미거한 책 읽기에 매달리는가 하고 자문자답하곤 했다. 어차피 인생은 아무리 발버둥을 쳐도 미완성으로 끝나는 불가항력적 생명이다. 그러므로 가고 싶은 곳이 있으면 그곳으로 여행하고, 알고 싶으면 발로 확인하거나 독서를 통한 앎의 충족을 위해 노력하면 된다. 살아있는 동안 그 자그마한 몸부림조차 없다면, 과학적, 종교적, 철학적 호기심조차 없다면, 살다가는 의미는 벌레나 짐승의 그것과 다름없을 것이다.

  제 1부 시간의 구비는 어느 시점에 걸려들어 나의 시선 속에 머물다 끌려나온 이야기들이다. 어떤 것은 장황하고 어떤 것은 뭔가 고

개를 끄덕일만한 내용이다. 그 의미가 살아 어떤 의심이 들 때마다 그걸 확인하는 또 다른 독서가 있다면, 글이 춤출 것이라고 믿는다. 나는 애덤 프랭크가 지은 '시간의 연대기'와 브라이언 그린이 지은 '엔드 오브타임' 그리고 '우주의 구조'를 가장 열중하여 깊이 읽었다.

제2부 시간의 기술記述

머문 자리에서 눈을 감고 시간을 가슴 속에 들여와 느껴보려고 사색에 잠겨본 바가 있었다. 그때마다 시간이 한량없이 고맙고 감사한 존재로 가슴을 울렸다. 내 존재의 할 일과 계획이나 구상 등을 위해 바람처럼 물처럼 내 주변을 서성이는 시간이 숨 가쁘게 선선한 영성으로 보였다. 과거 현재 미래로 시간의 구분이 있으나, 인간의 편의성에 따른 것일 뿐 생명 있는 것들의 감촉은 나서부터 죽을 때까지 언제나 현재에 머문다. 선형적으로 시간이 가는 것처럼 느낄지라도 숨이 멎는 날까지는 현재로 구속되어 있는 삶이다. 추억이나 기억의 힘을 빌어 과거의 경험과 사유를 소환하여 글을 쓰는 게 작가의 할 일이다. 살아가면서 발생하는 아쉬움이나 후회, 회한, 환희와 육체적 고통 등등이 시간과 더불어 생기지 않은 것이 없다. 시간의 달콤한 구속 가운데 진행하는 희로애락의 연회는 언제나 홀로 치르는 결과만 진실이고 기억에 남는다. 가족이나 단체 혹은 사회에서 여러 사람과 어울려 치러지는 연회일지라도, 특기할만한 한 가지만 낱낱의 개인 일기장에 담겨 남을 뿐이다. 시간의 기술이란 작가가 선택한 사고思考의 춤사위 중에 꽃 핀 글발이다.

제3부 시간의 은총

　어느 노력이라도 보람의 결과는 발효와 숙성이라는 시간의 은총을 떠나서 가능한 것이 아무것도 없을 거라는 믿음이 있다. 인간 역사의 흐름을 살펴보면 희극보다 비극이 대부분이고, 어느 민족이든 발전과 성장 과정에 수많은 인명이 살상되는 경우나 비극적 사건이 도처에 발생했다. 그럼에도 불구하고 인간 삶의 세상은 시종여일하게 따뜻한 햇빛이 비쳤으며, 더 나은 방향으로 강고한 인간 역사를 펼쳤다. 어느 나라의 백성이던 삶의 터전을 열어가는 운명은 시간의 단계를 지날 때마다 확실하고 극명한 새 세계를 열어나가느냐에 따라 좌우됨이 일어났다. 그런 의미에서 한 사람의 운명도 나라의 그것과 유사하게 흘러감을 본다. 시간을 따라 들여다보는 개인의 삶의 족적은 행복 추구와 욕망의 실현에 목을 매고 있는 모습이 대부분이다. 사람의 본성이나 본능에는 더 나은 미래가 아니라면 살 가치가 없다며 삶을 버리는 사람이 있다. 그런데 그런 가치추구에 정의로운 판단과 선택으로 항상 더 좋은 삶의 이야기가 있는 것도 아니다. 그래서 성공과 실패의 관점에 시간의 선택이 중요한 변수로 작용할 수도 있다. 시간의 선택이란 사안에 따라 시간의 은총이라 여길만한 기회를 신중하고 치밀하게 엿보는 것도 중요하다는 의미이다.

제4부 시간의 낭만

아인슈타인은 그의 물리학 이론을 설명하며, "어떤 남자가 아름다운 여자와 한 시간 정도 앉아있다면, 그 시간이 1분처럼 느껴질 것이다. 그러나 그를 뜨거운 화덕 위에 몇 분 앉혀 놓으면 어떤 시간보다 길게 느껴질 것이다. 그것이 상대성이다." 라고 말했다고 한다. 시간에 관한 우리의 경험은 그처럼 주관적이다. 인간의 감정이 희열과 환희심에 젖어 있을 때면 시간은 낭만적인 감정 기류의 배경일 수밖에 없을 것이다. 시간의 길고 짧음이 인간의 정신적 상황에 따라 바뀐다면, 시간의 흐름 자체가 얼마나 흘러가는지 그 거리나 정도를 계산할 수 없다. 낭만적 기세로 신체가 반응할 때마다 주변 상황을 망각하기 쉽다. 파블로 네루다의 시에 "사랑은 이다지도 짧고, 망각은 그토록 길구나"라는 구절이 있는데, 이런 문구도 시간이 감정에 예속되어 길고 짧음이 무색해지는 모습이 있음을 알 듯하다. 이외에도 긴장과 공포, 스릴있는 경주나 서커스의 아슬아슬한 그네타기 장면 등이 시간의 낭만적 기류에 편승하여 사람이 시간을 잊게 만드는 기회를 갖게 한다.

제5부 시간의 분별

인간이 시간을 가장 의식하는 순간은 생노병사의 범위 안에 있을 때이다. 살아있는 순간마다 시간은 어떤 경고나 암시도 없이 그냥 낳고 늙어가게 하며 병드는 신음을 일깨우고 죽어가는 순리의 진중한 사연을 겪도록 한다. 그게 시간의 분별로 일컫는 역할 지킴이다. 온 우주에 편재한 시간의 날개는 잠시도 쉬지 않고 세월의 안개를 잔뜩 뿌리고 다닌다. 살아있는 것들은 어린아이에서 늙은이에 이르기까지, 어린 순에서 늙은 초목에 이르기까지 살아있음의 어떤 틈새를 막론하고 존재의 생성과 소멸을 관장하는데 조금도 망서림이 없다. 굳이 늙고 낡어서야 생명을 앗아가는 것이 아니다. 시간은 자혜로운 보살이 아니다. 순서를 지키는 원칙주의자도 아니다. 시간은 시간의 규율과 원리를 지닌 초월적 지배자이다. 누구나 시간의 처음을 모르며 동시에 끝도 모른다. 시간의 분별이란 상상의 깊이만 갖고있는 인간의 영역이다. 그럴듯한 존재의 모양새를 지니며 온갖 탐심과 근원이 확실치 않은 그리움을 지닌 채 죽어가는 인간이란 존재가 품는 분별이다.

제6부 시간의 끝맺음

　인간의 해골을 전시하고 있는 전시관이 있는 나라는 캄보디아, 그리스, 튀르키예 등이 있다. 제각기 전시 목적이 모두 다르고 죽기 이전의 삶의 모습도 달랐다. 해골이 대표하는 삶의 진수를 어떻게 설명해야 할지 막막하고 가슴이 마냥 처연한 감정이 인다. 시간이 전후 맥락을 모두 빠짐없이 짚으며 스쳐갔을 것이다. 해골들의 생존시에 수많은 절망으로 무너지고 무너지면서 다시 일어서서 종교와 자신의 운명적 행운을 빌며 믿음을 갖고 시간의 영원성에 매달린 바가 있었겠지 싶다. 그러나 바라는 바와 달리 결국 해골로 남아 후세인들의 눈앞에 무얼 위해 몰沒 품위의 흉측한 모습으로 전시된 것인지 아무도 모른다. 다만 시간의 끝맺음에 생명이 있는 존재가 해골로 변신하여 도도한 시간의 광기 앞에 내던져진 운명을 탓할 수가 있겠는가. 쾡하니 구멍 뚫린 두 눈 자리에서 뿜어나오는 외침이거나 절규가 무엇일지 마주 보는 관광객의 사념은 제각기 다를 것이다. 이 시간의 끝맺음이란 헤아릴 수 없는 물질과 생명체가 맞이하는 불가피한 최후이며, 모두 침묵의 옷을 입고 사라지는 일이다. 백절불굴의 고집과 영화로운 왕국이 깡그리 소멸하여 살았던 역사가 말끔하게 정리되는 시간의 끝맺음은 결코 아름다운 마무리는 아니다. 언어의 사원에 저장된 역사의 기록을 통해 과거의 함성을 들을 수 있다면, 마지막 생명의 불꽃이 사그라지면서 허우적거리는 모습의 기록을 읽을 수 있다면, 그것으로 시간의 끝맺음을 비껴갈 수 있을지 모르겠다.

제7부 시간의 여행

인간이 나면서 죽을 때까지의 삶의 모습을 추적하면, 살았던 모든 과정이 여행이었다고 말할 수 있다. 인생 여행에 바친 시간이란 우주의 나이에 비해 눈 깜박할 사이의 순간에 불과하다. 인생행로에 정의로운 모험을 즐긴 사람들의 여행 행색을 살펴보면 셀 수 없이 많은 양상을 띤 그림들이 보인다. 여행이란 멀고 먼 곳을 가는 것만이 여행인 것은 아니다. 가족이 있는 집을 중심으로 밭으로 가든, 직장에 가든 아니면 등산과 시장을 가든 여행은 짧은 외출이거나 긴 외출인 것이다. 여행은 죽음으로의 외출에 마침표를 찍으며 끝난다. 일상여행은 기분 풀이를 위해 발걸음을 내딛는 게 대부분이다. 여행 목적이야 천차만별이고 가는 방향과 거리에 상관없이 볼일이 끝나면 그뿐인 게 여행이다. 원시 시대에서 현대에 이르기까지 발걸음을 내딛는 자유가 보장되는 시절이 가장 온전한 평화와 행복을 누리는 천국이었다. 인간은 거의 낯선 곳으로 유람하는 것을 좋아하는데 그렇지 못한 나라의 형편상 좁은 공간에서만 오가다 삶이 끝난다면, 그처럼 불행한 삶은 없을 것이다. 여행을 통하여 삶의 공간을 넓힌 민족이 나라의 번영을 누렸고, 새로운 지식이나 정보의 축적을 이루었다. 시간의 마차에 온몸을 태우고 즐기는 여행이란 아무리 강조해도 지나치지 않다. 흥미진진하고 감탄과 과장 섞인 여행 후기로 풀려나오는 이야기는 남녀노소가 즐기며 재미있어 하는 삶의 진수성찬이다.

제8부 시간의 고백

인간의 일상 생활의 품위는 말과 행동에 따라 달라진다. 그런 의미에서 시간의 고백이라 함은 이야기의 당사자가 지니고 있는 진지함과 겸손 그리고 언행일치의 말문을 의미한다. 시간은 인간의 말과 행동을 감추고 잊혀지게 한다. 시간은 또한 숨겨야 할 것을 드러내고 밝혀 부끄럽고 황당한 결과를 야기하기도 한다. 시간은 종잡을 수 없는 원인과 결과의 첫 눈이자 마지막 눈이기도 하다. 가능하다면 시간으로 빚어지는 어리숙한 혼란이 없기를 바래야 한다. 그렇다면 분명하고 명확한 진실의 확증과 더불어 올바른 지식과 정보에 기반을 둔 말머리를 떼야 할 것으로 생각한다. 매일 매일 사는 것이 전쟁 같다는 사람의 말을 들어보면 일거리가 많다는 것인지, 너무 바쁘다는 것인지, 살맛이 나지 않는다는 것인지 분간을 할 수 없다. 전쟁이라는 의미 속에는 살벌한 이야기의 냄새가 진하다. 긍정적이기보다 부정적인 기세가 크다. 그래서 구체적으로 어떤 전쟁인지 밝힐 요건이 생긴다. 이처럼 이야기의 모호성에 끼어든 말본새를 어떻게 품위있게 전달할지 주의할 필요가 있다. 시간의 고백에 진지한 말문이 중요함을 언급했지만, 실제는 불교의 경전에 나오는 법문처럼 사람은 사는 동안 팔만 사천 가지의 번뇌가 오고 간다고 한다. 이 많은 번뇌와 실제 실행과의 연결은 얼마 되지 않을 것이다. 사람마다 다른 상황에 따르는 번뇌의 씨앗에 대응하는 말과 행동은 위선, 과장, 허풍의 옷을 입거나 순수, 위엄, 예절로 채색된 말투로 튀어나오는 연출이 얼마나 다를지 아무도 모른다. 시간은 그 모든 과정과 상황을 들여다보고 증언하거나 밝히는 경우의 세세한 수를 알고 있으므로 행위 당사자의 마음속에 잠겨있는 진실이 중요할 수밖에 없다. 이때 시간은 신이며 조물주며 양심으로 환치된다.

맺음말

 인간은 시간의 품에 함께 열린 공간 즉 우주와 지구에서 너무도 작은 존재로, 너무도 작은 시간에 아옹다옹 살다 가고 있다. 끊임없이 시간의 흐름에 끌려가는 세태에 변변한 저항 없이 태어난 세상을 한없이 즐기거나 원망하다가 어느 때가 되면 사라진다. 모든 생물체가 다 그렇다. 지상과 지하의 동물과 식물을 막론하고 모든 생물체가 살다가는 생명 영위를 위해 두 가지 거룩하고 위대하며 성스런 과업을 실행해야 한다. 하나는 먹는 일이며, 다른 하나는 배설하는 일이다. 지극히 간결하고 하찮은 과업이라 생각할 수 있지만, 세상에 존재할 가장 중요한 덕목이며 생존의 의미를 그 이상 감당할만한 다른 어떤 것도 없다. 어느 한날한시라도 이런 생리 작용의 멈춤으로 살아있음의 아름다움을 지탱할 수 있는지 의심이 든다. 심지어 인간이 발명한 기계도 자동차도 전기와 연료를 먹지 않으면 작동의 흔적을 볼 수 없다. 어떤 자극과 반응이라도 먹는 동기로부터 시작하면서 동시에 배설의 후과와 반드시 연결되어야 한다. 인간의 사회생활이 거의 그와 같다.

 시간은 이런 생리 작용의 먹는 것과 배설에 끼어든다. 벌레 짐승 사람에 따라다니는 먹는 것을 위한 노력과 투쟁은 얼마나 눈물겨운지 모른다. 호수와 바닷속 식물과 동물들도 예외가 아니다. 먹는 것과 배설 사이에 성장과 발전 그리고 소멸의 잔상이 어른거린다. 인간의 명예와 업적이며 후손을 낳는 것 모두가 시간의 다리를 건너가며 먹는 것과 배설 사이에 위대한 과업이 성취된다. 한 나라 왕국의 번영이나 전쟁 수행 능력이 어떻게 발양되는지 중언부언할 필요도 없다. 나는 나의 시간에 끼어든 기회를 발판 삼아 나의 수필과 시간 이야기를 푸지게 배설하고 있다. 시간의 구비, 기술, 은총, 낭만, 분별, 끝맺음, 여행, 고백은 평소 간직한 경험과 사유의 신산스런 배설물이다. 책을 읽고 일기를 쓰며 인터넷과 컴퓨터의 도움을 받아 보관된 정보들은 맛있게 먹을 것들이다. 먹은 것들이 많으면 많을수록, 광범위할수록, 잘 익은 사유일수록 나의 정신은 배부를 것이다. 발효의 과정을 거쳐 숙성된 깨달음은 어떤 스펙트럼을 통과해도 유쾌한 배설이 된다. 시간의 구간마다 저장되어 있거나 진열되어있는 먹을 것 투성이의 세상은 정녕 희망과 설렘으로 치장되어 있다고 믿는다. 진실하고 올바른 먹는 것과 배설이 순행하는 인류 복지를 기원한다. 천국이 그 안에 있기 때문이다.

황정현 수필집

시간의 바람꽃 II

인쇄 2024년 11월 15일
발행 2024년 11월 20일

지은이 황정현
발행인 서정환
펴낸곳 신아출판사
주　소 전북 전주시 완산구 공북 1길 16(태평동 251-30)
전　화 (063) 275-4000·0484
팩　스 (063) 274-3131
이메일 sina321@hanmail.net
출판등록 제465-1984-000004호
인쇄·제본 신아문예사

저작권자 ⓒ 2024, 황정현
이 책의 저작권은 저자에게 있습니다. 서면에 의한 저자의 허락없이 내용의 일부를 인용하거나 발췌하는 것을 금합니다.
COPYRIGHT ⓒ 2024, by Hwang Jeonghyeon
All right reserved including the rights of reproduction in whole or in part in any form.
저자와 협의, 인지는 생략합니다.
잘못된 책은 바꿔 드립니다.

ISBN 979-11-94198-72-7　03810
값 15,000원

Printed in KOREA

* 이 책은 2024년 전북특별자치도문화관광재단의 예술창작 지원금을 지원받아 발간
　되었습니다.